U0630860

城市基础设施投融资体制改革比较研究

王秀云 著

中国金融出版社

责任编辑：王雪珂
责任校对：刘　明
责任印制：丁淮宾

图书在版编目（CIP）数据

城市基础设施投融资体制改革比较研究/王秀云著 . —北京：中国金融
出版社，2020. 4
ISBN 978 - 7 - 5220 - 0451 - 8

Ⅰ . ①城… Ⅱ . ①王… Ⅲ . ①城市—基础设施建设—投融资体制—体
制改革—对比研究—世界 Ⅳ . ①F299. 1

中国版本图书馆 CIP 数据核字（2020）第 024878 号

城市基础设施投融资体制改革比较研究
Chengshi Jichu Sheshi Tourongzi Tizhi Gaige Bijiao Yanjiu
出版
发行 **中国金融出版社**
社址 北京市丰台区益泽路 2 号
市场开发部 （010）66024766，63805472，63439533（传真）
网 上 书 店 http://www. chinafph. com
（010）66024766，63372837（传真）
读者服务部 （010）66070833，62568380
邮编 100071
经销 新华书店
印刷 保利达印务有限公司
尺寸 169 毫米×239 毫米
印张 14. 75
字数 224 千
版次 2020 年 4 月第 1 版
印次 2020 年 4 月第 1 次印刷
定价 46. 00 元
ISBN 978 - 7 - 5220 - 0451 - 8
如出现印装错误本社负责调换 联系电话（010）63263947

目　　录

第一章 绪 论

第一节 问题的提出

城市基础设施不仅是城市化的基础，也是一个国家经济发展的基础。同时，它也与人们的生活水平和社会福利息息相关。城市基础设施的状况直接反映了城市社会、经济和文化发展的水平，直接代表了城市的形象。完善的城市基础设施不仅可以为城市居民的生产生活提供宜居条件，还可以为城市带来良好的声誉和形象，形成优越的投资环境，为城市社会经济的发展吸引所需的资金和人才，提升城市竞争力。

改革开放以来，我国在基础设施建设方面取得了巨大成就。工业、农业、城市和各项社会事业的基础设施建设取得重大进展，基础设施投融资体制改革不断深化。但展望未来，随着城市化进程的加快以及居民物质文化生活水平的提高，改善城市基础设施的任务仍然十分艰巨。投融资是城市基础设施建设和管理运营的重要环节。城市基础设施投融资体制改革是垄断领域改革的重点和难点之一。要从根本上提高基础设施建设和管理运营水平，就必须着力解决基础设施投融资体系中存在的各种矛盾和问题。这些矛盾和问题主要表现在：

一是城市基础设施面临巨大需求。目前，我国正处于城市化快速发展时期，城市化率已由 2005 年的 43% 发展到 2016 年的 57%，净增了 14 个百分点。根据国务院发展研究中心预测，到 2020 年，我国城镇化率将达到 60%。而城镇化每提高 1 个百分点，就会新增 1 000 多万城镇居民。这种城市人口的快速扩张必然对城市基础设施的发展提出更高的要求，而新增需求与现实之间的差距必然会对我国城市基础设施建设形成巨大的需求压力。

二是城市基础设施建设资金投入总量不足。我国的城市基础设施投资强度远远低于国际水平。从总量上看，我国城市基础设施投入资金占全社会固定资产投资和 GDP 的比重长期处于较低的水平，严重影响了我国城市化发展的进程。改革开放后，城市基础设施资金投入的比重虽然比改革开放前有较大幅度的提高，但仍然没有达到世界银行在 1994 年发展报告中推荐的发展中国家城市基础设施资金投入应占其全部固定资产投资的 9% ~ 15%，占 GDP 的 3% ~ 5% 这一目标的要求。①

三是基础设施融资市场不成熟不完善。基础设施建设是一个庞大的投资项目，单一投资主体很难独立承担。因此，必须有一种将分散的社会资金聚集成庞大资本的融资机制。目前国内的融资渠道主要限于银行贷款和中央政府债券的发行。间接融资比例过高，直接融资比例过低，一直是我国基础设施融资的主要特征。地方政府一般不允许发行债券，也没有市政债券市场。企业债券的发行面临程序复杂、审批困难等现实问题。其根本原因是我国缺乏资本市场融资手段。如果未来基础设施建设资金还将通过项目借款和政府担保筹集，直接后果是要么债务负担过重、融资成本过高、私人资本利润空间有限，要么政府主导的融资局面将继续维持，不利于融资渠道的扩大。

四是管理体制与产权制度改革滞后。一直以来，我国把城市基础设施的建设、投资和运营作为一项公益事业，完全由政府机构负责，公用企业只是政府机构的附属，政府对基础设施行业的投资决策和服务费定价实行集中统一管理，这是一种典型的行政垄断、政企合一的管理模式。许多城市的供水、供气等公用事业依然保持着这种管理模式。社会资本要进入这一行业，就必须承担相应的政府公益目标，这与资本追求利润最大化是矛盾的。在政府定价的前提下，这类公共产品的价格很难平衡投资者和消费者的利益。如果基础设施产品或服务的价格不能准确反映生产成本，对社会资本就很难形成吸引力。

---

① 纪玉哲：《公共基础设施投融资体制改革研究》，东北财经大学博士论文，2013，3 页。

由于基础设施采用政府投资和垄断经营的管理模式，基础设施的单一国有产权结构相应形成。时至今日，在人们的观念中基础设施部门依然被视为公共产品的自然垄断行业，采用的也依然是单一的国有产权模式。在实践中，这种理念往往会导致对社会资本的主观排斥或不信任。虽然自 20 世纪 90 年代以来这种情况有所改观，社会资本开始通过股权参与的方式介入到公共基础设施领域产权制度的改革中，但这种改变的直接原因是缺乏财政资金来维持庞大的基础设施建设支出，因此，这并非是国有产权的主动让渡，而是一种被动的撤退。即便如此，总的来看，国有资本垄断的产权结构仍未被打破，即使在一些以营利为导向的竞争性行业中，国有资本也占据绝对的控制地位。至于管网等特定领域，更是社会资本的禁区。

可以说，我国基础设施投融资领域的问题和矛盾还相当突出，而造成这些问题和矛盾存在的根本原因就是基础设施领域深层的体制问题。因此，改革我国现行基础设施投融资体制，确立适合我国基础设施产业发展的新型投融资体制就显得尤为重要。而基础设施投融资体制改革应朝着什么方向进行？如何通过基础设施领域的改革来改变当前效率低下的现状，如何抓住改革的关键问题使改革尽快见到成效，是本书思考和研究的核心问题。

从国际背景看，20 世纪 70 年代末，世界上大多数国家，无论是社会主义国家还是资本主义国家，是市场经济国家抑或是非市场经济国家，是发达国家还是发展中国家，都在积极推进城市基础设施在经营机制、融资模式等方面的改革，从而掀起了一股席卷全球的基础设施投融资体制改革浪潮。改革的结果是，基础设施融资模式由单一的政府主导模式转变为政府和私人资本共同参与的混合模式，基础设施市场由政府垄断的封闭市场转变为面向全社会的竞争性开放市场。

在此轮城市基础设施投融资体制改革前，苏联和东欧社会主义国家实行的是国家所有、计划管理和政府投入的单一模式。西方主要国家，尽管是资本主义制度和市场经济体制，但在基础设施和自然垄断行业中却也经历了从民营化到国有化再到民营化的历史变迁过程。在"二战"前，西方主要国家在基础设施及自然垄断行业是以私有化、民营化为主导，"二战"后至 20 世纪 70 年代末，由于受凯恩斯理论和传统自然垄断理论的影响，自然垄断行业进行了一次大规模的国有化运动，特别是在基础设施领域，这些国家通过政府强制性措施实现了国有化，使政府成为基础设施唯一的投资者和经营者。随着社会生产的发展和经济自由化的推进，这种政府垄断经营模式的缺陷日益凸显出来。主要表现在：一是国有化后企业的低效率和严重亏损问题随之显现，政府财政负担加剧，难以支持基础设施产业的生存与发展。二是随着技术进步与市场需求的变化，基础设施的垄断性与竞争性、非经营性与经营性出现了交替动态变化，许多基础设施的自然垄断性、非经营性逐渐丧失。另外，从理论层面上，凯恩斯政府干预理论和传统自然垄断理论在解释和指导实际经济发展的过程中受到新兴理论的冲击，代表性的有公共选择理论、委托—代理理论、现代产权理论、现代货币主义和供给学派等经济理论，这样，就使得基础设施国有化失去了理论根基。这些因素共同作用，相互叠加，推动了城市基础设施领域投融资体制的变革。

国际上这种基础设施投融资模式的交替变换过程，实际上是实践比较与效率选择的结果，并不取决于社会制度。从这一点讲，国外的实践及理论探索是一笔宝贵经验。因此，有必要深入考察和研究国外城市基础设施投融资领域的成功经验与失败教训，比较分析中外城市基础设施投融资体制之间的差异与特点，为我国城市基础设施的投融资体制改革提供借鉴。但同时，借鉴国外经验并不意味着简单地模仿，而是要结合我国国情，在借鉴中创新，在创新中发展，加快形成中国特色城市基础设施建设投融资模式和制度体系。这就是本课题研究的主要背景及动因。

第二节　研究的内容与结构

本书选取英国、美国、法国、德国和日本等发达国家以及我国的投融资体制改革作为研究对象，从城市基础设施投融资主体、融资渠道、政府的支持政策及监督法规等方面对投融资体制改革进行全方位的比较研究。通过比较和分析，总结出国外城市基础设施投融资体制改革的基本做法和经验，分析我国城市基础设施投融资体制的现状及不足，对我国城市基础设施的投融资体制改革提出政策建议。

本书由绪论和正文两部分构成，绪论部分主要陈述写作背景和研究的主要内容与结构、思路与方法。正文部分由七章组成，包括基础理论研究和实证研究。其中，第二章是理论研究部分。从理论分析的角度来探讨基础设施投融资的概念和内涵、基础设施投融资体制的概念和内涵，并在此基础上，对国内外城市基础设施投融资领域的理论研究成果进行综述，最后对相关理论展开深入研究。这一章研究的目的是为以后各章的研究奠定理论基础和分析框架。

第三章到第五章是对国外城市基础设施投融资体制的考察，既包括理论总结，也有实证分析。其中第三章主要考察国外城市基础设施投融资体制改革的动因、历程与趋势；第四章主要对英国、法国、美国、日本和德国等发达国家的城市基础设施投融资体制改革进行全方位、多角度的考察和比较，重点研究这些国家城市基础设施投融资体制改革的历程、投融资体制的特点、典型的融资模式等，系统总结它们投融资体制改革中的主要做法和经验，每章都选择典型案例进行分析和点评；第五章总结国外投融资体制改革的经验及对我国的启示，分别从转变政府职能、打破垄断、拓宽融资渠道、创新管理模式、健全法制、加强社会监督等方面进行对比论述。这三章内容研究的主要目的是通过对国外，特别是发达国家城市基础设施投融资体制的研究，找出共性与规律，总结经验与教训，目的是为我国城市基础设施投融资体制改革提供有益的经验和借鉴。

第六章到第八章对我国城市基础设施投融资体制进行考察、分析、梳理和总结。其中第六章主要梳理我国的投融资体制改革历程、发展现状及存在问题；第七章选择上海、北京、天津及重庆四个直辖市城市作为我国的典型案例，对这四个直辖市基础设施投融资体制改革的实践进行考察、分析和总结；第八章是本书的最后一章，在对国内外城市基础设施投融资体制考察和比较研究的基础上，对我国城市基础设施投融资体制改革进行思考总结并提出政策建议。

第三节　研究思路与方法

一个研究课题的提出，既可以是理论自身发展和研究深化的需要，也可以是解决特定社会经济现实矛盾的需要。我国城市基础设施建设迫切需要解决资金不足、融资渠道狭窄、融资管理体制落后等一系列问题。本书研究的基本思路是：把城市基础设施投融资体制作为研究对象，从分析城市基础设施的概念及内涵出发，总结和分析与其相关的思想和理论，以此作为研究的逻辑起点，探讨国内外城市基础设施投融资体制改革的理论与实践，总结成功经验和失败教训，为我国基础设施投融资体制改革和相关政策制定提供借鉴。

本研究所采用的方法如下：

1. 多学科综合研究法

本课题研究在综合运用新制度经济学、财政学、统计学等一系列经济学经典理论方法的同时，也借鉴政治经济学、国民经济学、政府经济学以及社会学等与城市基础设施建设有关的研究成果。这些成果既为本课题的研究开阔视野，也为本课题研究提供相关的理论依据。

2. 类比归纳和逻辑推演结合法

本课题通过对国内外城市基础设施投融资体制改革的实际情况进行类比归纳，并对国外改革成果的借鉴以及我国改革基本现状的分析进行逻辑推演，找出制约我国基础设施投融资体制改革的影响因素，并提出完善我国城市基础设施投融资体制改革的思路与对策。

3. 定量分析与图表法

为了增强课题研究的实证性，课题报告将引用大量数据材料，并进行加工整理、统计分析；为了使叙述简单明了，课题报告还将运用多个表格，增强可读性。

4. 比较研究法

美国经济学家巴泽尔曾经说过："一个精心寻找的实例往往提供了比任何一种理论模型都丰富得多的内容。"本课题将选取美国、英国、法国、日本、德国等发达国家作为本课题的样本国家，通过对这些国家的城市基础设施投融资体制改革的做法进行多角度、全方位的分析比较，揭示不同基础设施投融资模式下关于政府作用、投融资主体、投融资方式等方面的不同点以及共有的规律，为我国基础设施投融资模式的选择提供借鉴。

5. 案例分析法

为将基础设施投融资模式及运作的研究结果进行具体运用，本课题选择发达国家经典的基础设施建设项目为案例，从微观层面研究投融资特征和投融资运作，并对投融资活动提供建议和具体设计方案。

第二章　概念体系与相关理论

本章将分别对城市基础设施及城市基础设施投融资体制的概念及内涵进行界定和阐释，对国内外关于城市基础设施建设投融资领域的理论研究成果进行总结和评述，包括城市基础设施建设投融资主体与渠道的理论研究综述、城市基础设施建设投融资模式与机制的理论研究综述等，并在此基础上充分探讨城市基础设施投融资体制改革的理论基础。

第一节　城市基础设施的内涵、特点及分类

在讨论城市基础设施投融资体制之前有必要先了解一个更为基础和一般的概念：城市基础设施。针对城市基础设施的内涵，本书主要从概念、特征和分类三个方面进行分析和阐述。

一、基础设施与城市基础设施

"基础设施"一词最早是工程术语，指建筑物的基础部分，即基础承重部分的构造和设施。1943 年，美国经济学家罗森斯坦·罗丹（Paul Rosensteir Rodan）在对东欧国家的开创性研究中，用"基础设施"一词描述那些为社会生产提供一般条件和服务的部门和行业，从而使基础设施从单纯的工程术语演变为一个重要的经济术语。

由于世界各国国情不同，对基础设施的概念尚没有统一的解释。但 1965 年经济学家 Hansen N 提出的基础设施分类方法一直被沿用至今。根据 Hansen N 的解释，基础设施包括经济性基础设施和社会性基础设施。经济性基础设

施是指那些直接参与、支持物质生产过程的基础设施部门，其核心内容包括
能源供应系统、水源与给排水系统、交通运输系统和邮电通信系统；而社会
性基础设施则是那些旨在提高城市社会福利水平、间接影响物质生产过程的
基础设施部门，包括文化、教育、卫生、福利、环保等系统。

　　我国经济学界引入基础设施概念则是在 20 世纪 80 年代。1981 年，钱家
骏、毛立本发表《要重视国民经济基础结构的研究和改善》一文，提出"基
础结构"的概念，并定义为：向社会上所有商业生产部门提供基本服务的那
些部门，如运输、通信、动力、供水以及教育、科研、卫生等部门。而对城
市基础设施的界定，目前较为权威的是建设部 1998 年颁布的《城市建设规划
基本术语标准》中的解释。"城市基础设施"是指城市生存和发展所必须具备
的工程性基础设施和社会性基础设施的总称。工程性基础设施一般指能源供
应、给水排水、交通运输、邮电通信、环境保护、防灾安全等工程设施。社
会性基础设施则包括文化教育、医疗卫生、科技体育等设施。

　　伴随着城市基础设施问题研究的深入，城市基础设施的概念体系也进一
步完善，一种比较通行的观点是将城市基础设施的范围和内容划分为六大系
统：城市水源及供水、排水系统，城市能源动力系统，城市交通运输系统，
城市邮电通信系统，城市生态环境系统，城市防灾系统（见表 2 - 1）。

表 2 - 1　　　　　　　　　　　城市基础设施构成表

城市水源及供水、排水系统	城市水资源开发利用设施、自来水的生产和供应设施、雨水排放设施、污水排放和处理设施等
城市能源动力系统	电力生产和输变电设施、燃气生产和供应设施、集中供热生产和供应设施等
城市交通运输系统	道路桥梁设施、城市公共交通设施、城市对外交通港站设施
城市邮电通信系统	邮电设施、电信设施等
城市生态环境系统	城市环境卫生设施、环境保护设施、园林绿化设施
城市防灾系统	城市防洪、消防、防震、防地面沉降、人防备战设施等

　　另外，与城市基础设施一词含义相类似的还有"市政基础设施""市政
公用事业"等叫法。需要说明的是，在西方市场经济国家并没有城市基础
设施和城市市政公用设施的区别。"市政基础设施"这一概念是在我国长期
施行的行业行政管理条块分工体制下形成的，我国的"市政基础设施"反

映了我国基础设施建设的行政管理方式，它是指由国家城市建设行政主管部门（建设部）分工进行行业管理、由城市政府组织实施和运营管理的部分。具体包括：城市供水、供气、供热、公共交通等城市公用事业；城市道路、排水（包括污水处理）、防洪、照明等市政工程；城市市容、公共场所保洁、垃圾和粪便清运处理、公共厕所等市容环境卫生事业；城市园林、绿化等园林绿化业。而"市政公用事业"在建设部《关于加强市政公用事业监管的意见》中被定义为：为城镇居民生产生活提供必需的普遍服务的行业，主要包括城市供水排水和污水处理、供气、集中供热、城市道路和公共交通、环境卫生和垃圾处理以及园林绿化等。由以上定义可以看出，"市政基础设施"和"市政公用事业"所包含的内容基本相似，都体现了其"基础性"和"公用性"。[①]

总结以上观点，本文所指的城市基础设施是指城市经济性基础设施，是为城市居民生活和经济生产提供服务的永久性基础工程、设备和设施。主要包括电力、电信、供水、供气、供热、公共交通、城市道路、排水（包括污水处理）、城市园林、绿化等方面。

二、城市基础设施的性质与特点

城市基础设施的成功发展有赖于对其性质和特点的了解和掌握，只有充分了解了基础设施的性质和特点，才能对城市基础设施的发展做出符合效率和公平的规划和设计，确定城市基础设施发展资金的来源，并最终解决城市基础设施领域存在的各种问题和矛盾。

城市基础设施是一个综合系统，它以特定的方式直接或间接地参与城市的生活、生产过程，具有很多特殊性质和特点，主要表现在：

1. 基础性。城市基础设施在城市经济发展和社会生活中具有载体性和决定性的基础地位。城市基础设施的基础性体现在两个方面：一是城市基础设施所提供的产品和服务是城市经济生产部门生产和人们生活的基础性条件，城市基础设施不但为制造业、加工业、商业和服务业等各产业的生产活动提

---

① 李惠先：《我国城市基础设施民营化管理体系研究》，吉林大学博士学位论文，2011，24 页。

供必要的交通、通信、电力等基础条件，也为城市居民提供水、电、气等生活基础。二是城市基础设施所提供的产品和服务的价格构成了其他部门产品和服务的成本，其性能和价格的变化直接影响着其他生产部门产品和服务的性能价格，并引起一系列的连锁反应。

2. 自然垄断性。根据经济学的观点，自然垄断性是指产品或服务提供者"有一直下降的平均成本和边际成本曲线，表示持续的规模收益递增"。城市基础设施的自然垄断性主要体现在三个方面：一是城市基础设施项目具有大量的沉淀资本，多数城市基础设施如供水、供电、供气、供热、通信等都建有专用网络以输送货物或资源，而网络的建设和维护费用巨大。从资本规模和工程技术的角度看，这类城市基础设施必须一次性进行大规模投资，这种投资具有不可分性。而大部分城市基础设施的资产具有耐用性、专用性和非流动性，资产不易出售或转作他用，因而投资一旦实施，就会形成大量的沉淀资本，而变动成本的比重相对较小，从而"在客观上形成了市场进入障碍，即使没有管制，竞争者也不容易进入该市场，由此加强了某些设施服务的自然垄断性"。二是服务的区域性。城市基础设施提供的几乎全部产品或服务都具有就地生产、就地消费的显著特点，其产品或服务的提供依赖于一定的地区和特定的路线，不同地区、不同线路提供的同一服务是不同质的，一般不具有显著的替代性。三是规模经济性。城市基础设施在提供产品或服务时，使用同一网络向不同的使用者提供产品与服务比对不同用户分设不同的网络更为经济节省。基础网络成本的增加大致与网络的服务半径成正比，但其服务能力的增加则与服务半径的平方成正比。这表明，在现有的需求水平上，随着服务提供量的增加，某一城市基础设施提供服务的边际成本递减，提供服务的平均成本也会随提供服务量的增加而下降。

3. 长期性。基础设施的长期性主要表现在：一方面基础设施从投资建设到形成生产力需要的时间长，少则3~5年，长则7~8年，有的甚至要几十年。另一方面，基础设施一旦形成，其功能与作用具有长效性。如轨道交通设施只要保养得当，排除非自然灾害因素，建成后运营可达数百年，水利水电工程正常运营也可达数十年甚至上百年。基础设施的建设运营的长期性决定了基础设施投资大、回收周期长、风险大的特征。因此大型基础设施一般由政府投资，或者以政府为主、私人资本为辅进行合作投资。

4. 外部性。基础设施的外部性表现在：第一，从基础设施企业看，其产生的利益或利润基本上以各种渠道方式回馈整个社会，企业所有者或投资人得到的只是极小的部分利润。第二，从地区层面看，基础设施的外部性不仅表现在对本地区经济发展的促进，更重要的是对周边地区产生辐射带动作用。一方面区域内各项基础设施必须配套协调，才能更好地发挥作用，局部基础设施的问题可能影响到整个群体综合效能的发挥。另一方面本地区基础设施必须与周边地区基础设施配套衔接好，规模综合效能才能被充分发挥。如交通、通信网络局部连接与兼容性问题可能导致整个线路或系统网络的低效率。第三，基础设施的外部性还表现在与经济的联动性。基础设施发展会引发要素的聚集，创造城市聚集类规模经济，降低生产和交易成本，拉动并刺激对基础设施的需求，从而进一步推动基础设施的发展，并引发社会经济部门与基础设施部门的联动良性循环。

三、城市基础设施的分类

根据城市基础设施的性质和特点，从投融资的角度，可分别按三种标准进行分类。

1. 根据市场结构的不同，城市基础设施可分为自然垄断基础设施和竞争性基础设施。如城市供水、排水、燃气、集中供热等管网系统具有自然垄断的特点。城市管网具有自然垄断的特点，但并不意味着载体管网提供的其他服务也具有自然垄断的性质。例如，供水管网是自然垄断的，但水厂是可以相互竞争的。再如，电网具有自然垄断的性质，但电力生产具有竞争性。属于自然垄断性的服务，要么由政府直接投资经营，要么由政府监管的企业经营，政府通过价格管制和市场准入规制，防止企业滥用垄断地位，损害消费者利益。竞争性的服务则可以推向市场，由企业提供。

2. 按照基础设施服务的消费特征，城市基础设施可以分为纯公共产品、准公共产品和私人产品。美国经济学家萨缪尔森将纯公共产品定义为"每个人对该产品的消费不会减少其他人对该产品的消费"。消费中的非竞争性和非排他性的基础设施属于公共产品。对于纯公共产品，任何人都可以免费使用来满足自己的需要，而不影响他人的利益，如城市环境保护、生态建设、防灾体系等。消费中具有竞争性和排他性的基础设施属于私人产品。纯私人产品只能满足个人的消费需求，其他人不能分享。比如电信、电力等。具有外部效应的私人产品称为准公共产品。介于纯公共产品和私人产品之间的基础设施都属于准公共产品或混合产品。市场机制不能有效解决纯公共产品的供给问题，纯公共产品的资金来源主要出自政府的预算支持。准公共产品的成本不能由市场完全补偿，需要政府的优惠政策或补贴的支持。而私人产品则主要由市场来供给。

3. 按照有无收费机制和潜在利润，城市基础设施可以分为经营性基础设施、非经营性基础设施和准经营性基础设施。经营性的城市基础设施是指那些具有收费机制并可通过市场有效配置来实现利润最大化的基础设施项目。例如，收费公路、供水、供暖、供电、通信等，具有明显的私人物品特性，竞争性强，服务私人占有的排他性强，属于可经营类。非经营性城市基础设施是指没有收费机制，完全依据市场资源配置机制无法实现有效供给的基础设施项目，属于市场失灵类，如城市道路、排水、绿地、河堤、消防防灾项目等。此类投资主要反映社会效益和环境效益。一般来说，这类项目只能由政府提供。准经营性城市基础设施是指有收费机制和潜在利润，但由于政策、收费价格等客观因素投资成本无法收回的基础设施项目。这类项目通常带有部分公益性，属于市场失灵或效率低下的范畴，需要通过适当的政府财政补贴或政策优惠来维持运营，如废弃物收集、交通运输设施等。

第二节　城市基础设施投融资体制的含义及分类

一、城市基础设施投融资体制的含义

在对城市基础设施投融资体制进行界定之前，首先应明确投融资的概念。投资是指投资主体为了获得经济和社会效益而将一定的资金投入某一具体项目的经济行为，包括投资决策、实施和回收。而融资是指货币资金的融通。从最一般的意义上讲，它是指资金的提供者向资金的需求者转移资金的过程。

即经济组织从经济活动的现状和资金运用情况出发，根据未来发展的需要，经过科学的决策，通过一定的渠道，以特定的方式，内部积累或向外部资金供给者筹集资金，并确保资金用于经济活动的需要。投资和融资的关系非常密切，融资是投资的前提，是为投资提供资金来源的行为或过程。由于融资与投资密不可分，是同一问题的两个方面，因此人们习惯将两者表述为"投融资"。基础设施投融资是为基础设施建设和运营提供资金、运作资本的行为或过程。

城市基础设施投融资体制是指城市基础设施投融资活动中采用的运行机制和管理制度的总称。投融资运行机制主要是指投融资主体筹集和使用资金的方式和方法。投融资管理制度是指组织、管理和规范投融资活动的制度和方法。投融资体制的主要内容包括：投融资的主体结构及其权力和责任关系、投融资资金筹措和运用方式、投融资决策和激励约束机制、投融资监管模式、投融资管理体系和组织结构等。

按系统论的观点，城市基础设施投融资体制是一个完整的系统。决定投融资体制的要素称为投融资体制的控制变量，控制变量即为该系统的输入；而投融资效益和投融资总量水平就是该系统的产出。具体框架如图2-1所示。

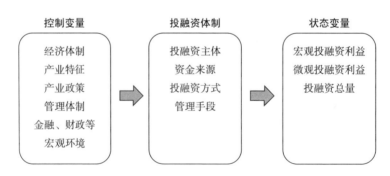

图2-1 基础设施投融资体制分析图

其中，控制变量（系统输入变量）会受到经济体制、产业特征、产业政策、基础设施部门管理体制以及金融、财政等宏观政策等因素的影响，但考虑到对本研究影响不大，故在此不作详细解释。而由谁来进行投融资？资金来源是什么？采取何种方式融资？如何进行投资管理？这是基础设施投融资体制的核心内容。如果政府作为投融资主体，必然要采用政府所能使用的投融资方式从事具体的投融资活动。同样，企业若是投融资主体，就要按企业运作的方式安排投融资活动。系统输出变量则主要体现在投融资效益和投融资总量上。

二、城市基础设施投融资的特点

1. 投入成本高，建设周期长。涉及交通运输、能源、环保等方面的基础设施建设运营初始投资巨大，且建设周期长，利润回收没有保障。这与企业的经营目标相悖，需要政府发挥支持作用。

2. 方式灵活。不同基础设施所具有的特点和市场化程度不尽相同，导致采用的投融资方式也不尽相同。

3. 需要政府的宏观调控。基础设施的建设要考虑经济发展的需求，且基础设施建设周期长，需要政府前瞻性地计划统筹，并在宏观层面把握方向。同时在市场机制不能充分发挥作用时也需要政府提供人力、物力、财力支持来弥补市场调节的不足。

三、城市基础设施投融资体制的类型

城市基础设施投融资体制依据投资主体、资金供给渠道以及管理方法和手段的不同，可以划分为以下四种类型。

1. 政府财政主导型的投融资体制。政府财政主导型投融资体制即政府作为基础设施唯一的投融资主体，垄断基础设施建设和运营管理的投融资体制。该体制具有以下典型特征：

（1）政府既是投资活动的管理者，同时也是基础设施建设的投资主体。

（2）政府财政控制着基础设施建设的资金供给渠道，并主要依靠财政来筹集资金。

（3）政府对基础设施的管理实行的是传统计划调控和行政管理方式。

2. 银行主导型的投融资体制。由于基础设施建设投资规模大，对银行有较强的依赖性，因此，当银行成为基础设施领域投融资活动的主导者时，可称之为银行主导型的投融资体制，它具有以下主要特征：

（1）银行既是货币和货币资本的经营主体，也是基础设施投融资的主体。

（2）银行控制着准经营性基础设施建设资金的供给渠道，并主要依靠企业贷款的形式转化为基础设施领域的直接投资者，政府财政资金主要集中在非经营性基础设施和准经营性领域。

（3）政府主要依靠银行系统实行"相机控制"的宏观调控与管理模式。也就是说，如果企业能够偿还债务，控制权将掌握在企业手中；否则，控制权将自动转移到银行手中。银行作为外部投资者，会对基础设施企业实施干预，因此，企业必须尽最大努力经营好银行资本。

3. 政策性投融资体制。政策性投融资体制是指政府为了缓解经济增长中的资金"瓶颈"问题，采取各种直接或间接的诱导方式吸引社会各投资主体参与基础设施的建设和运营，以推进市场发展的体制。这种体制的具体特征是：

（1）政府和民间投资者共同构成基础设施的投资主体。

（2）政府通过多种方式鼓励和调动民间资本积极参与基础设施投资；各投资主体之间可以采用灵活多样的投资组合方式开展投资活动；投资资金既表现出政策性，不以营利为目的，又体现出有偿性。

（3）政府对基础设施领域内的投融资活动实行以市场为主的宏观管理体系。

4. 市场主导型投融资体制。这种投融资体制的主要特点包括：

（1）政府在基础设施领域中的直接投资规模和比重较小，基础设施建设的投资主体以企业和个人为主。

（2）基础设施投融资主要通过发达的资本市场进行直接融资。

（3）政府主要依靠市场机制的传导和宏观经济政策的调控来监管整个社会的基础设施建设。

第三节　国内外研究现状综述

从可得到的文献看，国内外学者对城市基础设施投融资问题进行了大量的理论与实证研究，其中理论研究主要集中在以下四个方面：一是对城市基础设施投融资投资主体进行研究；二是对城市基础设施投融资的筹资渠道进行研究；三是对城市基础设施投融资模式进行研究；四是对城市基础设施投融资体制进行研究。实证方面体现在对基础设施与经济增长关系的验证，结论是基础设施与经济增长呈正相关关系。本课题在此分别从基础设施投融资主体、融资渠道、投融资模式及投融资体制等方面对国内外研究成果进行综述及评价。

一、国外研究成果综述

（一）对城市基础设施投资主体的研究

国外关于基础设施投融资主体的研究大致经历了两个阶段。第一阶段：20 世纪 70 年代以前，大多数学者认为基础设施的投资和建设应由政府来承担，理由是政府不以营利为目的，由政府提供公共物品及服务可以有效解决市场失灵及搭便车问题；第二阶段：20 世纪 70 年代以来，一些学者开始质疑政府作为公共物品唯一供给者的合理性，提出基础设施作为公共物品可以由私人供给和经营，开始探索政府与社会资本的合作。

20 世纪 70 年代末以前，多数西方经济学家主张由国家和政府负责基础设施的投资和建设。1776 年亚当·斯密在《国民财富的性质和原因的研究》中关于经济发展政策及政府职能的阐述中，提出国家应有三项职能，其中"建设并维持某些公共事业及某些公共工程"[1] 是国家的重要职能之一。为了经济发展的需要，国家有义务修建公路、桥梁、运河等公共设施。

进入 19 世纪后，一些经济学家继承和发扬了亚当·斯密的观点。例如，萨伊在其消费理论中把非生产性消费区分为个人消费和政府为公共目的而进行的消费，主张公共建筑费用应用于修建铁路、桥梁、运河等土木建筑工程，反对修建宫殿、凯旋门之类的没有效用的公共建筑。马尔萨斯在《人口原理》中主张政府应雇用贫民"从事不需要在市场上出卖劳动成果的那种劳动，例如修筑道路公共工程"。[2] 约翰·穆勒也将公共工程的发展作为国家的职责之一。他指出，政府还有许多事情要做，如立法、执法……公共工程和公共事业。

---

[1]　亚当·斯密：《国民财富的性质和原因的研究》，商务印书馆，1974，253 页。
[2]　马尔萨斯：《人口原理》，商务印书馆，1961，350 页。

20 世纪 20 年代末 30 年代初，在经济危机背景下，凯恩斯虽以反古典经济学的面目出现，但仍然没有摆脱由政府支出来举办公共工程的窠臼，把公共工程作为政府宏观经济调控的手段。凯恩斯在其 1929 年出版的《劳合·乔治能做到吗?》一书中，明确支持劳合·乔治关于加强国家干预和通过举办公共工程来解决失业问题的主张。1933 年，在其出版的《通向繁荣之路》一书中提出，政府的投资应主要用于公共设施与公共工程，如果政府将投资用于生产，会与私人资本家直接发生竞争，进而加速生产过剩的经济危机。他主张在私人投资不足时，政府应加大对基础设施的投资，以避免生产过剩的经济危机加剧，增加就业。

20 世纪 50—60 年代，一些发展经济学家对如何发展基础设施进行了深入研究。美国经济学家罗森斯坦·罗丹于 1957 年发表《大推进理论笔记》，认为，基础设施具有供给上的不可分性以及投资上的大规模集聚性和较长的酝酿期，因此，必须居先于其他直接生产性投资和全面的、一次性的、大规模的投资。对于如何发展基础设施，罗森斯坦·罗丹认为，必须以政府干预和实现计划化的方式发展基础设施，由于基础设施投资要求有全面的观察和对未来发展作出一个正确的评价，因此这个具有集聚性特征的领域无疑要求计划化。通常的市场机制不能提供最适度的供给。[①]

20 世纪 70 年代以来，由于西方福利国家相继出现危机，于是一批主张经济自由的经济学家开始怀疑：公共物是否只能由政府供给。其中戈尔丁、史密斯、布鲁贝克尔、德姆塞茨以及科斯等人从理论及经验方面论证了公共物品也可以由私人来提供。

戈尔丁认为，在公共物品的消费上存在着"平等进入"和"选择性进入"两种方式。[②]"平等进入"指公共产品可以由任何人来消费。"选择性进入"指消费者必须在满足一定的约束条件例如付费后，才可以消费。"平等进入"的公共物品一般是纯公共物品，如国防、外交等，而"选择性进入"的

[①] 罗森斯坦·罗丹：《"大推进"理论笔记》，载《拉丁美洲的经济发展》，圣马丁出版社 1966 年英文版，57～67 页。

[②] Goldin, Kenneth. D. *Equal Access VS Selective Access*: *A Critique of Publie Goods Theory*, Public Choice, 29 (spring), 1979: 53 – 71.

公共物品一般是俱乐部产品，如音乐厅、收费公路等。戈尔丁认为福利经济学家忽视了公共物品供给方式上的"选择性进入"。产品和服务采取何种供给方式取决于排他性技术和个人偏好的多样化。他提出的"选择性进入"方式为探讨公共物品的私人供给问题、尤其为解决准公共物品的"拥挤性"问题指明了方向。[①]

其他学者如布鲁贝克尔和史密斯都认为，可以通过订立契约来解决公共物品的私人供给问题。因为如果使消费者根据一致性同意原则，订立契约，自主地通过市场方式来提供，由于消费者数量有限，因此达成契约的交易成本较小，从而有利于公共物品的供给。这在理论上论证了私人提供公共物品的可能性。[②] 科斯则从经验的角度论证了这种可能性。在其经典论文《经济学中的灯塔》中通过市场的研究方法证明了许多公共产品可以通过国家向"领航工会"颁发许可证的方式进行生产。[③] 科斯以灯塔为例，说明了收费模式可以实现一向认为必须由政府经营的公共物品由私人提供和经营。

综上所述，关于城市基础设施投融资主体，学者的观点发生了如下变化：由政府是投资主体，在城市基础设施建设中起主导作用，过渡到政府并不应该成为城市基础设施投融资的单一主体，基础设施的供给和经营也可由私人企业或机构承担，即应由单一主体向多元化方向发展。

（二）对城市基础设施融资模式的研究

在城市基础设施的具体融资模式方面，国外的研究主要集中在发行市政债券、特许经营权融资、以资产证券化为代表的金融工具的创新和公私合作模式等方面。

1. 市政债券融资研究

国外学者对利用市政债券进行融资的研究，既有纯理论性质的，也有实证性质的，而更多的则是理论与实证相结合。

在对市政债券自身特性的研究上，Kalman J. Cohen，Frederick S. Hammer

---

①　薛裴:《公共物品供给的民营化研究》，首都经贸大学硕士论文，2006，4 页。

②　崔国清:《中国城市基础设施建设融资模式研究》，天津财经大学博士论文，2009，12 页。

③　R. H. Coase. *The lighthouse in economics*, Journal of Law and Economics, 17（October），1974：57 – 76.

（1966）指出了市政债券这种最佳息票的重要性以及债券发行的时机，认为可以通过线性规划技术完成市政债券的最佳标准规划。[①]

在市政债券对于城市基础设施的融资功能方面，James Leigland（1997）指出利用市政债券为城市基础设施建设融资的优势日益明显，一些决策者更是承诺努力加速城市市政债券市场的发展，并就印度尼西亚、菲律宾、波兰以及南非四个国家为此做出的努力进行评论。[②]

Junbo Wang，Chunchi Wu，Frank Zhang（2005）考察了财政部和地方政府的相关收益，认为利用独特的交易数据，可以评估市政债券的流动性风险及收益。作者指出长期和短期到期市政债券的本质部分是归因于流动性贴水。[③] Frank J. Fabozzi（2006）详细介绍了市政债券的投资者、类型和特点、信用风险、收益、市场及其税收等。[④]

2. 资产证券化融资研究

对资产证券化自身特性的研究方面，Christine A Pavel（1988）把资产证券化理解为贷款经组合后被重新打包成证券并出售给投资者的过程。与整笔贷款出售和部分参与相类似，证券化提供了一种新的融资来源并可能将资产从贷款发起人的资产负债表中剔除。与整笔贷款出售和部分参与不同的是，证券化经常用于很难直接出售的小型贷款的出售。

对资产证券化融资功用的研究方面，Benveniste 和 Berger（1987）和 James（1988）运用最优风险分配模型说明，资产证券化可以改善风险分配，增加计划融资。同时，资产证券化为金融机构和非金融机构提供了一种出售大量固定收益资产组合的机会，并由此获得比直接借款成本更低的融资，降低了承担的风险。[⑤]

---

① Kalman J. Cohen, Frederick S. Hammer, *Optimal Level Debt Schedules for Municipal Bonds* [J]. Management Science, 1966 (13)：161 – 166.

② James Leigland. *Accelerating Municipal Bond Market Development in Emerging Economies*：*An Assessment of Strategies and Progress* [J]. Public Budgeting & Finance, 1997 (17)：57 – 79.

③ Junbo Wang, Chunchi Wu, Frank Zhang. *Liquidity*, *Default*, *Taxes and Yields on Municipal Bonds* [C]. Finance and Economics Discussion Series, 2005.

④ Frank J. Fabozzi. *Bond Markets*, *Analysis and Straegies* [M]. Peking：Peking University Press, 2006：138.

⑤ Benvenise, Berger. *Securitization with Recourse* [J]. Banking and Financial, 1987 (11).

对资产证券化运行机制的研究方面，David M. Morris（1990）认为，证券化的扩张是金融服务业内部与外部多种因素共同导致的结果。他逐一讨论了参与证券化过程的各方的风险与收益，包括发起人、资产打包方、信用提升机构、信托机构、证券包销商与投资者等。

3. PPP（Public Privite Partnerships）项目融资研究[①]

PPP模式融资研究方面，Robert L K Tiong等（1997）以BOT（Build - Operate - Transfer）为代表，深入地研究了项目的融资策略问题，对BOT项目的发起人或者东道主政府如何制定吸引资金的法律法规和招标计划、吸引各方面的资金参与等方面作了较细致的讨论，并提出了较好的融资政策和招标计划，通过招投标的竞争机制来实现优化融资结构，最大化长期债务和固定利率的债务，减少再融资风险和利率风险。

PPP模式融资的政府角色问题研究方面，M. M. Kumaraswamy研究了政府在PPP项目中所担当角色的问题。他认为政府的目标是平衡私营机构和公众的利益，政府既要努力通过政策法规营造一个良好的经济环境，使得私营机构能够在项目建设和运营中获得应有的回报，也要保证该项目为公众提供优质的服务或产品，保障公众的利益。据此，Kumaraswamy提出政府在PPP项目中承担的义务主要有两个，一是通过优惠的政策法规将私有资金吸引到社会的基础建设项目中，二是保证项目高效顺利地实施和完成，为公众提供优质的服务或产品。

PPP模式的风险研究方面，Peter and Nevitt（1995），Tam（1999），Ho（2001），Nisangul（2002）将项目的实施风险粗略划分为：技术风险、金融风险和政治风险。Ashley（1998）按照运营项目发展的时间顺序，将风险划分为三种阶段性风险：建设开发阶段风险、试生产阶段风险和生产经营阶段风险。

（三）对城市基础设施融资体制和融资结构的研究

20世纪70—80年代，随着经济的加速发展和城市化进程的加快，城市基础设施建设滞后及供给不足问题日益突出，加大城市基础设施投资建设，已

[①]　崔国清：《中国城市基础设施建设融资模式研究》，天津财经大学博士论文，2009，18页。

成为各国政府面临的重要问题，面对城市基础设施快速增长的需求，各国政府普遍意识到它们既没有足够的建设资金，也没有足够的管理能力来满足这种增长的要求。因此，从20世纪80年代开始，无论是发达国家还是发展中国家都开始探索城市基础设施改革之路，探索更加科学有效的城市基础设施投融资体制。这期间的研究主要是在基础设施与经济增长之间关系、基础设施投融资渠道、基础设施地区差异、政府与私人分别在基础设施建设中的地位及作用、基础设施公私合作等方面展开了较为深入的讨论。

世界银行（1994，1998）研究了发展中国家的基础设施融资问题，认为在现行制度下，基础设施融资的一个重要来源是税收和政府借款。新的融资渠道包括建立基础设施开发银行和新的基础设施基金。长期目标必须是扩大和深化国内资本市场，使其能够有效和可靠地为基础设施融资。随着政府管理能力和国内资本市场的日益成熟，基础设施投融资呈现出由项目融资向专业基础设施金融机构融资再向资本市场融资方向发展的趋势。

近年来，随着西方企业资本结构理论的发展和完善，出现了各种基于企业的融资安排。以基础设施建设项目为融资主体的原有融资模式发生了新的变化，面临着项目融资与企业融资相结合的发展机遇。特别是企业融资理论的快速发展，加深了对内生融资和外生融资模式的认识，为基础设施行业融资模式的创新带来了巨大的空间。但上述研究仍限于对可经营性基础设施融资的研究，对具有纯公共物品和准公共物品特征的城市基础设施融资的研究略显不足。

莱米·普鲁霍梅（Lame Puluhome，2001）等人从项目区分的角度探讨了投融资主体与渠道问题，认为城市基础设施的融资应按照可收费和不可收费项目来区别对待，可收费项目的投资主体是受控公用事业公司或政府，资金来源有企业留存收益、借款、公债、股东出资和税收等；不可收费项目的投资者以政府为主体，可通过税收、借款和公债等渠道来融资。[①]

诺·保哈（Roy Bahl，2001）讨论了地方政府为公共服务融资的问题。[②]

---

① Teresa Te–Minassian, et al. *Public–PrivatePartnerships*. IMF Report，2004（12）：141.

② Roy Bahl. *Infrastructure Provision，Development and the Co–production of Environmental Value*. Journal of Urban Studies，2001：126–134.

他认为，服务特性决定了融资渠道的选择。对于能给当地带来普遍利益的公共服务，城市政府可通过征收地方税，为服务供给进行融资，理想的税种包括财产税、机动车燃料税、机动车牌照税和土地税；对于具有区域性内部和外部两种效益的服务，可通过征收地方税和上级拨款融资，而只具有区域性外部效益的服务，则通过上级拨款融资；可以定价但具有外部性的服务应该通过向用户收费来解决；可定价但没有外部性的服务则完全可由私人部门来投资经营。[①]

E. S. Savas（2002）则对私人资本介入基础设施生产的方式进行探讨，其方式主要包括：合同承包、特许经营、补助和凭单。合同承包是指政府通过招标的方式同私营企业、非营利组织签订有关基础设施产品提供和服务的合同；特许经营是指政府将垄断性特权授予某一私营企业，让其在特定领域里提供特定服务，通常在政府机构的价格管制下进行；补助是针对那些收费上有排他性，但公益性或外在性较强的基础设施，政府为了鼓励对这些基础设施产品或服务的收费，可以予以生产者补助；凭单是围绕特定物品对特定消费群体实施的补贴。E. S. Savas 指出为了充分发挥市场在资源配置中的决定性作用，积极推动体制机制改革，政府应当退出市场竞争领域，强化和完善监管职能，切实维护公共利益，政府的角色应当是掌舵，而不是划桨。[②]

二、国内研究现状

国外的研究也带动了国内的研究，在国内，20世纪80年代以前国内对基础设施投融资体制研究不够关注，学者的研究不深入也不系统。80年代以后国内学者开始关注基础设施投融资问题。从众多的研究文献看，我国学者对基础设施投融资的研究主要集中在投融资主体、资金"瓶颈"问题、融资方式和投融资体制等方面。

（一）对城市基础设施投资主体的研究

王辰（1998）在公共物品理论的基础上，从营利与非营利的角度分析基

---

① 崔冯：《城市公用事业准经营性项目投融资模式的研究》，东南大学硕士论文，2010，6页。
② 萨瓦斯 E. S.：《民营化与公私部门的伙伴关系》，周志忍译，北京：中国人民大学出版社，2002，129～130页。

础设施的投资主体，他认为非营利性基础设施应主要依靠财政融资和政策性金融，而竞争性、营利性的基础设施应由民间投资。邓淑莲（2001）指出基础设施的规模经济性，消费上的效益外溢性和非排他性决定了政府在基础设施的提供和融资方面的重要作用①。张伟等（2006）通过运用索洛模型和 Cobb - Douglas 函数分析得出集体投资和个体投资的产出弹性较高，多元投资更有效率的结论。贾康等（2013）认为，目前的基础设施建设主要依靠国家财政资金和地方政府融资平台。除财政资金，建设资金主要来自土地出售收入和融资平台提供的银行贷款。潘宏胜和黄明浩（2014）指出，地方政府在基础设施投融资中的作用是调节市场失灵，解决公共物品供给问题，鼓励市场机制和社会资金参与基础设施建设，充分发挥政策性融资机制。詹卉（2014）认为，基础设施供给需要政府和私营部门的共同参与和合作，特别是当地方政府财政资金不能满足基础设施建设的需要时，应在公私合作机制的融资方式上进行创新和突破。

（二）关于城市基础设施资金瓶颈问题的研究

姜伟新（2001）在《投资领域的积极变化与新形势下的投资政策》一文中分析了我国基础设施投资不足、长期资金存在"瓶颈"的主要原因，得出目前我国基础设施领域尚未真正建立起"谁投资、谁决策、谁收益、谁承担风险"的投资决策体制的结论。扬军（2003）在《基础设施投资论》中认为，要解决我国基础设施发展滞后和资金缺口问题，政府应转变投融资手段，充分利用市场机制动员民间资本和外资进入基础设施领域。秦虹（2003）在《中国市政公用设施投融资现状与改革方向》中指出，目前我国城市基础设施建设基金仍主要依靠政府调动财政资源来筹集，政府资金和国内外金融机构贷款占投资总额比重较大的现状不利于建立现代投融资体系。建设部课题组（2002）对城市基础设施投融资主体多元化问题进行了深入探讨，提出了城市基础设施融资的层次概念，认为投融资体制的创新应以基础设施专业银行和专项资金建设为重点，并在资本市场融资中发挥社会投资者的作用。

（三）关于城市基础设施融资方式的研究

20 世纪 80 年代中期，项目融资作为一种新型的融资模式被引入我国，但

---

① 邓淑莲：《基础设施与经济发展关系探析》，山东财政学院学报，2001（4），33～38 页。

由于多方面原因，项目融资在我国发展缓慢。进入 90 年代，在实践中陆续出现了一些类似 BOT 的建设项目，引起了学者的关注，并开始对其进行广泛研究。

郭华伟（1995）等讨论了项目融资问题，并指出基础产业项目融资是"避免国家信贷困难而为资本密集型项目筹集资金的有效方法"。朱会冲、张燎（2003）指出，"BOT 项目融资方式是一种非常适合基础设施项目建设的投融资模式"，"BOT 投资者投资模式将被广泛采用"，"民营资本将成为主要投资来源"。沈丽（2001）等讨论了 ABS 融资方法在城市建设中的应用，指出ABS 融资可以使信用评级较低的项目进入国际高端债券市场，利用该市场信用等级高、债券安全性和流动性高、债券利率低的优势，大幅度降低项目融资成本。王守清等（2008）指出，应鼓励和引导社会资本进入基础设施建设领域，积极采用政府与社会资本合作（PPP）模式，该模式有降低地方政府债务风险，缓解财政投资压力，提高公共物品的供给效率和质量，合理分担风险、转变政府职能等优点[①]。柯永健等（2008）认为 PPP 自引入中国以来，在许多领域和项目中都取得了成功，积累了丰富的经验。在基础设施和城镇化建设中有可能更大规模地普及和推广，发挥更大的作用。

（四）关于城市基础设施投融资体制的研究

20 世纪 90 年代以前，在我国，基础设施投融资体制改革的话题还相对比较敏感，但随着不可逆转的改革潮流，基础设施投融资体制改革也随之被推向了前台，大量的相关研究继而出现。

石亚东、李传永（2010）提出基础设施投融资管理体制应从投资创新、建设创新、运营创新和政府监管创新四个层面进行改革。温来成（2011）分析了城市基础设施和政府财政职责，指出政府投资基础设施建设的范围应该分行业、分领域界定，同时政府内部职责应建立以财政部门为主体的基础设施投融资管理体制。彭清辉（2012）认为基础设施投融资体制改革的核心问题是基础设施投融资模式的选择和建立。从政府的角度出发，在最有效的基础设施投资投融资体系框架下，研究了基础设施投资的边界确定、投融资模

[①] 王守清、柯永健：《特许经营项目融资（BOT、PFI 和 PPP）》，北京：清华大学出版社，2008。

式选择和运作方式。王元京、张潇文（2013）从投资主体、资金来源、资金使用方式三个方面分析了地方政府基础设施投融资体系存在的问题。从投资体制创新、融资渠道拓展、投资方式转变三个方面构建和设计基础设施投融资体系。

（五）关于城市基础设施投融资绩效的研究

于琪敏（2011）基于1990—2009年的统计数据，实证分析了我国基础设施投融资促进经济增长的绩效，同时为进一步完善基础设施投融资体系提出了具体的建议。苑德宇（2013）基于中国35个大中城市2002—2009年面板数据实证考察了民间资本参与城市基础设施建设的绩效影响。结果显示，民间资本参与度变化的短期和长期、城市地理位置处于东部和西部，对推动绩效的效果存在较大差异。胡宗义、鲁耀纯、刘春霞（2013）分别从资金来源结构和资金投向结构两个角度出发，运用三阶段DEA方法对我国2012年城市基础设施建设投融资绩效进行评价，同时对影响投融资效率的因素进行分析。研究结果表明：中西部地区城市基础设施投融资效率主要受规模效率制约，东部地区主要受纯技术效率制约；城市基础设施建设投融资效率受环境因素影响较大；人力资本、经济基础和科技发展水平较高的省份在城市基础设施建设投融资效率方面占有优势。①

（六）关于投融资主体多元化和体制创新的研究

随着对国内民间资本的重视，更多学者提出了要进一步对投融资体制进行改革，以茅于轼为代表的天则经济研究所明确提出了"公用事业民营化"的要求，并撰写了多篇有影响力的研究论文，如《体制转型与公用事业民营化》（张曙光，2003），《开拓市场经济的"边疆"——谈谈公用事业民营化》（盛洪，2003）等，指出"公用事业民营化是一个世界潮流"，"公用事业民营化既是市场化的一个重要方面，又是市场化深入的一种表现"。

此外，胡家勇（2003）等也指出，基础设施领域改革的思路是开放基础设施领域产权，允许非国有资产进入，形成强有力的所有者约束和有效的治理结构。加强市场竞争，通过替代性竞争、非垄断企业的竞争性经营和对垄

---

① 李建华：《我国城市基础设施投融资研究文献综述》，载《技术经济与管理研究》，2015（9），114~117页。

断企业经营权的竞争，提高基础设施企业市场反应的敏感性。政府则应转换职能，由直接经营者变为公正、严格的规制者。由此可见，基础设施市场化改革的方向已经得到了大多数学者的认可。上述研究成果为我国城市基础设施投融资体制改革的实践提供了理论指导。

三、文献评述

从以上文献综述看，国内外专家学者在基础设施领域进行了广泛而深入的研究。但是，由于历史条件不同，经济社会发展水平不同，社会制度存在一定差异，因此，在理论和实践层面上，国内外学者研究的侧重点也存在一定程度的差异。同时，虽然国内学者进行了大量的研究和分析，但与国外学者的研究范围和深度相比，仍有一定的差距。作者通过对国内外的基础设施投融资体制进行较为系统的研究，认为目前我国在基础设施投融资领域的研究，主要存在以下方面的欠缺或不足：

第一，系统性研究不足。关于基础设施的理论方面的研究相较西方而言，国内学术界的研究起步较晚，时间较短。国内学者所做的研究主要集中在提高基础设施运营效率、解决基础设施财政资金供给不足以及吸引民间资本参与基础设施建设投融资等方面，并从宏观层面分析和提出有利于政府职能转变、减轻各级政府财政压力、缓解地方债务等措施。这种研究缺乏从经济学和管理学的角度进行的系统分析和阐释，缺少与我国客观具体国情相结合的深入研究，没有形成较为系统的研究体系。

第二，缺乏针对性的研究。目前我国学者对国内城市基础设施投融资的经验研究相对较多，而对国外城市基础设施投融资的经验研究明显不足，有针对性的深入分析经验和教训的就更少。我国基础设施投融资体制改革是在经济转轨背景下进行的，这与其他国家的经济情况、制度背景以及制度禀赋是完全不同的。因此在进行相关研究时，需要在基于我国国情基础上，将本国实践与国外相关理论相结合后再进行修正。而目前此方面缺乏有针对性的研究。

第三，定量研究不足。整体而言，国内学者对基础设施投融资的研究更多是定性分析，定量研究还有待深化。从本文查阅和收集的文献来看，国内大多数文献都是基于定性研究，定量分析却很少。同时，由于资料获取方面的问题，很多国内外实践的基础设施项目无法获取数据，这在一定程度上也阻碍了定量研究的深化。

第四节　城市基础设施投融资体制改革的理论基础

国内外现有研究成果中介绍基础设施及其建设融资的理论成果很多。其中，比较有代表性的理论是基础设施项目区分理论、委托代理理论、基础设施的可销售评估理论和公共选择理论。

一、项目区分理论

项目区分理论基于项目是否具有收费机制和是否能够产生收益等特征，将项目分为经营性、准经营性和非经营性。可依据项目的不同属性来确定项目的投资主体、运营模式、资金渠道及权益归属等。城市基础设施可以根据项目区分理论，对不同类型的基础设施采取不同的投融资管理方式。

城市基础设施的经营项目，是指具有收费机制和资金流入的项目。这类项目又以其有无收益或利润分为两类，即纯经营性项目和准经营性项目。纯经营性项目可以通过市场进行有效配置。其动机和目的是实现利润的最大化。投资形成价值增值，可以通过全社会的资金来实现，投资主体可以是私营企业、外商投资企业等。其融资、建设、运营管理等都由投资者自行完成，权益也归投资者所有，如高速公路、收费桥梁等。

准经营性项目是指具有收费机制、有资金流入和潜在利润，但因政策和收费价格等因素无法收回成本的项目，这类项目一般具有一定的公益性，属于市场失灵或低效的部分。由于其经济效益不显著，市场运作的结果必然会在资金供给上形成缺口，必须通过适当的政府补贴或优惠政策来维持经营，当价格逐步到位、条件成熟时，它们就可以转化为纯经营性项目。比如煤气、地铁、轻轨和收费不到位的公路等。

非经营性项目，主要指无收费机制、无资金流入的项目，这是市场失效而政府有效的项目，目的是获取社会效益和环境效益，市场调节难以起作用，这类项目投资主要由政府承担，按照政府的投资运营模式进行，资金来源应以政府财政投入为主，并辅以固定的税费保障，其权益也归政府所有，如城市敞开式道路、城市绿化等。

根据上述分类标准，城市基础设施项目分类属性具体情况见表2-2。

表2-2　　　　　　　　　城市基础设施项目分类

分类	项目属性	项目实例	投资主体	权益归属
可收费性基础设施	经营性项目	收费高速公路、收费桥梁、废弃物的高收益资源利用厂等	全社会投资	谁投资谁收益
	准经营性项目	地铁、轻轨、自来水、煤气、收费不到位的高速公路等	政府适当补贴或吸纳各方投资	谁投资谁收益，政府一般不考虑回报
非经营性基础设施		敞开式城市道路、公共绿地等	政府投资	政府

值得注意的是，基础设施项目的分类并不是一成不变的，在一定的条件下可以相互转化。如高速公路不收费时是非经营性项目，收取一定过路费用后就变成了准经营性项目，当过路费提高到足以使该项目的投资回报率高于或者等于社会平均投资回报率时，它就成了纯经营性项目。纯经营性项目、准经营性项目和非经营性项目之间的转换关系如图2-2所示。

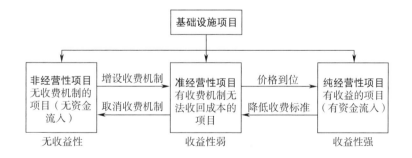

图2-2　基础设施项目分类及相互关系

项目区分理论认为，加快基础设施投融资体制改革是拓展基础设施投融资模式的前提。然而，建设合理的投融资体系的关键是公共部门和私人投资者在基础设施建设过程中责任的明确区分。项目区分理论指出，应根据基础设施项目的不同性质选择更合适、更高效的投融资建设模式，并将经营项目、准经营项目和非经营项目按照不同的体系进行操作。经营性项目属于社会投资范畴，应当通过公开、公平、竞争招标的方式将其推向市场。准经营项目可以在政府给予补贴、制定优惠政策的前提下，由私人投资者和政府部门共同投资建设。非经营性项目一般由政府部门建设，政府部门必须做好规划，确保重点，量力而行，降低风险。采用项目区分理论可以解决现有的投融资问题和矛盾，为深化改革提供理论依据。

二、委托代理理论

1932年，为了研究股份公司的治理体系，美国经济学家伯利和米恩思率先提出了委托代理的概念。他们认为，在股份制的前提下，公司的所有权和经营权可以分离，公司的管理层可以代表股东行使对公司的管理职能，并对其职能负责。随后，科斯（1937）提出了交易成本理论，为研究代理成本和代理费用奠定了理论基础。到20世纪70年代，交易成本理论得到了进一步发展。同时，在信息经济学理论、契约理论、激励理论等理论的支持下，伯利、米恩思和科斯的企业管理理论得到了快速发展。自此，委托代理理论被正式提出，并广泛应用于公共管理和其他存在委托代理关系的领域，且在实践中显示出强大的理论优势。

委托代理理论以委托代理关系为研究对象，从信息不对称条件下的契约形成过程入手，探讨委托人如何以最小的成本设计契约或机制，促使代理人努力工作，减少委托代理问题，并最大化委托人的效用。委托代理理论认为，委托代理关系的本质是利益的比较优势。一方面，在一定的生产力下，委托人认为由代理人经营可以获得更大的利益，因此，管理权被委托给代理人享有和行使；另一方面，代理人愿意将自己的管理能力与其他人的资本结合起来，因为他认为通过经营不属于他个人的资产可以获得更大的利益。在这种情况下，通过契约建立委托代理关系可以使双方受益。但是，委托代理关系的使用是有代价的，即代理成本。一般认为，代理成本包括三个部分：第一，监督成本，即委托人为限制和监督代理人行为而产生的费用。第二，合同费用，即代理人为取得代理关系，保证不损害委托人的利益，或者同意在委托人的利益受到侵害时支付合理的补偿。第三，净损失，指代理人的决策与使委托人效用极大化的最佳决策之间存在差距导致效用损失。[①]

代理成本的客观存在揭示了委托代理关系的核心问题：如果代理成本高于建立契约带给所有者的收益，那么契约的建立将不再具有经济可行性，同时也表明在存在委托代理关系的企业或组织的管理中，降低代理成本是管理的重要组成部分。

从国外的理论发展和实践经验来看，随着 20 世纪 70 年代以来城市基础设施私有化浪潮的到来，委托代理理论已经开始应用于许多城市基础设施建设领域，主要针对可经营性城市基础设施建设项目。在项目的具体实施形式中，BOT 等融资方式及其多种变化的融资方式都是基于委托代理理论建立的政府与企业之间的合作方式，政府充当委托人，参与企业作为代理人，针对某项基础设施建设项目进行融资和建设。这样，通过政府对企业的有效激励，既可以充分利用民间资本，又可以实现政府对基础设施项目建设和运营的适度监管，保证城市基础设施建设和运营的质量。

三、基础设施可销售性评估理论

基础设施可销售性评估方法是由经济学家 Christine Kessides 教授提出的。可销售性是指产品或服务进入市场买卖的潜力和可能性。基础设施的可销售性是指基础设施通过市场机制由私营部门提供的可行性。基础设施是否适合市场化或多大程度上能够市场化，可以通过评估其可销售性做出理性判断。

从总体上看，城市基础设施具有垄断性，但是在不同部门间、部门内部和不同技术类型间的经济特征大不相同。一般来说，产品或服务的可销售性越强，私人参与的可能性就越大。因此，对于不同的基础设施服务和产品，私人参与的程度和方式也各不相同。世界银行在 1994 年选取竞争潜力、货物与服务特征、以使用费弥补成本的潜力和环境的外部因素四个指标，对不同类型的城市基础设施作出了可销售性评价，给出了可销售性的综合评估值，

---

① 崔国清：《中国城市基础设施建设投融资模式研究》，天津财经大学博士论文，2009，44 页。

并据此设计出改革方案，具体分类情况见表2-3。

表2-3　　　　　　　　基础设施可销售性评估分类表

		竞争潜力	货物与服务特征	使用费补偿成本潜力	环境外部因素	可销售性指数
电力天然气	热电	高	私人	高	高	2.6
	输电	低	会员	高	低	2.4
	配电	中	私人	高	低	2.4
	天然气的生产与运输	高	私人	高	低	3.0
交通运输	道路与车站	低	会员	高	中	2.0
	铁路运输	高	私人	高	中	2.6
	城市公交	高	私人	高	中	2.4
	敞开道路	低	共有	中	低	1.8
水	管道网络	中	私人	高	高	2.0
卫生设施	管道排污处理	低	会员	中	高	1.8
	公寓污水处理	中	会员	高	高	2.0
废弃物	收集	高	私人	中	低	1.8
	卫生处理	中	共有	中	高	2.0

资料来源：Christine Kessides. Institutional Options for the Provision of Infrastructure ［R］. 1994.

上表中，将各类型城市基础设施的可销售性从1（最不易销售）到3（最易销售）计分。最后一栏是前四项的平均值。从表中可以看出，城市基础设施的商业化和竞争程度远比人们认为的广泛。城市客运服务和固体废弃物的收集，一旦脱离了其他相关活动，就可以由市场提供。其他活动如城市自来水和电力输送等具有内在的垄断性，但可以遵从商业化原则和成本收回原则由私人提供。而城市道路从根本上说是公共基础设施，具有垄断性，是一种成本收回可能性不大的公共物品。

四、公共选择理论

美国经济学家肯尼斯·阿罗在《社会选择与个人价值》一书中指出，在不可能性定理的条件下，一项合理的决定只能来自于一个有实施可能性的公共权利，所以政府在协调和集中个人的共同偏好时拥有很大的主动性。这使人们对政府干预的合理性进行思考。后来，经美国经济学家、诺贝尔经济学奖获得者詹姆斯·布坎南以及图洛克等人的发展，"公共选择理论"产生了。[①] 公共选择理论通过分析非市场集体决策来探讨国家干预失败的原因，并将用于调查市场经济缺陷和过失的方法应用于国家和公共经济的所有部门。它将市场经济条件下政府行为的局限性和限制以及"政府失灵"问题作为分析政府行为效率的研究重点。找到使政府最有效的运作规则约束系统是公共选择理论的最高目标。

市场失灵一直是政府干预经济的重要原因。市场失灵，又称"市场失效"或"市场缺陷"，指市场机制无法实现资源优化配置的情况。传统的市场失灵理论认为，市场失灵有三个主要原因：第一，可以实现资源帕累托最优配置的完全竞争市场在现实中几乎不存在，而不完全竞争则是市场的常态。在垄断存在的情况下，价格及资源配置均偏离自由竞争均衡，使资源无法达到最优配置。第二，外部性的存在使得市场主体只考虑私人成本和收益，而不关心社会成本和收益，这将导致整个社会的资源错配。第三，由于纯公共产品的非竞争性和非排他性，公共产品不能通过个人提供，这意味着公共产品的供给不能仅靠市场机制解决。总而言之，正是这些市场失灵的存在为政府干预经济提供了理论支持。然而，自20世纪60年代以来，国家开始越来越多地干预市场，政府部门和公共经济活动逐步扩大，人们逐渐发现政府与市场有同样的缺陷，而且政府决策失败会对社会造成更大的伤害以及更大的资源浪费。面对这一现实，经济学家开始分析政府失败的原因，正如布坎南（1972）在《公共选择理论》一书中所说，揭示市场体系的缺陷是一件好事，深入研究其逻辑与局限性，从而改善政府干预也是一件好事。

西方主流经济理论认为，在经济市场中，个人以追求自身利益最大化的利己主义为原则。在政治市场中，个人的动机和目标是利他的、超个人利益的。而公共选择理论认为在经济市场和政治市场上活动的是同一个人，同一个人在两种场合受不同的动机支配并追求不同的目标是不可理解的，在逻辑上是自相矛盾的。因此，国家或政府的活动并非总是如同它所应该的，或者

[①] 王秀云：《现代城市经营模式：理论与实践》，社会科学文献出版社，2011，18页。

如同理论上所认为能够做到的那样"有效"。导致政府机构工作低效率或政府失灵的原因如下：即使政府是公正的，也会因判断错误和缺乏技术能力而导致干预失误；政府实际上并不是公正无私的，组成政府机构的各层官员也是"经济人"，而且政府自身也是利益群体；政府是一种自然垄断组织，垄断条件下任何组织都可能导致低效率；政府成本与收益的分离使政府缺乏竞争机制，导致官僚机构低效率；如果不能实现有效的异体监督，对政府权力的监督只能是虚化和弱化，从而公共权力的滥用和腐败更难以遏制。[①] 公共选择理论认为，公共机构（官僚主义）提供公共产品效率低下的原因主要有三个：第一，政府垄断的供给模式。缺乏竞争的机制使得企业缺乏降低成本、提高效率的压力。第二，政府机构或官员的角色使他们缺乏追求利润的动力。第三，相较于经济效益，官僚机构更关注社会效益，而社会效益的衡量缺乏准确的标准和可靠的估算方法。相比之下，民营企业由利润驱动，其经营活动必须面对市场，可以随时调整产品结构以满足市场需求。

公共选择理论为政府放松管制提供了理论支持。政府通过国有企业对自然垄断行业的垄断来干预经济活动，最终导致政府政策的失败。国有企业垄断自然垄断行业的成本有时高于收益。在这种情况下，政府对自然垄断行业的直接干预显然得不偿失，最终导致资源配置效率低下。为避免政府失灵，政府应尽量不直接干预微观经济活动，让市场在提高资源配置效率方面发挥更大作用。在基础设施领域，政府应扩大私营企业的进入范围，允许私营企业进入不具有自然垄断特征的生产环节和产业。与直接提供自然垄断行业所经营的产品和服务相比，政府职能应更加注重制定社会发展目标和政策。

---

① 李惠先：《我国城市基础设施民营化管理体系的研究》，吉林大学博士论文，2011，20 页。

第三章　国外城市基础设施投融资体制改革的历程及主要趋势

本章重点对国外城市基础设施投融资体制改革的动因及发展历程进行考察，并对国外基础设施投融资体制改革的要点及趋势进行总结。

第一节　国外城市基础设施投融资体制改革的动因与历程

一、国外城市基础设施投融资体制改革的动因①

虽然世界各国政治经济体制存在差异，但由于城市的物质相似性和城市基础设施各系统技术经济的相似性，世界各国在城市基础设施建设中都面临一些共同的难题，都在为解决这些问题而探索建立更加科学和完善的城市基础设施投融资管理体制，进行不同程度的改革。世界各国城市基础设施发展中面临的共同难题成为城市基础设施领域改革的主要动因，这些困难主要包括：

（一）城市基础设施建设缺乏充足稳定的资金来源

首先，现代经济和城市的发展要求城市基础设施建设先行，投资需求的增长速度高于政府财政的增长速度。如果完全依靠政府投入来进行城市基础设施建设，一般都会出现建设资金不足的情况。

其次，城市基础设施建设主要依靠的是地方政府资金，但是地方政府在

---

① 王秀云：《国外城市基础设施投融资体制研究》，载《改革与战略》，2010（2），166～167页。

全国财政收入中比重不大，征税权力和征税面小，可动用的财力有限，而基础设施投入具有较高的启动成本和前期费用，地方财政难以负担。

再次，随着城市规模的扩大，城市基础设施存量增加，从而需要更多的维护和管理费用。而大多数基础设施是免费或低收费供应，收费低于成本，需要政府对城市设施企业和机构给予数额巨大的补贴，因此，很多国家越来越感到难担其负。

（二）城市基础设施资金容易受到政治因素和国家经济状况的影响

基础设施建设周期长、回收慢，建成后仍需要正常的维修保养，这些都要求稳定的资金来源。但是，在政府预算体系中，城市基础设施建设资金最容易受到多种政治因素和国家经济状况的影响而被随意削减，尤其是维修费用经常被预算所忽视，短期的财政困难常常使当地中断城市基础设施建设。这不仅会影响正常的城市基础设施供给规模，而且会极大地降低投资效率。

（三）城市基础设施的建设、运营和管理效率低下

在政府独立或主要承担城市基础设施建设和运营的传统模式下，城市基础设施的运营不可能按照市场规律和价值规律进行，缺乏必要的约束机制、竞争机制和激励机制。况且传统的城市基础设施投资运营模式，在保护环境、解决公平问题等社会问题上并未显示出明显优势，但经营效率的低下却是普遍且不能被容忍的。主要原因为缺乏私人利益约束和市场竞争机制。[1]

（四）技术进步对基础设施领域改革的直接推动

伴随科学技术的发展，城市基础设施等公共物品的自然和经济社会属性，以及相应产品与服务的提供与生产方式都发生了巨大的变化。如水电气等网络基础设施领域网络前端、终端产品与网络的分离，计量技术在交通、供水、供电、供气中的应用等，使得具有竞争性的基础设施服务可与具有自然垄断性的基础设施网络进行业务分离，从而使私人的进入和市场竞争成为可能，并直接促进了私人资本进入基础设施领域的进程。

综观世界各国城市基础设施的融资、建设和管理，尽管具体情况和背景

---

[1] 城市基础设施投融资体制改革课题组：《国外城市基础设施投融资比较研究报告》，内部资料。

有所不同，但各国面临的主要问题却是相同的。主要包括以下两个方面：第一，城市基础设施资金短缺，财政负担过重，资金供给不足。基础设施建设周期长、回收慢，建成之后仍需要维修和保养，所需资金量大，要求有稳定的资金来源。城市基础设施建设一般主要依靠城市政府投资，但城市政府财力有限，且财政易受政治因素的影响，从而使城市基础设施建设滞后，出现了供不应求的局面。第二，在政府独立或主要承担城市基础设施投资和管理的模式下，政府对基础设施直接提供了一个垄断市场，由于缺乏私人利益约束机制和市场竞争机制，垄断企业缺乏提高效率和降低成本的动力，普遍存在低效率的问题。

二、国外城市基础设施融资体制改革的发展历程[①]

研究分析国外城市基础设施投融资体制问题，可以看到一个共同现象，即从 20 世纪 70 年代至 20 世纪末，世界大多数国家都在进行城市基础设施投融资体制改革，不论是社会主义国家还是资本主义国家，发展中国家还是发达国家，都在探索更加科学有效的城市基础设施建设道路，可以说这是城市基础设施投融资改革的时代。

西方国家在城市基础设施投融资体制改革的道路上经历了较长的发展和探索过程，总结这一过程，大致包括以下发展阶段：

（一）城市基础设施的国有化改革阶段

资本主义国家的国有化是指国家将某些私人企业或私人部门转归国家所有。这是资本主义国家国有经济形成的一个重要途径。早在 19 世纪后期，一些资本主义国家就曾在一定范围内实行过国有化。第二次世界大战后资本主义国家的国有化有了重要发展。到 20 世纪 70 年代，西方发达国家国有化达到高峰时期。

西方国家国有化的途径主要有：一是对在战争期间同敌人合作的私人企业实行无偿没收政策，把这些私人企业变为国有企业；二是国家通过赎买政策向一部分私人资本家支付高额赎金，把这些私人企业变为国有企业；三是

---

① 王秀云：《国外城市基础设施投融资体制研究》，载《改革与战略》，2010（2），167 页。

国家实行参股政策，参股一些私人企业，把私人企业改造成国家和私人混合所有的合营企业。

英国战后的国有化是西方国家国有化的一个典型。1945—1951 年艾德礼工党政府执政期间，英国掀起了第一次国有化浪潮。艾德礼政府对英国大工业，包括钢铁、煤炭、铁路、航空、电信和英格兰银行等实行国有化。1974—1976 年威尔逊工党政府执政期间，英国又掀起了第二次国有化浪潮。两次国有化使国家最终掌握和控制了金融、邮电、通信、运输、能源、钢铁、飞机制造、造船、宇航等国民经济命脉，以及电子、自动化设备等现代工业中的相当大一部分。到 70 年代末，英国邮电、通信、电力、煤气、煤炭、铁路、造船几乎 100% 为国家所有，航空和钢铁、汽车工业、石油工业的国家所有部分分别占 75%、50% 及 25%。国有企业约占全部工业产值的 1/3。[①] 可以说，英国政府已将重要经济部门基本掌握在手中，并通过严格管制实现了对公用企业的整体控制。

法国战后的国有化也具有典型意义。1944—1946 年戴高乐临时政府通过没收或赎买政策，将能源、银行、保险等行业的一些大型私人企业收归国有。1946 年底，法国国有企业在能源领域的比重高达 90%，在金融领域的比重接近 50%。[②] 1981 年，密特朗上台后，立即着手大规模推行国有化，在法国掀起了国有化浪潮。密特朗政府 1982 年 2 月 11 日颁布《国有化法令》，决定在工业、金融等领域对大型私人企业实行国有化。在工业领域中，国家通过购买代表公司私人资本的全部股票所有权，使电力、汽车制造、天然气、铁路、有色金属、投资或短期投资的私人银行都收归国有。金融公司也参照工业公司的做法实行国有化。除此之外，国家通过参股、债转股等办法对本国一些大型私人公司实行绝对控股。这次大规模的国有化大大提高了国有经济在法国经济中的比重。据统计，到 1982 年政府控制的家用和办公用电子工业、基础化工、有色金属工业、军火工业、航空工业、公用事业的比重分别为 44%、54%、63%、75%、84%、100%。国有工业企业营业额在法国工业企业营业

---

① 郑艳馨：《英国公用企业管制制度及其借鉴》，载《宁夏社会科学》，2012（3），23～29 页。
② 弗朗索瓦·卡龙：《现代法国经济史》，商务印书馆，1979，263 页。

总额中的比重达到 40%。①

意大利私人企业国有化有自己的特点，战后，意大利政府将铁路、航空、天然气、电信和邮政全部收归国有。在其他行业，政府则主要通过参与制向私人公司参股，以扩大国有经济成分，1956 年意大利政府成立国家参与部，负责管理国私混合所有股份公司中的国有股，决定国家控股公司的经营方向。意大利国家参与部的特点是：几家大型国有控股公司各自控制一批二级控股公司，每个二级控股公司又各自控制一批企业，形成一个层层控制的系统。据统计，在 50 年代，意大利国有企业大约控制了全国 40% 的发电量，100% 的天然气和煤炭，50% 的钢产量，75% 的黑色和有色金属矿产品。② 1962 年，政府通过高价赎买政策，将私人电力公司国有化。到 70 年代，意大利的煤气、铁路、航空、邮政、电信等全部都是国家控制。③

战后奥地利政府也在全国范围内广泛地推行国有化。到 1978 年国有企业在煤炭、石油、天然气、电力、钢铁、汽车、铁路、航空、邮政、电信等行业中的比重全都高达 100%。私人企业主要存在于农业、食品加工、林业、造纸、纺织和服装、饮料、批发和零售商业。

除上述国家之外，不同程度地实行国有化的国家还有比利时、西班牙、葡萄牙、荷兰、瑞典、加拿大、联邦德国、日本等。美国很少实行国有化，但也把私营铁路公司收归国有，于 1976 年成立了美国国营统一铁路公司。

据统计，在 70 年代全球国有化高峰时期，发达国家国有企业产值占国内生产总值的比重平均为 10% 左右，国有企业投资占全国总投资的比重平均为 20%，法国、英国、意大利、原联邦德国、美国和日本国有企业产值占国内生产总值的比重分别是 15%，14%，18%，12%，1%，0.1%；对于国有企业投资额占全国投资的比重，法国是 33.5%，英国是 30%，意大利是 28%，原联邦德国是 22.7%，日本是 24.1%，美国是 18.4%。④

由于中西方关于城市基础设施的界定和统计方法有所不同，上述有关西

---

① 吴易风：《西方国家的国有化与非国有化》，载《福建论坛（经济社会版）》，2001（9）。
② 同上。
③ 杨皎洁：《论西欧国有企业改革对我国的启示》，吉林大学硕士论文，2004。
④ 和宏明：《西方城市基础设施改革及面临的难题》，载《理论界》，2004（1）。

方国家国有化的统计数据并不专指城市基础设施。但是城市基础设施是西方国家国有化的主要对象之一，所以总体上完全可以说明问题。

（二）城市基础设施的私有化改革阶段

西方国家研究私有化的论著对私有化有不同的理解，包括广义和狭义两种。广义的私有化不仅指推进国有企业的私有化，放松管制，开放市场，引入竞争，政府逐步出让、转售一部分国有股权甚至竞争领域的全部股权，而且还包括在制度上建立新的财产组织、经济机制、法律机制以及体制结构，和国家逐渐自行解除其在市场经济中非固有的作为财产所有者的职能的过程，即用资本主义经济制度取代社会主义经济制度，实现整个社会基本经济制度转变。狭义的私有化是指在资产所有权中，降低政府的比重、提高私人部门的比重，或在某项活动中弱化政府的作用、强化私人部门的作用。而按照马克思主义的观点，私有化是从所有权和所有制两个角度来考虑的。从所有权方面来说，如果所有权从国有企业或其他形式的社会主义经济组织手中转移到非社会主义经济组织或私人手中，那就是私有化；从所有制方面来说，如果社会主义所有制变成非社会主义，也是私有化。从这两个方面理解实质上就是从个别企业角度和社会经济制度角度来理解私有化。[1]

西欧的私有化运动最早从英国开始。在 20 世纪 70 年代末之前，作为"英国病"的一个方面，英国政府基本上把城市基础设施视为具有自然垄断的福利性产品，因此主要采取政府投资运营的单一模式。这种模式一方面要求政府投入巨额的财政资金，给政府带来严重的财政负担和财政赤字，但依然无法满足城市建设迅速发展的需要，因而造成城市基础设施建设资金严重短缺的问题；另一方面，政府投资运营模式在实践中被证明是缺乏积极性和约束性的，普遍导致城市基础设施建设的低效率。在上述情况下，从 1979 年起，英国以撒切尔夫人为首相的保守党政府开始了一系列以私有化为主要内容的改革，使英国成为世界上最先有计划地实行国营事业私有化的国家。

英国首先选择石油公司作为私有化的对象，这是一个有 650 家子公司和联号的大型石油化工公司。撒切尔政府最初只将该公司 5% 的股权出售给私

---

① 刘永焕：《私有化：改革中的选择》，载《北方经贸》，2013（2）。

人。后来，该公司股权出售给私人的比例逐步增大，英国政府和英格兰银行持股比例下降到51%。继英国石油公司之后，撒切尔政府还向私人出售了多家国有企业的股权。其中，1984年秋英国电信公司50.2%的股权被卖给私人。1986年12月居于垄断地位的英国煤气公司的股票也被全部出售。1988年，这一进程推进到电力、供水等自然垄断部门。如，1989年11月，英国政府出售了10家自来水公司。1990年3月，英格兰与威尔士的16家电力公司的股票交易也开始了。从1979年到1988年，英国国有经济已有40%实行了私有化，国有经济在GNP中的比重从11.1%下降到6.5%。[①]

法国从1986年开始对基础设施领域的国有企业进行私有化改革，通过出售近千亿法郎的国有资产实现了股份制改造，并波及到工业、金融业领域。进入20世纪90年代，法国政府大大加快了国有企业的改组步伐。1993年7月，法国国民议会通过专门法律对全国21家大型国有企业进行股份制改造。涉及竞争性领域的其他国有企业，在随后的两年多时间里，都完成了股份制改造目标。1997年9月，法国最大的国有企业法国电信公司宣布向社会公开出售20%至25%的股权，使政府获得400多亿法郎的套现收入，是法国规模最大的一起国有企业股份化行动。

在英、法等西欧国家相继采取私有化策略以后，其他主要资本主义国家加快了非国有化的步伐。日本在1986年，计划5年内将国有企业的全部股份或部分股份出售给私人。加拿大特纳总理上台后，将两家最大的航空公司，西太平洋公司和诺得尔公司交给私人经营，并出售了邮政、电力、民航和铁路部门中的多家国有公司。国有企业数量本来就不多的美国也采取了一些举措，里根政府在1987年3月把联合铁路公司的股份全部出售给私人，同时还卖掉了一些联邦政府拥有的资产，甚至将一些医院和学校私有化。各国私有化运动的一个主要对象就是城市基础设施。

（三）城市基础设施的市场化改革阶段

正是由于私有化在效率方面的巨大潜力，各国政府才开始进行不同程度的基础设施私有化改革，可是经过十几年的发展，各国的实践证明私有化也

---

① 吴易风：《西方国家的国有化与非国有化》，载《福建论坛（经济社会版）》，2001（9）。

并非完美无缺，存在诸多弊端，如在私有化进程中，往往在公用事业提高效率的同时，难以保证每个人都享受到同样的优质服务，不能兼顾效率和公平。而且垄断的市场中，企业私有化后平均效率是否真正得到提高也是值得商榷的。于是在 20 世纪 90 年代西方国家又开始了城市基础设施投融资体制的市场化探索。市场化主要体现在两个方面：一是增加融资来源，努力吸引社会资金投入，表现为城市基础设施对国内外各类投资者开放，社会资金参与城市基础设施投融资。各类投资者通过独资、合资、合作、联营、参股、特许经营等方式，参与经营性基础设施项目建设和运营。二是在引进资金的同时，也引进市场化的投融资管理和运营机制。表现为将引入社会资金与引入先进技术和先进管理相结合，重视市场经济条件下竞争原则、公平公开原则、效益原则等在实际中的应用。

西方国家在基础设施市场化改革实践中采取了一系列新举措，比较有代表性的有合同出租、公私合作、用者付费制等方式。

1. 合同出租。合同出租是指政府在不扩大规模、不增加公共财政支出的情况下，通过合同的形式，在公共领域引入市场机制，通过投标者的竞争和履约行为，将原先政府垄断的公共产品的生产提供权转让给私营公司、非营利组织等机构，这些组织和机构必须在合同规定的框架内行使权利、履行义务。这种方式主要通过市场机制，打破公共服务中的垄断，改善公共服务的质量和效率，提高政府能力。

美国政府非常重视公共服务的合同出租，并不断扩大其适用范围。1992年，美国联邦政府花费了 2100 亿美元购买承包商的合同服务，占财政开支的1/6。据 1996 年的资料，美国地方政府把能够承包出去的 100 多种公共服务全部进行合同出租，可见其推行合同出租的力度。目前，能源生产、环境保护、工作培训、救援服务、消防、运输服务、公共工程、医疗保健等公共事业领域都广泛推行合同出租。英国各级政府也大力推行公共服务的合同出租。英国的公共服务行业，如环境、医疗、公共交通、通信服务、社会保障等领域广泛采用了合同出租制，甚至在监狱管理等国家传统的基本职能领域中合同出租也占有一定的份额。

2. 公私合作。公私合作是指政府以特许或其他方式吸引中标的私营部门直接参与基础建设或提供某项服务。在政府的规制下，私营部门通过面向消费者的价格机制来实现投资回报。公私合作，既借社会资源提高公共服务生产能力，又借价格机制显示真实需求，从而可实现一箭双雕的目的。此外，建立政府部门与私营企业的伙伴关系，还可以发挥公私两种部门在管理、技术、资金等方面的优势，在各自目标中寻找共识、彼此合作，从而更好地满足社会对公共物品及服务的要求。在英国、美国和其他发达国家，电厂、废水处理设施、桥梁、隧道、收费公路、自来水、煤气、电力、电信等基础设施的供给，都大量采用政府与私人部门合作的方式。

3. 用者付费制。用者付费是指家庭、企业和其他私营部门在实际消费政府提供的服务和设施时，向政府部门交纳费用。付费取决于实际消费的服务量，不消费不付费，多消费多付费。此外，社区的家庭和自愿者组织也被最大限度地动员，在政府的计划、指导和监督下，让他们自己服务自己。同时，政府机构给予相应的支持、培训和其他资源。目前，西方国家都在普遍推行用者付费制度。比如美国各级政府都在推行用者付费制度。地方政府对这一制度的推行更为普遍，付费收入占其预算来源的 25%。用者付费制适用的范围主要包括：垃圾收集、废水和污水处理、娱乐设施、公园等公用事业。

西方国家的基础设施投融资改革实践表明，在公共服务中引入竞争机制不仅是可能的，而且是卓有成效的。公共服务市场化给了社会公众自由选择服务机构的权力，对公共机构形成一种外在的竞争压力，迫使公共服务机构竭力改善服务质量，提高效率，吸引更多的"顾客"。

第二节　国外城市基础设施投融资体制改革的特点及趋势

一、国外城市基础设施投融资体制改革的特点

纵观国外城市基础设施投融资体制改革的过程可以发现一些共同特点：

一是创新融资方式。城市基础设施项目在增加政府资金来源的同时，将出资主体转移到私人部门，努力吸引私人资本投资，采用特许经营的方式或通过让渡政府部分或全部投资决策权和投资回收权，吸引私人资金股权参与。

二是确保资金来源稳定。稳定的资金来源主要通过确定固定的融资渠道、融资主体和融资方式来实现。在国内金融市场环境下，除确定部分财政资金的专项资金外，还要确定政府部门为融资主体，建立制度化的融资行为模式。在市场中介体系的支持下，定期发行市政债券，不断寻找潜在的私人投资者。要保证政府资金到位，最重要的是建立专项资金和专项贷款。

三是提高城市基础设施投融资效率。一方面，提高政府投资决策水平。包括建立职能明确、责权清晰的城市基础设施管理机构，减少投融资建设中的不当干预；制定严格的城市基础设施建设规划和有针对性的投资计划；完善城市基础设施投融资决策机制；城市基础设施的不同部门和行业实行区分管理，不同类型的企业采用不同的管理模式。另一方面，积极引入市场竞争机制，支持和鼓励社会投资者参与基础设施投资和运营管理。私营部门有两种主要的参与方式：一种是在经营管理中采用管理权参与的方式，即签订各类承包合同，使国有部门和私营部门共同承担某项服务，以节省成本、提高城市基础设施的运营效率和服务水平；另一种是上文提到的所有权参与或股权参与，在引进资金的同时，引进私人机构的投资实施效率。①

二、国外城市基础设施投融资体制改革的基本趋势

开放市场是城市基础设施投融资改革的主要做法。无论是发达国家还是发展中国家，城市基础设施投融资体制改革的基本趋势都是向市场化发展。

广义的市场化指市场产生、发展、成长、成熟的自然动态演化过程。狭义的市场化指计划经济向市场经济的过渡。城市基础设施投融资市场化是指将市场机制引入城市基础设施投融资领域，重点包括投融资主体和投融资方式的市场化，以及利用市场机制进行投资、建设和运营。从投融资主体来看，通常有非国有化、民营化和私有化的概念。从项目组织方式上看，有股权化、公司化、商业化，也包含市场化的含义。

20 世纪 70 年代以前，大多数国家将城市基础设施视为一种自然垄断的社会福利产品，侧重于实施城市基础设施的国有化经营管理模式。到 20 世纪 70

---

① 丁向阳：《城市基础设施市场化理论与实践》，经济科学出版社，2005，69 页。

年代末，西方国家的国有化水平达到了顶峰。但随后，各国逐渐发现，由政府投资建设和运营管理的单一模式需要政府投入大量的资金。这一方面给政府带来了沉重的财政负担和巨额的财政赤字，且仍不能满足城市迅速发展对城市基础设施不断增长的需求。另一方面，这种模式被证明缺乏积极性和约束力，导致城市基础设施从投资建设到运营管理总体效率低下。各发达国家认识到有必要对城市基础设施投融资建设和运营管理体制进行改革，引入市场竞争机制，吸引私人业主进入。对于广大发展中国家而言，从 20 世纪 70 年代末到 80 年代初，国民经济的快速发展和城市化进程的加快使城市基础设施供给落后和供给不足的问题日益突出，迫切需要政府增加城市基础设施的投资建设力度。但各发展中国家普遍认识到，它们既没有足够的资金，也没有足够的管理能力来满足城市基础设施迅速增长的建设管理要求。现实迫使他们采取分权和市场化措施来改革城市基础设施投融资管理体制，一方面将城市基础设施投融资建设权和经营管理权从中央政府转移到地方政府、非政府机构和私营部门；另一方面，允许、鼓励和支持民营机构参与城市基础设施投融资建设和运营管理。

城市基础设施市场化主要体现在两个方面：一是增加融资渠道，努力吸引社会资本投资。表现为城市基础设施向国内外各类投资者开放，允许社会资金参与城市基础设施投融资。各类投资者通过独资、合资、合作、股权参与和特许经营等方式参与经营性基础设施项目的建设和运营。其次，在引入资金的同时，也引入市场化的投融资管理和运作机制。表现为引入社会资本、先进技术和先进管理，重视发挥市场经济条件下的竞争原则、公开透明原则以及效益原则。

概括地讲，城市基础设施投融资市场化就是打破垄断，引入竞争，通过培育市场主体，以市场为导向，将原来以行政手段建设和经营的城市基础设施项目移交给市场主体，并按市场化的方式组织。在投融资、建设、运营等各方面引入竞争机制，通过创新机制加快政府职能转变，实现投资运营主体的多元化，借助社会力量达到减轻财政负担、发展城市基础设施的目的。在市场化条件下，政府部门的职能也发生了变化，其主要职责表现为：一是规划主体的角色，确定社会对某些基础设施的需求，并制定相应的发展规划；二是市场准入审批者的角色，主要是审查基础设施建设项目的可行性；三是选择特定的投融资主体，授予特许经营权利，同时为确保公共利益，对价格实施规制，防止垄断；四是强化市场监管者的角色，设立绩效评价标准并监督绩效；五是为项目融资提供支持，并履行相关投融资活动过程的各项责任。

第四章　国外城市基础设施投融资体制改革考察

本章重点对发达国家城市基础设施投融资体制进行考察，总结它们的经验和教训。以下各节将分别对英、法、美、日、德的城市基础设施投融资体制进行考察和比较。

第一节　英国城市基础设施投融资体制改革

英国的城市基础设施投融资体制是在其经济发展过程中逐步完善健全的，从 19 世纪的私营方式开始，到 19 世纪中下叶的市营方式，再到 20 世纪 40 年代的国有化进程。80 年代的私有化浪潮使城市公用事业再次出售给了私人。90 年代政府与社会资本合作的探索开始。发展过程涉及公用事业的转型及投融资体制改革。本节将重点考察 20 世纪 70 年代以后英国的投融资体制改革。

一、英国城市基础设施投融资体制改革历程

英国城市基础设施投融资体制改革是在 20 世纪 70 年代末国有企业改革的基础上进行的。20 世纪 70 年代以前，英国基础设施行业的国有经济成分占有较高的比例，当时英国对国有企业的管理并没有一个专门的机构，主要是由政府部门、财政部和议会进行管理、指导和监督。在国有企业的经营活动中，各主管部门是最重要、最直接的管理者。政府虽然不干预国有企业的日常经营管理，但主管部门通过对国有企业董事会成员的任免，反映了对国有企业的管理。此外，根据英国有关法律规定，主管部门大臣还有权决定所属

国有企业的发展方向和经营方针，决定和监督国有企业对财政拨款的接受及使用情况。这种国有企业管理体制导致国有企业经营效率低下、服务质量差、人浮于事、财政负担沉重。为了提高政府投资效率，改善财政收支，提高基础设施运营效率，1979 年底，英国撒切尔政府开始在基础领域对国有企业进行私有化改革。90 年代以后，英国政府又开始探索政府与民营资本的合作。英国城市基础设施投融资体制伴随改革的推进发生了巨大的变化。改革经历了如下发展历程：

（一）1979—1990 年的改革

1971 年至 1979 年，英国政府财政赤字总额占支出总额的 10.3%，占国民生产总值的 5%，通货膨胀率最高达到 25%，国债规模也急剧扩大，"英国病"变得越来越严重。经济增速放缓，政府税收收入不足以弥补各项公共服务支出，尤其是社会福利支出。加之英国长期奉行凯恩斯主义经济政策，导致英国政府对经济过度干预，福利国家的建立更加大了这种干预。这直接带来了两方面的影响：一方面，资本和专业人才外流加快，能够刺激经济发展的关键要素不足；另一方面，导致政府的大规模扩张和公共部门的官僚化，使得市场难以发挥资源配置的优势。更可怕的是，政府干预与国家福利加重了本已植根于英国传统文化中的门第与等级观念，让安于现状的守成思想大行其道，原本能够创造价值的社会力量难以在社会生活中发挥作用，严重阻碍了英国社会资本的积累。[①]

1979 年撒切尔夫人上台时，英国的城市供水、污水处理、垃圾处理等公用事业都由政府经营，效率低下，政府负担沉重，所以政府决心进行变革。撒切尔政府在公共服务领域的改革大致经历了三个阶段：

第一阶段为 1979—1983 年，改革的重点是价格管制企业。这些企业主要是自身经营状况不佳，面临破产而被政府接管的企业。政府以股份转让或整体出售的方式将其转为民营企业。改革首先从英国石油公司开始，这家公司在工党执政时期是一个公私合营的混合性企业，1977 年政府以出售股票的方式，使政府对这家企业的控股额由 68.3% 减少到 51%。1979 年 10 月，撒切

---

① 梁昌祝、杜磊、钟韵、王聪：《英国公私合作的产生、演化及启示》，载《重庆科技学院学报》，2016（8），47～51 页。

尔政府又出售了该公司的部分股票，总收益为 2.9 亿英镑。这标志着英国私有化运动的开端。1981 年起，英国开始了历史上规模最大的私有化运动。1981 年 2 月，撒切尔政府出售了英国英航公司 51.6% 的股票，总收益额为 1.49 亿英镑；同年 10 月，第二次出售英国石油公司股票，总收益额为 2.4 亿英镑；11 月出售了布里托尔石油开发公司 51% 的股票，净收益额 6.27 亿英镑；1983 年 2 月出售了英国联合港口公司 51.5% 的股票，净收益额为 4 600 万英镑；同年 3 月出售了国际航空无线电公司的全部股票，净收益额为 6 000 万英镑。[①]

由于这些企业原本由政府控制、被政府接管的独立企业，所以重组资产出售时的计算和清理比较容易。国有企业的转让很少涉及重组、监管等问题，因此资产出售取得了良好的效果。改革的初步成功也增强了政府进一步改革更具挑战性领域的信心。

第二阶段为 1984—1987 年，此阶段以非国有化扩大到公共事业部门为主要特征。以 1984 年出售英国电信公司为开端，私有化涉及越来越多的部门，出售国有资产的金额也日益增大。到 1985 年底，部分或全部私有化的部门和企业已有 20 个左右，被出售的资产达 50 亿英镑，转到私营部门工作的人数达 40 万。1986 年 11 月，撒切尔政府将英国电信公司 50.2% 的股票出售给私人，净收益额为 39.16 亿英镑，这是私有化以来最大的一笔股权交易。1986 年 12 月又出售了居于垄断地位的英国煤气公司的全部股票，净收益额突破 56 亿英镑，远远超过了电信公司的收益额。[②] 英国私有化到第二阶段已取得显著成就。到 1988 年 6 月，又有 8 家国有公司被私有化，由国有经济部门转到私有部门的总人数从 40 万增加到 60 万，国有企业在国内生产总值的比重由 1979 年的 10.5% 下降到 6.5%。[③] 此后，国企私有化在英国遍地开花，天然气、自来水、电力、采矿业等一系列主要公共设施服务企业先后走上了私有化的道路。

第三阶段为 1988—1993 年，私有化推向了自然垄断部门。在 1988 年 10

---

① 王丽娅：《民间资本投资基础设施领域研究》，中国经济出版社，2006，75 页。

② 钟红、胡永红：《英国国企改造对中国国企改革的启示》，载《企业经济》，2005（12）。

③ 毛腾飞：《中国城市基础设施建设投融资问题研究》，中国社会科学出版社，2007，37 页。

月举行的保守党年会上，撒切尔政府首次向公众表明，私有化无禁区，并决心将这一进程推进到电力和供水等自然垄断领域。1989 年 11 月，英国政府出售了 10 家水务公司。1990 年 3 月，英格兰和威尔士 16 家电力公司的股票交易活动也开始了。到 1991 年底，英国只剩下五家国有企业，即英国铁路公司、邮政公司、国家煤炭局、英格兰银行和国家公共汽车公司，约 50 家国有企业被出售。1993 年起又先后转让了英国铁路公司、邮政公司和国家煤炭局的部分股权。[①]

从 80—90 年代的改革过程看，英国政府对基础设施领域的国有企业进行了全面的、大规模的改组，改革中所采取的方式也是多种多样的。比如公开出售、非公开出售、管理者买断及向第三方拍卖等（详见表 4－1）。

表 4－1　　　　　　　　英国城市基础设施私有化情况

企业名称	行业	时期	方法	比率（%）	收益（百万英镑）
Calbe&Wireless	国际电信	1981/10	PO	50.0	224
		1983/12	PO	27.0	275
		1985/12	PO	23.0	933
National Freight Company	陆地运输	1982/02	PS/BMO	—	7
Associated British ports	港口	1983/02	PO	51.5	22
		1984/04	PO	48.5	52
International Aeradio	航空电信	1983/03	PS/STP	—	60
British Telecommunications	电信	1984/11	PO	50.2	3 916
		1991/12	PO	25.6	5 360
		1993/07	PO	24.2	5 050
National Bus Company	公共交通	1986/08	PS/MBO	—	325
		1988/03	STP	—	
British Gas	煤气	1986/12	PO	97.0	5 434
British Airways	航空运输	1987/02	PO	100.0	900
BAA	机场	1987/07	PO	100.0	1 281
Water Companies	自来水	1989/12	PO	100.0	5 110

① 王丽娅：《民间资本投资基础设施领域研究》，中国经济出版社，2006，76 页。

企业名称	行业	时期	方法	比率 （%）	收益 （百万英镑）
Distribution Companies	配电	1990/12	PO	—	5 200
National Power	发电	1991/03	PO	—	1 360
Power – Gen	发电	1991/03	PO	—	840

注：Public Offer（PO）公开出售；Private Sale（PS）非公开出售；Management Buyout（MBO）管理者买断；Sale to Third Party（STP）向第三方拍卖。

资料来源：野村宗训：《民营化政策与市场经济》，税务经理协会，1993，162 页。转引自尹竹《基础设施产业的市场化改革》，经济科学出版社，2004，60 页。

改革后，原来的国有企业效率有了较大幅度的提高。表 4－2 反映了英国 9 个最大国有企业在 20 世纪 70—90 年代劳动生产率的发展速度。

表 4－2　　　　　　　劳动生产率年平均发展速度

企业名称	1970—1980 年	1981—1990 年
英国航空公司	7.4	6.0
英国机场管理局	0.6	2.7
英国煤炭公司	− 2.4	8.1
英国煤气公司	4.9	4.9
英国铁路公司	− 2.0	3.2
英国钢铁公司	− 1.7	13.7
英国电信公司	4.3	7.1
英国电力供应局	3.7	2.5
英国邮政局	− 0.1	3.4
平均	1.63	5.73

资料来源：王俊豪：《英国公用事业的民营化改革及其经验教训》，载《公共管理学报》，2006（1）。

从表 4－2 中我们不难发现，这 9 个国有企业的劳动生产率在 20 世纪 80 年代中期后的增长速度是明显的。

（二）90 年代至今，政府开始探索与私人部门的合作

尽管撒切尔政府的私有化改革在公用事业领域取得了巨大成绩，减少了政府的财政负担，刺激了公共服务的供给效率，增加了经济的活力，但其过

度关注效率的弊端也逐渐出现。私人资本进入公共部门后，逐利特征逐渐显现。放松管制导致了社会不平等的出现和社会分层的加剧。随着中产阶级进入投资领域，底层阶级的数量不断扩大，许多社会问题随之产生。失业率持续上升，贫富差距扩大，社会矛盾加剧。1990 年梅杰就任首相时，英国陷入了周期性衰退，经济连续七个季度出现负增长。

1990—1992 年，为刺激经济复苏，扩张型财政政策不可避免，政府由此陷入财政赤字的处境。1991—1992 财年，英国财政赤字为 143 亿英镑，1993—1994 财年，赤字高达 460 亿英镑，是国内生产总值的 7.25%。[①] 为了减轻财政赤字的压力，梅杰政府一方面继承了保守党的市场化政策，使改革更加深入。例如，1993 年，梅杰政府颁布了《铁路法》，将铁路运输业务出售给四家公司，政府只保留铁路相关基础设施产权。梅杰卸任时，英国的铁路运输基本被私营企业接管。在这一过程中，英国政府公用事业私有化的步伐进一步加快。最终英国政府放弃了国有控股 50% 的限制，大量的公共事业已经开始由私人公司实际控制。政府放弃了公用事业企业的产权，转为通过法规对行业进行管理，实现了政企分离，基本实现了市场化目标。另一方面，梅杰政府也吸取了撒切尔执政期间的教训，决心消除单纯追求效率的弊端，避免失去公众支持而带来的政治风险，将公平提升到与效率同等重要的地位。在具体运作方面，主要通过引入竞争机制防止私人资本逐利行为对公共服务质量的损害。并在公共建设领域创新性地提出了私人融资计划（PFI，即设计、建设、融资、运营和维护）。例如，在"伊丽莎白三世桥"工程中，英国政府首次采用 PFI 方案。通过一系列合同，将项目各个利益相关者通过"特殊目的公司"（Special Purpose Vehicle，SPV）联系在一起，风险在协议框架下得到很好的分担。PFI 有效地将竞争机制引入公共服务的供给，政府部门成为了公共服务的购买者，政府权利受到限制，职能也发生了相应的转变，减少了对经济活动的直接干预。企业通过竞争获得公共服务的订单，供给效率大幅提高。

---

① 张碧波：《英国公私合作（PPP）的演进及其启示》，载《财经界》，2015（13）。

二、英国城市基础设施投融资体制改革的主要特征

第一，基础设施领域以地方政府投资为主。英国地方政府的组成较为复杂，大致分为中央联邦政府、省级政府、大区政府、市（小区）政府四个层次。在公共服务领域，当前中央与地方关系的新型"公共管理模式"改变了地方政府作为直接服务提供者的角色，使地方政府成为中央政府的"授权"机构，负责执行中央政府在全国范围内的公共政策，与各私营企业和志愿组织签订合同，委托它们提供服务。中央政府是公共服务的监督者，地方政府是公共服务的具体经营者。地方政府虽然不能成为基础设施投资的决策者，但仍然是基础设施投资的主体和实施者。因为大部分资产设施的所有权归地方政府，如从 2000—2001 财政年度 5 850 亿英镑公共资产的归属来看，其中 60% 的所有权归于地方政府、12% 所有权归于国有企业、28% 归属于中央政府，[①] 因此在公共服务的提供和资产设施的修缮维护方面，地方政府起着主导作用。

第二，积极推行 PFI 模式。布莱尔工党政府上台后，英国政府提出了构建"伙伴关系"的工作目标，旨在提高公共投资的专业管理水平，通过公私合作扩大公共融资渠道，拓宽私人投资领域，并确保公共投资项目的成功实施。英国政府通过改革，将部分公共部门权力下放民间，形成了私人融资 PFI（Private Finance Initiative）模式。自 1986 年 3 月在英国首都伦敦泰晤士河上 Dart Ford 大桥的实施，开启了世界上第一个真正意义上的 PFI，而后更多项目在伯明翰和曼彻斯特开展，紧接着在其他各城市，如诺丁汉、布里斯托、利兹和朴次茅斯推行。据英国财政部的相关统计，自 1992 年使用民间主动融资（PFI）以来，20 多年内英国建造了 800 多个基础设施和公共服务项目，总额超过 700 亿英镑，PFI 项目的价值与数量均约占全球的 1/3。PFI 使英国中央政府和地方政府较好地利用了市场企业的专业能力和高效率，并节省了大量财政资金。截至 2013 年 6 月，在营 PFI 项目为各级政府节省了 16 亿英镑，[②]

---

① 彭清辉：《我国基础设施投融资研究》，湖南大学博士论文，2011，65 页。

② 郭新明：《发挥 PPP 融资模式作用创新基础设施投融资机制》，载《金融时报》，2015 - 05 - 04。

涉及医疗健康、国防设施、教育、交通、环境、文体设施等领域。

第三，政府对基础设施投融资进行有效的管理。主要表现在三个方面。一是中央政府在政府投资决策中起着主导作用。英国政府投资决策机制基本上沿袭中央集权制，首相办公室直属的成立于 2001 年的公共服务送达专署直接指导各公共管理部门有效地提供公共服务。二是采用"金边股"的形式对已经民营化的基础设施企业进行控制，即英国政府在这些企业里保留一股特殊的股份（即"金边股"），这一特别股份赋予英国政府对企业的重大决策拥有特别否决权。三是政府主导基础设施的私人融资活动，政府主导是英国 PFI 事业的典型特征。在推进 PFI 的过程中，英国政府不仅制定针对性的优惠政策，提供补贴吸引社会资本，还主要强调整个投融资管理体系的建立健全，以吸引社会资本。政府围绕政策提案与制定、资金支持和项目监督三个方面规范 PFI 项目的管理和控制，逐渐形成了一个公开、透明、有效的政府管理体系。[1]

三、英国城市基础设施投融资体制改革的主要做法

英国的城市基础设施投融资体制改革是在政府的政策、法律的引导下，充分利用市场的作用而展开的，改革的本质在于打破传统政府垄断经营的局面，引入竞争机制，提高供给效率和质量，从而满足公众多元化的需求。改革中采取的主要做法可以概括为以下方面：

（一）出售国有资产，实现国有资产从公共部门向私人部门的转移

出售国有资产，实现国有资产从公共部门向私人部门的转移是英国城市基础设施投融资体制改革采取的主要做法，因为英国和其他西方国家不同，改革之前，英国的公用事业基本上都由政府垄断经营。从 1979 年开始，英国政府陆续将一些大公司的国有资产卖给了私营企业、外国投资者和个人。具体出售的办法有：一是以出售股票的方式出售国有资产。英国电信公司、英国煤气公司等采用了这种做法。二是把国有企业整体出售。这种方式主要用来处理一些具有竞争性的小型国有企业或公用事业企业的附属企业。三是把

---

① 彭清辉：《我国基础设施投融资研究》，湖南大学博士论文，2011，65 页。

国有企业整体卖给由多家投资者组成的集团。国有电力供应企业的出售采用了这个办法。四是把国有企业资产卖给企业的管理阶层或职工，如英国水路运输集团。以上方式不仅减轻了政府的财政负担，也使企业的运营效率有了不同程度的提高。

（二）吸引民间资本参与城市基础设施建设

英国在城市基础设施投融资体制改革过程中针对不同性质的城市基础设施项目，采取了不同的吸引民间资本投资的方式。具体操作办法见表4－3。

1. 自由竞争方式。该方法主要针对可通过收费回收投资的城市基础设施项目。政府首先通过招标和签订合同的方式选择民营企业，然后由民营企业投资建设和运营管理。项目完成后，再向社会收取服务费收回投资，政府不参与投资和管理。

2. 政府补贴方式。对于可以收费但不能通过收费完全收回投资的基础设施项目，政府通常采用私人资本投资建设，投资收益通过收取服务费回收，政府给予适当补贴。政府在项目建设和经营管理的不同阶段，以多种形式实行不同的补贴额度，目的是通过政府的财政杠杆，提高基础设施建设和服务质量。例如，英国的隧道建设项目，政府在建设初期提供部分资金来支持项目启动，投资回收完全由私人公司负责。另一个例子是，伦敦广场地铁扩建项目，该项目完全由私人公司举债建设，项目完成后政府适当出资帮助还本付息。

3. 政府购买服务方式。一些纯公共品项目无法实施收费机制，项目完成后私营部门无法通过运营收回投资。此类项目政府主要采用公营部门与私营部门合作的方式，私营企业负责投资建设和运营管理，政府在项目完成后购买项目的服务，这不仅解决了民营企业基础设施建设资金回收问题，也减轻了政府部门对基础设施项目建设的资金压力。例如，公路建设虽然是由私人公司投资和建设的，但是政府需要向投资者购买服务，政府根据购买服务的数量和质量支付费用。并且建设项目应当在政府签订购买服务合同时明确服务期限和支付标准，确保私营企业在规定期限内收回投资。

表4-3　　　　　　　民间资本参与基础设施建设的主要形式

操作方式	项目类别	政府角色	企业角色	盈利模式
自由竞争	纯经营性项目	政府组织招投标，政府不参与投资和管理	私人企业出资建设运营和管理	向社会收取服务费
政府补贴	准经营性项目	在目标建设和运营不同时期实施补贴	私人企业投资建设	服务性收费＋政府补贴
政府购买	非经营性项目	政府出资向投资者购买服务	私人企业出资建设运营和管理	由政府根据购买服务的数量和质量区别付费

（三）产业立法先行

英国城市基础设施投融资体制改革是以法律为先导的，为确保改革的顺利进行，政府先后颁布了多项法律。如1984年，颁布了《电信法》；1986年颁布《煤气法》；1989年颁布了《自来水法》和《电力法》；1993年颁布《铁路法》等；2000年颁布《公用事业法》；以及为配合英国国家城市水行业的全面改革，先后颁行了《水工业法》《水资源法》《水公司法》《排水法》等，此后这些法律合并为2003年的《水法》。而且每项法规都建立一个法定的政府监管机构。如电信管制办公室、煤气供应管制办公室等。法规中对政府与投资者的责任与权利有明确规定（见表4-4）。这些法律的颁布，使基础设施投融资市场化改革具有了法律依据和实施程序。

表4-4　　　　　　　英国在公用事业领域颁布的主要法律及内容

法律名称	颁布时间	主要内容
电信法	1984年	设立"电信管制办公室"；废除英国电信公司在电信业的独家垄断经营权，允许该公司向社会出售股份。
煤气法	1986年	设立"煤气供应管制办公室"；废除英国煤气公司的独家垄断经营权，允许该公司向社会出售股份。
自来水法	1989年	设立"国家江河管理局"和"自来水服务管制办公室"；允许10个地区的自来水公司向社会出售股份。
电力法	1989年	设立"电力管制办公室"；把电力产业分割为电网、分销和电力生产公司，允许该公司向社会出售股份。

续表

法律名称	颁布时间	主要内容
铁路法	1993 年	设立"铁路管制办公室";将国有铁路重组为 20 多家列车运营公司,允许这些公司向社会出售股份。
公用事业法	2000 年	设立燃气与电力消费者保护委员会;其执行机构 Energy Watch 在公民水电气暖等领域为促进消费者福利、降低价格、减少不公平交易做了大量工作。

资料来源:根据〔美〕威廉姆森:《治理机制》,中国社会科学出版社,2001,56 页整理。

（四）建立独立的政府管制机构

在管制的实施方面,英国政府建立了独立的监管机构,具体的安排是在有关产业部门设立监管办公室（如英国天然气和电力管理办公室等）,由产业部门的国务大臣委任一名总监担任各个监管办公室的主任,并授予他们相当大的法定权力,总监与负责本产业的国务大臣协商后有权发放企业经营许可证,总监有权根据具体情况修改企业经营许可证的一些条款,对被管制企业的价格、质量、投资等方面也具有较广泛的管制权力。除此以外,英国还建立了包括"垄断与兼并委员会"和"公平交易办公室"两个综合管制机构,对所有产业都拥有监管权力。如果各产业的管制办公室和被管制企业发生冲突,总监可将发生冲突的事件提交"垄断与兼并委员会"裁决。同时,"公平交易办公室"有权监督和调查被管制企业的反竞争或滥用市场垄断力量的行为。而国务大臣则对管制机构与被管制企业的纠纷拥有最终裁决权。

（五）重视社会监督

英国在城市基础设施领域建立了各种行业消费者协会,它们与政府的监管办公室同时成立,政府的监管办公室是全国性的行业管理部门,消费者协会负责具体效果的监测,与消费者直接沟通,及时反映消费者的要求和呼声。这些消费者协会通常分布在不同的区域,由当地志愿者组成,成员一人。各地的消费者协会主席共同组成该行业全国消费者协会,定期或临时召开会议。此外,政府还成立了专门的消费者组织,如根据《电力法》,英国在英格兰、苏格兰和威尔士建立了 14 个电力消费者委员会,它们独立于电力管制办公室和电力企业,只代表消费者利益;同时,建立健全听证会制度,在制定和调整涉及消费者、企业、各利益集团的政策法规（特别是周期性调整管制价格）时，都必须实行听证会制度，接受社会监督，形式力求公开，比如，政府把某一管制法规草案公开在因特网、大众媒体上，以广泛征求社会各利益集团的意见，然后，政府再将各利益集团的意见进行整理，并据此对管制法规草案进行修改，然后让这些信息与公众见面，再次征求意见，作为制定有关法规的依据。英国的各类消费者组织在保护公用事业的消费者利益方面发挥了广泛的作用。

四、英国城市基础设施投融资体制改革的主要经验

综观英国的城市基础设施投融资体制改革，可以看出改革的成效是显著的，尽管改革后期也出现了不少问题，但不可否认，改革大大缓解了政府的财政压力，提高了城市基础设施的经营效率。同时，改革过程中也积累了很多宝贵的经验，主要包括如下方面：

（一）实行政企分离，引导企业自主经营

英国在私有化改革前，在城市公用企业实行的是以"政企合一"为特征的政府管理体制。80年代初，英国从电信业开始，先后对电力，燃气，供水，铁路运输等主要城市公用事业实施私有化改革，同时调整政府与企业的关系，由政府对企业的直接管理向间接管理转变，实现从政企合一向政企分离管理体制的过渡。英国在实施了政企分离的管理体制后，政府不再直接干预企业的日常生产经营活动，企业根据政府颁发的经营许可证的有关规定，按照市场经济原则开展生产经营活动，从而实现企业化经营机制的根本转变。与此同时，英国重新界定了政府监管的新职能，包括制定相关的政府监管法律法规，审批和发放企业经营许可证，制定价格管制政策并监督实施，规范企业的市场准入和退出。由此可见，政企分离的管理体制实施后，政府并没有让企业放任自流，而是重新界定了政府管控的新职能，间接控制了企业的主要经营活动。这体现了"放小管大"的改革原则，有利于提高政府监管效率。

（二）鼓励竞争，引导私人参与

在城市基础设施投融资体制改革中，为达到促进竞争、选择基础设施经营主体的重要目标，英国政府出台了一系列管制政策，以鼓励规范竞争、鼓

励和引导私人参与基础设施的建设与经营。例如，为满足庞大的投资需求，英国积极推广公私合营，并提出了构建"合伙制的英国"的政府工作目标，目的是通过公私合作提高公共投资的专业管理水平，拓宽公共融资渠道，延伸私人投资领域，确保公共投资项目的按时实施。2012年12月英国又颁布了新的《国家基础设施规划》，提出在未来几年内，英国在基础设施建设领域计划推出超过500个项目，主要在交通运输、水务、废物处理等领域，预计总投资规模将高达3 300亿英镑，并确定以私人投资为重要推动力。①

（三）以立法为先导，推进竞争机制的建立

自20世纪80年代起，英国政府以立法为先导，先后在天然气、电力、水、铁路运输等领域制定了一系列法规，如《特许经营法》《电信法》《煤气法》《自来水法》《电力法》等。政府在主要基础设施行业的管制制度使公共企业管制有法可依，使私有化改革有规则可依、按程序推进。同时，通过建立独立的监管机构，实现对公有企业的有效监督。主要通过各种政府控制的办公室，规定政府管理机制创新的原则，在自然垄断行业引入竞争，促进公共事业的竞争机制的建立。

以电信业为例，20世纪80年代以前，英国电信业处于"双寡头垄断时代"，英国邮政局和国有大东电信公司垄断了国内外所有电信和邮政业务。1981年，英国颁布了第一部《电信法》，根据该法，电信和邮政业务被分拆，分别成立了英国电信公司（British Telecommunications，BT）和皇家邮政公司（Royal Mail），并对国有大东电信公司实行民营化改造，组建由其控股的水星通信公司（Mercury Communication，Mercury）。1982年英国政府向Mercury发放了电信运营许可证，在固定电信网络领域与BT展开竞争；1983年，英国政府开始推行最高限价管制，并在电信、电力、管道燃气、自来水等公用企业广泛实行；1984年，英国颁布了修订后的《电信法》，政府对电信业实行民营化，出售了其50.2%的股权，并提出建立一个独立的电信管制机构——电信管制办公室（OFTEL），该机构与贸易和产业国务大臣共同对国内的电信运营商实行统一管制。其后，英国又于1985年开始将"双寡头垄断"模式引

---

① 张浩良：《英国投融资体制政策要点及对我国的启示》，载《海南金融》，2016（7）。

入移动通信行业，促进移动通信行业的竞争；1991 年，英国政府发表《竞争与选择：90 年代的电信政策》白皮书，开始全面开放电信市场；2003 年，英国议会通过了《2003 通信法》，主要规定了通信办公室（OFCOM）的职能、网络业务和无线频率、电视和电台业务、电视接收的许可、通信市场的竞争与规则等内容，确立了通信办公室这一电信管制机构的法律地位，使英国的通信业市场更加开放，实现了政府有效控制下通信市场主体与市场竞争的多样性与多元性，竞争机制被进一步强化。[①]

（四）加强对基础设施投融资的多方监管

英国的投融资体制改革历程，本身也是政府职能转变的过程，在放松政府管制的同时，采取多种手段加强政府的监管职能，以简洁的宏观调控手段，对企业投融资活动加以指导、调控和引导。如前文提到的天然气和电力管理办公室（OFGEM），由产业部门的国务大臣委任一名总监担任各个监管办公室的主任，大臣和总监不再代表议会直接干预私有化企业的经营活动，但被赋予了新的法定权力，如与主管国务大臣协商后有权发放企业经营许可证并修改其条款，以及确定被监管企业的价格、服务质量标准和强制网络互联等。如果某个项目对公众利益产生广泛影响，英国国务大臣有权介入，前提是当事各方触及了英国反垄断审查门槛。以天然气和电力市场为例，当出现违规或违反许可证修改时，在通过听证会决议后，OFGEM 会执行经济制裁，或返还部分金额给消费者。自 2010 年以来，OFGEM 的制裁金额已高达 1 亿英镑。[②] 此外，政府监管机构还建立起一套建设性的对话机制以加强与行业的交流互动。

英国基础设施项目监管制度最突出的特点是发挥市场自治机构在监管体系中的突出作用，如英国石油天然气协会，核工业协会，发电商协会和消费者委员会等。政府在很大程度上依赖于这些自治机构的作用及其行业自律对于实现监管目标方面的作用，即使在已经建立政府监管机构的条件下也是如此。此外，英国还鼓励公众和新闻媒体监督基础设施投资项目。例如，通过建立和完善项目举报制度，鼓励公众和新闻媒体报道和揭露基础设施项目实施中的违规和腐败行为。

---

① 郑艳馨：《英国公用企业管制制度及其借鉴》，载《宁夏社会科学》，2012（2），23～29 页。
② 张浩良：《英国投融资政策要点及对我国的启示》，载《海南金融》，2016（7），38～43 页。

五、典型模式：英国基础设施建设的 PPP 模式

（一）PPP 的定义

PPP（public - private - partnership），即"公私合伙或合营"。由于地域和经济情况的不同，世界各国的 PPP 发展程度也存在一定的差异，对 PPP 的定义和分类也有所区别。欧盟委员会将 PPP 定义为公共部门与私营部门之间的一种合作关系，其目的是提供传统意义上由公共部门提供的公共产品和服务，并且合作双方根据各自的特点承担相应的风险与责任。[1] 加拿大 PPP 委员会将 PPP 定义为：公共部门和私营部门基于各自经验而建立的一种合作经营关系，它建立在双方各自经验的基础上，通过对资源、风险和利益的合理分担与分享，最好地满足事先清晰界定的需求。[2] 美国国家委员会的概念是：PPP 是介于外包和私有化之间并结合了两者特点的一种公共产品提供方式，它充分利用私人资源进行设计、建设、投资、经营和维护公共基础设施，并提供相关服务以满足公共需求。[3] 香港效率促进组织将 PPP 的定义表述为：一种由双方共同提供公共服务或实施项目的安排，包括特许经营、私营部门投资、合伙投资、合伙经营、组成合伙公司等多种合作方式。

从各方面对 PPP 的定义看，广义的 PPP 是指公共部门与私营部门之间为了提供公共产品或服务而形成的一种合作关系。狭义的 PPP 可以看做是项目的一系列融资方式。其中包括 BOT、DBFO 等多种合作方式。狭义 PPP 更强调政府在项目中的所有权，强调与企业合作的风险分担和利益分享。从本质上讲，PPP 模式下的公共部门已经摆脱了传统意义上的公共产品提供者的角色，成为了监督者和合作者。这进一步凸显了公共部门与私营部门之间的优势互补、风险分担和利益分享。这种特征决定了每个 PPP 项目都或多或少存在一定的差异，管理者和参与者可根据自身的特点和技术、资金、管理对采用的 PPP 模式进行优化和调整。

理论上讲，并不存在一个适用于多数 PPP 项目的最佳搭配模式。但是，

---

[1]　The European Commission. Guidance for successful PPP ［R］. 2003.

[2]　Allan R J. PPP：a review of literature and practicel ［C］//Saskatchewan Institute of Publicy Policy Paper，4. 1999.

[3]　The National Council For PPP, USA. For the good of the people：using PPP to meet America's essential needs ［R］. 2002.

在合作关系中还是要遵循一定的原则，即公共部门只做私营部门做不了的或不愿做的，其他的全部交给私营机构来做，政府对合同执行过程中的某些关键要素，如产品或服务的质量、价格等进行必要的监管，不能因融资方式变化而导致公共部门的缺位问题。

（二）PPP 模式的本质与分类

PPP 从本质上来说，代表了一种伙伴关系（见图4-1），体现的是一个完整的项目融资理念。在实施过程中，公共机构和私人机构间的伙伴关系形式非常灵活，涵盖了介于完全由政府供给与完全由私人供给之间的所有形式，最终通过公共服务或者公共产品的提供，实现政府与私人机构的双赢或多赢。合作形式不同，合作各方的参与程度与承担的风险程度也不相同。这也就是说，项目的责任和风险并非全部由某一方承担，而是由参与合作的各方共同承担。

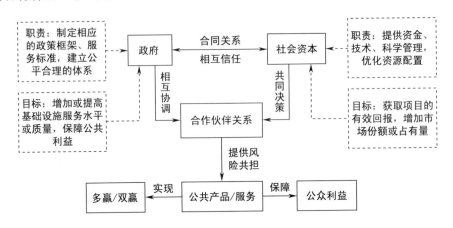

图4-1　PPP 模式的本质

在分类上，PPP 模式可根据资产所有权、投资责任、风险分担、合同期限的不同划分为五大类，即供应与管理工程、统包工程、租赁、特许经营以及私人融资计划（Private France Initiative，PFI）。不同模式又可进一步细分为更多子类别（见表4-5），在实施操作过程中，选择何种模式则需要将当地的政治、法律、社会文化环境、市场成熟度以及项目特点等要素进行综合考虑。①

---

① 闫海龙：《英国 PPP 模式发展经验借鉴及对我国的启示》，载《商业经济研究》，2016（12），122～123 页。

表 4 - 5 PPP 模式分类

大类别	主要子类别	资产所有权	投资责任	风险承担	合同期限（年）
供应与 管理合同	外包	公有	政府	政府	1~3
	维护管理	公有	政府/民营部门	民营部门/政府	3~5
	运营管理	公有	政府	政府	3~5
统包合同	—	公有	政府	民营部门/政府	1~3
租赁	BLT	公有	政府	民营部门/政府	5~20
特许经营	特许权	公有/私有	民营部门/政府	民营部门/政府	3~10
	BOT	公有/私有	民营部门/政府	民营部门/政府	15~30
私人融资计划	BOO/DBFO	私有	民营部门	民营部门	无限
	PFI	私有/公有	民营部门	民营部门/政府	10~20
	资产剥离	私有	民营部门	民营部门	无限

资料来源：闫海龙：《英国 PPP 模式发展经验借鉴及对我国的启示》，载《商业经济研究》，2016 （12），122 页。

（三）PPP 模式利益主体及互动关系

PPP 模式是政府、营利性或者非营利企业基于某一个项目而形成的以"双赢"或"多赢"为理念的相互合作形式，参与各方可以达到与单独行动相比更为有利的结果。PPP 模式运作的项目参与者主要包括项目的直接主办人，投资者，项目所在地政府，项目贷款银行，项目产品的购买者或者项目实施的使用者，项目的建设承包公司，项目设备、能源、原材料供应者，项目融资、法律、税务顾问等。其利益主体通常包括政府、金融机构、第三方咨询公司、工程承包公司、原材料供应商、产品消费者等，其互动关系如图 4 - 2 所示。

（四）英国 PPP 项目的管理框架及流程

截至 2014 年底，英国 PPP 项目的运作主要涉及以下机构或部门：首相办公室、财政部、地方合作伙伴关系协会、中央政府各行业主管部委、政府商务部、地方政府公共采购部门或财政部门、下议院公共账目委员会、审计署。这些机构或部门的作用反映在 PPP 项目运作的不同过程中。其中，地方政府或中央部门可以作为 PPP 项目的发起者，提出 PPP 项目；英国财政部 PPP 政策促进部和英国地方合作伙伴关系协会负责公共和私营部门 PPP 事务的项目

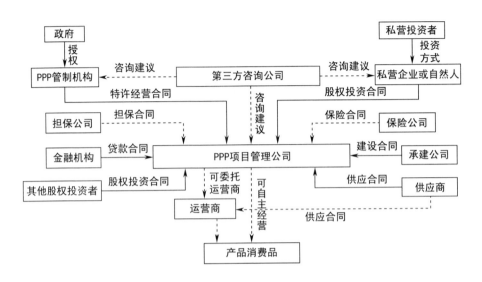

图4-2 PPP模式利益主体及互动关系

指导。此外，财政部审批部门和首相办公室负责PPP项目的事前评估论证，并且是PPP项目的最高决策机构；英国政府商务部负责PPP项目的公共采购程序和采购方式的合规审查和过程监督；下议院公共账目委员会和审计部门负责绩效评估和审计。PPP政策及项目的管理结构如图4-3所示。

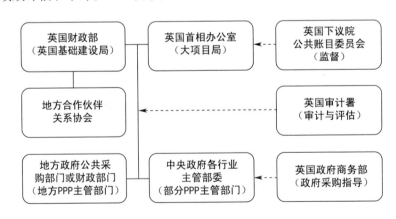

资料来源：黄景驰，弗莱德·米尔：《英国政府与社会资本合作项目的决策体系研究》，载《公共行政评论》，2016（2）。

图4-3 英国PPP政策及项目管理框架

英国PPP模式的操作采用一种较为清晰的流程（如图4-4所示），共分为14个步骤。从政府部门开始提出商业需求，到项目的立项，以及整个项目方案的形成，项目操作小组的建立以及招标模式的取得，都是政府部门做的前期准备工作。政府从公开招标到合同授予要经历多个步骤，与多个潜在的合作单位进行多轮深入的谈判，从中评出可以实现价值最大化的优秀方案和团队进行方案的执行。整个过程繁复而且漫长，通常最短的周期为一年半，有些甚至需要3年以上的时间。[①]

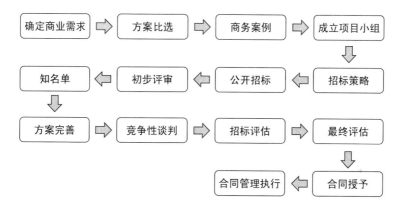

图4-4　PPP公私合作模式

（五）PPP模式在英国的发展阶段

英国处于PPP实践的最前沿，特别是其自来水供应项目非常具有代表性。英国有400多年的私人供水历史，后来自来水的供应逐渐被国有化，并在20世纪80年代初又被私有化。从私有到国有再到私有，英国走过了漫长的道路，可以说，英国是PPP的先驱和倡导者，也是PPP的推动者。PPP在英国的发展经历了四个主要阶段：

第一阶段，探索阶段（1972—1992年）。英国PPP政策和项目开发的最早历史可以追溯到英国治理下的香港。1972年，英国政府以建设—运营—转移（BOT）的方式建造了红磡隧道，这是利用私人资本开发公共项目的典范。在此之前，政府并没有鼓励私人资本进入公共服务领域，并规定如果私人资

---

① 周蕾：《PPP模式的他山之石：英国PPP模式案例解析》，载《施工企业管理》，2015（8），67～69页。

本进入公共服务领域，必须证明它优于以往政府自办该项公共服务。

第二阶段，起步阶段（1992—1997 年）。90 年代初，英国经历了经济衰退、财政紧缩、基础设施资金需求增加、政府采购预算超支和政府债务水平高企的阶段。为了缓解财政压力，英国财政部开始探索 PPP 模式。1992 年 11 月，英国财政部长罗曼·拉蒙特（Norman Lamont）提出秋季预算报告，允许私人资本在公共建设中发挥更大作用，并提出私人融资计划 PFI（Private Finance Initiative）。1993 年私人融资工作组（Private Finance Panel，PFP）成立，由财政部管理。1995 年 11 月，《PFI 手册》出版，对 PFI 进行系统介绍。在此期间，私人资本参与了英国塞文河第二大桥等（1992 年开始建设）代表性项目。

第三阶段，全面推广阶段（1997—2006 年）。这是 PPP 发展的繁荣时代。1997 年工党政府上台后，完全继承了保守政府的 PFI 政策，并完善了相关政策，要求各部门提交自己的 PFI 清单。同年，财政部成立了一个特别工作组（PFI Taskforce），负责推广 PFI。1998 年，成立了伙伴关系组织（Partnerships UK，或 PUK），以取代以前的工作组，来促进 PPP/PFI 的推广，并为 PPP 交易提供项目管理技术援助。成立于 2000 年的政府采购局（Office of Government Commerce，OGC），负责项目的采购管理。2001 年，PUK 由财政部和私营部门共同管理，财政部持有 44% 的股份但拥有一票否决权。在这一阶段，PPP 模式被广泛应用于医疗、交通等领域，项目数量和资金大幅增加，2006 年达到顶峰。

第四阶段，调整与改良阶段（2006 年至今）。2006 年以后英国的 PPP 项目数量和金额出现下降，项目长期债务融资受困、高杠杆等缺陷不断暴露，2008 年金融危机后 PPP 投资额度占公共投资的比例下降了三分之一。2009 年，财政部与地方政府协会联合成立地方合作伙伴关系。2009 年英国财政部成立 TIFU（The Treasury Infrastructure Finance Unit）为市场融资困难的 PPP 项目提供援助。2011 年，财政部设立基础设施局（IUK），合并 PUK 和财政部政策小组的职能，全面负责 PPP 工作，标志着英国 PPP 管理模式趋于成熟。截至 2012 年，英国 PPP 项目数量超过 700 个，合计引入私人资本超过 540 亿英镑，占同期公共项目投资额的三分之一左右。[①] 项目主要集中在医疗、国

---

① 黄景驰、弗莱德·米尔：《英国政府与社会资本合作项目的决策体系研究》，载《公共行政评论》，2016（2）。

防、教育和交通四大部门，其中医疗部门最大，然而政府的偿还债务每年却也高达100亿英镑，英国市场利润空间逐渐收窄，整个市场从繁荣走向衰退。

自2011年英国保守党和自民党政府上台以来，联合政府对工党执政期间实施的PPP政策和项目进行了评估和反思。针对英国政府对PPP项目监管不力和合同设计不合理造成的公共资金浪费问题，英国首相办公室提出了提高效率和节约成本的计划，然后纠正了PPP项目的合同和项目实施，并推出第二代（PF2）模式。该模式严格控制项目的流程，从项目准备到项目签约，整个过程严格控制在18个月内。政府需要参与项目投资，投资比例在10%～15%之间，政府投资特殊项目的金额可占30%～49%。另外，政府更严格地执行项目的物有所值评定，并引进制度基金（养老金），确保项目资金安全。PF2项目不允许有柔性物业管理服务，例如清洁、安保以及餐饮服务等。

（六）伦敦地铁的 PPP 模式①

伦敦是地铁的发源地。伦敦地铁的总里程和车站数量位居世界第一，因此又被称为"建在地铁上的都市"。伦敦地铁目前有12条纵横交错、四通八达的线路，总长约420公里，日客流量300万人次，设有275个车站。它由国有的伦敦地铁公司（LUL）拥有和运营。20世纪90年代以来，由于长期投资不足，地铁系统的可靠性降低，需要大量的资金投入来恢复地铁系统的水准。1997年大选后，英国政府考虑了多种方案来扭转地铁投资严重不足的局面。政府认为完全民营化不是解决这一问题的最佳途径，更倾向于采用公私合作的方式（简称PPP），对整个地铁系统进行升级改造。经过4年多的论证和试行，公司于2002年12月和2003年4月正式签约。LUL将地铁系统的维护和基础设施供应以30年特许经营的形式转让给了3家基础设施公司（分别为SSL、BCV和JNP公司，以下简称PPP公司）。运营和票务仍由伦敦地铁公司控制，基础设施公司的回报由固定支付和绩效支付（能力、效率和环境）组成。具体的运作模式如图4-5所示。

基础设施服务费是支付给基础设施公司的费用，用票款收入和政府补贴支付，用于支付基础设施公司的运营成本、资本支出、债务偿还和股本回报。

---

① 王秀云：《现代城市经营模式：理论与实践》，社会科学文献出版社，2011，91～93页。

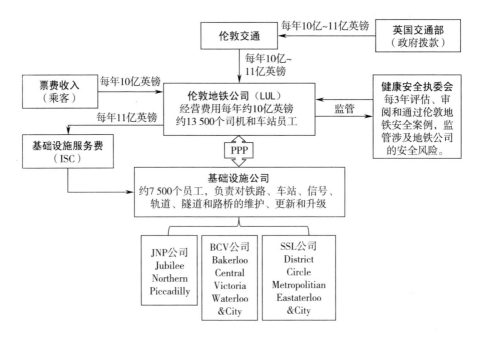

资料来源：王灏：《城市轨道交通投融资问题研究》，中国金融出版社，2006，128 页。

图 4 – 5　伦敦地铁 PPP 模式示意图

支付的金额与设施的运营有关。基础设施公司的主要职责包括：（1）存量资产（轨道，车站，控制室，火车）的运营和维护；（2）新的资本支出计划，增加新设备以取代旧资产，提高地铁系统的可靠性。

从伦敦地铁的 PPP 模式中，我们可以看到这是由政府发起的，公共部门与私营部门签订了长期合同，私营部门负责管理整个生产和供应服务流程。公共部门根据私营部门提供的服务数量和质量付费。从本质上讲，公共服务是在两者合作的前提下完成的。

PPP 模式的优点在于通过公共部门与私人部门的合作达到效率与公平兼顾的效果。在这里，民营资本有着明确的目标，效率是其不懈的追求。通过私营部门的参与，有限的公共资源得到充分利用，社会福利得到改善。同时，在 PPP 交易中，政府作为博弈的一方，处于相对有利的地位（拥有公共项目资源），只有得到满意的服务才会付费，从而维护了公众的公平利益。承包商通过向政府提供服务，收取费用，获得利益。但他们也同时承担着固定资产投资的潜在风险，如需要承担实际投资额与预计投资额的差额部分，又如当未能提供合同中所要求的服务，私营部门将进行赔偿等。

应该说 PPP 模式在基础设施领域的运用是城市基础设施投融资体制改革在实践中的最好体现，因为它从强调制定政策转到强调政府管理技能；从强调管理过程转到强调管理效果；从森严的金字塔等级管理转到引入竞争机制；从政府单纯地提供资金服务转到提供合同承包服务。

（七）英国 PPP 模式的实践经验

英国是 PPP 模式的发源地，在相关实践方面全球领先，其运作模式深刻影响了欧美、亚太和拉美等地区的国家，这些国家在建立 PPP 政策框架以及实施要件时均参考借鉴了英国经验。英国自 1992 年使用民间主动融资（PFI）以来，20 多年内建造了 800 多个基础设施和公共服务项目，总金额超过 700 亿英镑，PFI 项目的价值与数量约占全球的 1/3。PFI 使英国中央政府和地方政府较好地利用了市场企业的专业能力和效率，革新了政府治理的理念与方式，并节省了大量财政资金。根据英国财政部的相关统计，截至 2013 年 6 月，在营的 PFI 项目为各级政府节省了 16 亿英镑。[①] 与此同时，英国政府致力于不断完善采购机制，减少制度缺陷，着手推动一系列新的改革举措。具体包括：公布整体政府账户，提高账务透明程度；推出 PFI 运营成本节约计划，改善成本效率和现金价值；实行新的审查与核准机制，确保采购过程合理、执行高效等。结合上述改革经验，为进一步完善公共服务领域的公私合作，英政府还推出了第二代 PFI 模式即 PF2。目前，英国针对 PPP 模式的探索与完善仍在继续，并形成了一些值得借鉴的实践经验。

1. 完善法律体系，统一项目政策和程序。英国的《公共合同法》（*The Public Contracts Regulations* 2006）和《公用事业单位合同法》（*The Utilities Conteact Regulations* 2006）是规范 PPP 运作最重要的两项法律制度。并且英国政府根据 PPP 发展的阶段特点制定和完善相关文件。如在 PFI 阶段，英国政府先后制定执行了 3 个政策性文件：《PFI——应对投资风险》（2003）、《PFI：加强长期伙伴关系》（2006）和《基础设施采购：实现长期价值》（2008）。

---

① 郭新明：《发挥 PPP 融资模式作用创新基础设施投融资机制》，载《金融时报》，2015 - 05 - 04。

PF2 阶段，又制定了《PPP 的新方式》（2012）和《标准化 PF2 合同》（2012）。[①] 其他还有《关于公私协作的新指引：公共部门参股 PF2 项目的条款磋商》《PFI/PPP 采购和合同管理指引》《PFI/PPP 金融指引》等规范性文件。

对于 PPP 模式的基础设施项目的实施，英国不仅采用统一的法律法规，还在项目论证、评估和审批过程中统一程序和标准。根据有关法律法规和中央政府的基础设施规划，地方部门应将实施 PPP 的项目建议书报送财政部及基础设施局进行评估和审批。而且项目需要从战略、经济、财务、融资、市场和管理等方面进行论证和评估，大致相当于中国的项目可行性研究报告的内容。对于大多数计划外项目，英国基于效率和便利性原则引入时限机制，相应部门必须在 13 周内批准项目，给投资者一定的时间。同时，新的关键基础设施规划流程将具有更大的灵活性，尤其是在预申请阶段。例如，针对某一领域的用户提供的反馈，建立一个轻度审查的制度。

2. 建立规范管理的专业机构。英国建立了三级管理机构，共同管理 PPP 项目的运营。首先是财政部 PPP 工作组和伙伴关系组织（PUK）（Partnerships UK），专门从事公共部门 PPP 项目。2011 年，财政部成立基础设施局（简称 IUK），全面负责 PPP 工作。IUK 的作用是制定政策和批准项目，提供专业知识和资源，帮助公共部门实现 PPP 模式的关键目标。负责拟定基础设施规划，评估审批项目，项目融资和建设管理。其次是处于中央和地方中间的 Local Partnership 和 OGC，其职责是根据国家法令和规划，会同地方政府提出 PPP 项目建议，负责上传下达并帮助地方开展 PPP 项目。三是地方的 PPP 机构，具体负责 PPP 项目的实施和管理，开展 PPP 项目。

3. 政府应发挥引导、监督、合作的作用，协调公平与效率。PPP 项目是一项复杂的系统工程，参与部门众多，法律关系复杂。政府需要从传统的垄断主导地位逐步转变为政策制定、采购组织、监督评估等角色，确保各方利益，尤其是公共利益不受侵害。例如，英国政府成立了 PUK（Partnership UK）和 infrastructure authority（IUK）等专业机构，帮助地方政府成功启动 PFI 项

---

① 闫海龙：《英国 PPP 模式发展经验借鉴及对我国的启示》，载《商业经济研究》，2016（12），122～123 页。

目。此外，英国政府还建立和完善了相关法律、政策、实施与监管框架，如技术标准、合同标准和物有所值评估指南等，一方面，可以极大地促进社会资本的参与；另一方面，明确相关约束，以避免公共利益的损失。

4. 全过程管理非常重要，其中风险管理是关键。一般来说，PPP 的全生命周期过程控制涉及三个环节，即招商管理、风险管理和绩效管理。招商管理是项目成功的基础，需要建立公平的市场准入环境和明确的目标。风险管理是项目成功的保证，包括风险分担和合作机制。也就是说，按照专业分工和最佳承受能力分担风险，并建立开放的合作框架，共同协商克服困难。绩效管理作为一种战略执行工具，主要包括绩效监控和薪酬机制两个方面，以及时纠正问题，确保绩效目标的顺利实现。

第二节 法国城市基础设施投融资体制改革

20 世纪 50 年代以来，法国城市化进程加快。随着经济的发展和技术的不断创新，社会对基础设施的需求越来越大，市民对服务质量和环境保护的要求越来越高，这些都促进了城市基础设施的高速发展。地方政府不仅要满足用户的需求，还要妥善管理设施，提高服务质量。同时，地方政府也面临着公共财政资金不足的困境。为解决上述矛盾，法国政府积极探索城市基础设施投融资体制改革。

一、法国城市基础设施建设与投融资体制改革概况

法国的城市建设大体走过了四个发展阶段，即从"二战"后的重建时期，到工业化建设时期，再到国家计划性规划建设时期和 20 世纪 80 年代后的国家权力下放时期。在这一发展过程中，法国的城市基础设施建设及投融资体制也发生了巨大的变化，经历了一个从不完善到逐步完善的过程。

第一阶段：重建时期（1944—1954 年）。第二次世界大战后，法国开始进行城市重建工作。城市发展的重点是城市道路和交通基础设施的建设和住宅建设。为正确指导城市建设，法国政府制定并实施了公共工程和现代化五年规划。在此期间，政府采取了设立国家城市发展基金，设立公共工程机构

和经济混合体公司，集中财力、物力加快城市基础设施建设和住房建设等措施。同时，地方政府的投资方向和预算主要由国家任命的行政长官来行使，严格控制审批。在城市基础设施管理方面，地方政府委托国有或民营企业承担垃圾收集、道路养护、城市交通、供水、排水等公共服务项目。经过十年的时间，法国基本完成了战后城市重建，城市基础设施建设进入到一个新的发展时期。

第二阶段：工业化建设时期（1955—1966年）。1955年，法国政府制定了区域总体发展规划，协调各部门的建设开发和民间投资项目。同时，国家设立了中央房地产公司和中央公用事业公司，并对混合经济公司进行了改造，地方财政开始参与商业公司的投资，促进了开发建设计划的实施。在此期间，法国的投资结构发生了重大变化，公共资金在总投资中的比重逐年下降，私人投资越来越重要，计划经济更具指导性。公共资本投资占总投资的比例从1950年的50%下降到1956年的27%。法国工业化期间，总体规划、公共设施现代化规划、区域发展规划和公共设施网络规划得到有效实施。这一时期标志着城市基础设施进入规划和计划开发建设阶段。这为此后法国的经济和社会发展奠定了坚实的基础。

第三阶段：国家计划性规划建设时期（1967—1981年）。1967年，法国颁布了《地产法》，规定对城市公共设施征收地方税（TLF）。这项税收为城市基础设施建设开辟了新的资金来源。70年代中期，受经济危机的影响，法国结束了大规模的城市开发建设，进入了城市化管理的关键时期。在这一时期，法国重视城市管理与城市发展的关系。城市建设的重点是改善现有的城市生活环境，而不是大量新建和扩建城市。在"发展中等城市"的城市规划政策指导下，法国重点支持80个中等城市发展道路等公共服务设施建设。与此同时，为了全面协调旧城区的建设，法国于1977年设立了"城市规划基金"，专门用于旧城区和中心区的改造。在国家计划规划建设时期，法国处于战后30年经济繁荣的后期，城市建设发展达到顶峰。在城市建设方面，法国采取了四项政策措施，即控制必需的城市化和道路用地，建设相应的城市设施，组织住宅建设以及优化城市设施和交通系统。

第四阶段：国家权力下放时期（1982年以后）。1982年，法国政府实施了《中央权力下放法》。中央和地方政府探索新的管理方式和新的合作关系，以改变中央包办一切的局面。这部法律调动了大地区、省政府和地方政府的积极性，使它们在城市规划和建设中有了更大的自主权。1989年，法国实施了"十五"计划，国家为400个街区的改造提供了大量资金（贷款）。法国在总结中央权力下放的基础上，于1993年颁布了《城市合同法》，以合同的形式明确了国家和地方政府的权利和利益之间的关系。1994年，法国政府与地方政府签订了214项合同，为地方建设提供财政支持。在这一时期，法国十分重视城市环境建设。受资金和技术资源限制，部分小城镇采取联合措施，提高投资和技术能力，加强城市供水、排水、交通、垃圾处理等设施建设。

二、法国城市基础设施建设的资金筹措[①]

法国城市基础设施建设的资金主要来源于地方政府税收、国家拨款、银行贷款、发行长期债券及私人投资等方面。

（一）地方税收

法国大区、省及市镇财政的基本收入是地方税。地方税由地方政府制定、国家税务部征收。税种包括：企业税、住房税、地产税。企业税收入占全部税收的59%。国家有权对此项税收进行调配，以解决地区贫富不均的问题。

（二）经营开发与分摊税

法国法律规定，超过2万人的市镇联合体可以征收垃圾处理税及交通税。遵循法律规定，此税种，由国家、大地区和有关机构监控。此项税收，由地方政府征收。

（三）城市规划税和开发税

根据城市规划法，并报省或有关公务机构批准，地方政府可收取城市规划税和开发税。所收取的税量，与建设工程项目必需的公共设施投资费用（造价、用地面积）成相应的比例。

（四）国家拨款

国家拨出一定的资金，用于市镇联合体和有关的公共服务设施的建设。

---

① 城市基础设施投融资体制改革课题组：《国外城市基础设施投融资比较研究报告》，内部资料。

对公共服务设施建设的拨款有两类：一类是对大市镇实行一次性拨款，用于投资建设工程。另一类是对小市镇以财政资助的形式参与投资建设。1982 年，国家权力下放后，国家不是分散、分项拨款给地方，而是通过协议的方式拨款。为了与地方共同建设一些工程项目，国家与 26 个大地区达成协议，制定了《城市基础设施和公共交通服务项目五年计划》，推进城市基础设施和公共服务项目的建设。与此同时，大地区也与市镇联合体达成乡村经济发展计划的协议，促进乡村经济发展与基础设施的建设。

此外，基础设施的资金来源还有银行贷款、企业投资、私人机构投资、发行长期债券、保险公司、老年保险等基金投资等。

三、法国城市基础设施投融资体制改革的主要做法

考察法国城市基础设施投融资体制改革的主要做法突出体现在以下几个方面：

（一）根据基础设施的重要程度和项目属性确定投资主体

中央政府在基础设施投融资方面发挥着主导作用。对于一些重要的基础设施部门，如铁路、公路、航运和航空航天，中央政府通常通过设立国有企业进行直接投融资。一些最重要的基础设施项目也由中央政府投资。例如，法国中央政府投资的巴黎的香榭丽舍大街内外环线。此外，城市基础设施投资根据项目属性进行分类。法国的基础设施分为两种：一种是非经营性的或社会效益非常大的项目，如城市道路、地铁。这类项目完全由政府的财政预算投入，如果财政资金无法满足投资需求，那么政府向银行贷款，但贷款金额必须控制在财政长期预算收入的范围内。另一类是经营性或收费项目，如供水、供气、污水处理、垃圾处理等，政府允许企业进入，鼓励企业通过市场筹集资金。但是，根据企业的重要性，政府可以提供一定比例的注册资本。政府倾向于城市基础设施应由企业尽可能多地投资，以减轻纳税人的负担。

（二）政府推行委托管理方式从事基础设施投资建设

法国在城市基础设施投融资领域广泛采用公共部门与私营部门合作的方式，推行委托管理的方式。所谓"委托管理"，就是根据法律程序，通过竞争，选择一家公共企业或私营企业来建设和管理城市基础设施，其运营和管

理过程由政府部门监督。政府与企业之间的关系是严格意义上的合作关系。

实行委托管理的形式是多样的。这是因为它涉及的层面和内容有很大的区别。从其本质上看，委托管理有三种主要的契约关系（见图4－6）：

1. 特许经营权。承租方承担全部投资和运营管理费用，负责设施的运营和维护，独自承担风险。合同期满后，承租企业将承租设施移交发包人。例如，在早期的供水特许经营合同中，私营公司负责所有的投资和运营费用，并承担所有的风险。因此又被称为全风险特许经营，BOT方式属于全风险特许经营。

2. 租赁。政府承担项目的建设或扩建费用，承租方应对经营费用和风险费用负责。租赁企业的基本义务在合同中有明确规定：负责设施的正常运行，自负风险；负责设施、设备的维护管理，费用由企业承担；更新作业机械设备、水利设备零部件、测量仪器等。原投资风险由政府承担。因此，这种管理方法是一种风险共担模式。

3. 直接管理。如果承租方未能从用户处获得足够的经营收入，则必须从财政预算中提取报酬，承租方承担有限风险，又称有限风险特许经营。此方法适用于客源不明、不依赖于用户支付能力的公共设施的投资运营。例如，公共交通，法国公共交通目前每年获得国家财政政补贴的约50%。

图4－6　委托管理的主要形式

（三）重视对城市基础设施建设的宏观调控和规划指导

法国政府充分发挥国土规划和城市规划在城市基础设施建设中的指导作用。国土规划和城市规划要求城市空间的发展和城市土地的发展应考虑到城市环境的建设和城市生活质量的保障。与此同时，城市的每个建设项目都必须有先行计划，每一块国土都必须制定住房、交通、自然和城市环境的发展目标。对于城市基础设施建设，政府必须进行长期规划，规划期限长达10

年。具体项目通常由行业协会提出，政府（和议会）批准决策。大型城市基础设施建设项目要接受民意调查和讨论（包括法规，项目建设内容，建设规模，建设期，资金来源等）。无论是国有或私营水厂还是管网建设，都必须遵循城市规划，有计划、有步骤地进行建设。在审批过程中，政府必须通过非常详细和严格的核算确定项目的规模和投资，并确定各级政府投资在项目总投资额中的比例。一旦项目获得批准，建设时间、工期、投资不得改变。由于在早期阶段做了充分的准备，通常可以确保建设项目按计划实施并按计划投入使用。

四、法国城市基础设施投融资体制改革的主要经验

法国的城市基础设施投融资体制改革，具有自己独有的特色和经验。其中值得借鉴的做法是在基础设施领域推行委托管理，其实质就是在公共部门干预与私营部门参与之间，寻找一种共同投资、共担风险、有效和均衡的方法，较好地把政府的责任与私营竞争的积极性结合起来，收到了显著的成效，并引起了世界银行的关注，并给予了充分肯定。总结这些经验，可以概括为以下方面：

第一，科学的契约机制。通过合同，明确了政府与受托企业的权利和义务，确认双方为长期合同关系。合同对双方都具有约束力，双方也是一种监督与被监督的关系。例如，法国特许经营协会制定的《特许经营行为准则》分别规定了政府和特许经营企业所拥有的权利和义务。法国特许经营联盟制定的《特许经营道德规范》规定了特许经营的主要组织原则和适用于特许者的规则，这些规则与法律原则一起成为解决特许经营合同纠纷的基础。

第二，灵活的管理体制。从委托管理的内容来看，项目多种多样，从设计、施工到经营和管理，项目可以是某一公用事业的全部也可以是其中的一部分。从发租者来看，法国的国家、省、市镇及其下属公共部门可以作为发租者，它们既可以单独也可以联合起来做发租者。从承租者来看，可以是私营的，也可是国有的或公私合营的，但无论采用何种形式，必须是在竞争的情况下进行的。例如，1998年颁布的《萨班法》就专门对特许经营项目必须进行公开招标进行竞争作出规定。

第三，合理的风险机制。根据不同行业和企业的具体特点，制订不同的利益共享和风险分担方案，如全部风险、共担风险和有限风险三种形式。法国政府还成立了一个专门小组来处理利益共享和风险分担问题。

第四，完善的监督机制。特许合同明确规定，政府与受托企业双方是一种监督与被监督关系，因此，双方可以互相监督。此外，它还包括居民和其他企业对政府和委托企业的外部监控机制。

五、典型模式：法国的特许经营之路

特许的法律概念就是一国政府对本属于主权范围内的权利，即政府的权利，在某些条件下及一定的时间、范围内，根据司法、合同，由政府对为从事这项活动而建立的项目公司进行让渡。简言之，特许就是政府对本属于自己权利的一种让渡。特许权项目，就是国内经济实体或外商采用 BOT 方式进行基础设施建设的项目。为项目开发进行融资、建设、经营管理的公司称特许经营项目公司。

法国特许经营公司又称"承租经营"，与"私有化"是两个概念。"私有化"可以对一家银行、一家石油公司、一个汽车厂实行，这意味着国家永远放弃这些单位的产权。但公共事业是不可能实行私有化的，因为公共事业关系到公共日常生活，对于一个地区，甚至整个国家都至关重要，公共事业永远是国家或地方政府的财产。"承租经营"的概念，仅指国家政府在某个特定的时间内，将某项与人民生活和国家经济休戚相关的公共事业交由私营或半私营经济实体（承租人）开发经营，而绝非放弃产权。

（一）法国的特许经营简介

长期以来特许经营制度在法国是建设和管理公共服务和基础设施最普遍的模式，几乎所有的公共服务都向特许经营者开放。污水处理、垃圾收集与管理、电缆、城市交通、体育运动设施、学校餐饮、殡仪服务和供水都可以按照委托管理等合同来组织。

真正的特许经营诞生在法国供排水领域，这可以追溯到 1782 年，当时 Perrier 兄弟被授予第一项供水特许经营权，为巴黎的部分地区提供供水管网。另一个特许经营的著名例子是交通领域的 160 公里长的苏伊士运河。这项特许经营权是 1854 年由统治埃及的土耳其总督授予的，运河于 1869 年竣工，自运河开航之日起计算特许经营的期限为 99 年。[①] 到了 19 世纪下半叶，法国大力推行特许经营计划为其基础设施网络融资。铁路、水务、电力和电车轨道网络都由私人运营商和银行进行设计、融资和经营。这些工程大部分都是通过长期的特许经营合同实现的。合同规定：在合同到期时这些基础设施的所有权将收归公共实体。后来，这一制度推广到在法国被视为"商业公共服务"的诸多领域，例如供水和卫生、垃圾处理或城市交通。

受 1929 年经济危机和第二次世界大战的影响，法国的基础设施特许经营制度经历了相对衰退的时期。当时，公共服务和公共基础设施部门被国有化，大量具有特许经营权的企业被国有化。尤其是那些在全国范围内经营的特许经营企业，例如铁路和能源部门。这一时期，法国电力公司（EDF）、法国国家铁路公司（SNCF）、巴黎机场（ADP）及巴黎公共交通公司（RATP）等国有垄断企业成立，它们仍然通过特许经营合同与中央政府或地方政府保持紧密的联系。主要的基础设施项目通常采用公共工程合同的形式，在专项公共资金的基础上启动。受这一传统的影响，法国的公共服务和基础设施采用了两种截然不同的制度：一种是基于 PPP 模式的私营特许经营制度，在法国叫做公共服务的委托管理制度。另一种是法国的政府直接管理制度。在政府直接管理体制下，基础设施或服务由公共机构或国有机构直接建设和运营。一直以来大量基础设施以特许经营合同形式授权公共特许经营者管理和开发，通过设立特殊目的的公共企业进行建设和经营。例如，在 20 世纪 50 年代，为了发展法国高速公路网，法国成立了一家特许经营控股公司，由当地政府和公共信贷机构提供股本金，是一种使中央政府避开其预算限制的方式。但是，征收的通行费受到管制，并且上涨率低于通货膨胀率，损害了公司的收益，恶化了公司的资产负债表。当这些公司遇到财务困难时，大部分公司都被政府接管了。但是，纯粹的私人特许经营从未完全消失过，而是以各种合同形式继续存在，特别是在市政服务部门。在法国，供水、排水、城市供热、垃圾处理、城市交通和外包的餐饮服务一般都在 PPP 模式下运营。自 20 世纪

---

① 贾康、孙洁：《公私伙伴关系 PPP 的概念、起源与功能》，载《中国政府采购》，2014（6）。

90 年代末以来，采用 PPP 方案为基础设施项目进行融资和设计开始迅速复苏，法国的公用事业公司，如威望迪集团、苏伊士里昂水务、布依格集团、万喜建筑公司、SAUR、索迪斯集团和康运思公司，充分利用了这种新形式。法国政府已经向私人特许经营者开放了以下项目：Millau 高架桥、连接 Perpignan 和 Figureras 的高速公路以及几个高速公路路段（A19、A86、A28）。在地方层面，几乎所有的公共服务都向特许经营开放。污水处理、垃圾收集与管理、电缆、城市交通、体育运动设施、学校餐饮、殡仪服务和供水都可以按照委托管理合同来组织（Ribault，2001）。[1]

（二）法国诺曼底大桥的特许经营模式

法国诺曼底大桥[2]位于法国北部诺曼底地区，跨越塞纳河，连接勒阿弗尔和翁夫勒，是连接欧洲东北部和西南部的一个重要枢纽。该桥由法国著名桥梁设计师米歇尔·维洛热（M. Virlogeux）设计，于 1988 年开工，历时 7 年，于 1995 年 1 月 20 日正式通车。大桥总长 2 143.21 米，总投资约为 18.55 亿法郎。由于该桥投资和技术难度均较大，法国政府难以提供投资补助和贷款金融担保，因此采用了特许权经营的方式进行建设。

法国诺曼底大桥特许经营权项目，有一套规范化的程序：

1. 工程组织形式：法国的勒阿弗尔工商会[3]为国家特许权经营单位，代理桥梁施工业主。该运营合同有效期至 2026 年，之后该桥将被国家收回。

整个项目的建设由国家通过相关部门承担。国家公路和公路技术研究部负责桥梁的设计和相关技术问题，塞纳滨海省建设厅一个下属部门负责项目的建设。根据特别协议，这些部门为勒阿弗尔工商会工作。

2. 工程建设投资：项目建设所需的投资部分来自坦卡维尔大桥的过桥费，部分来自贷款。一个由法国农业信贷银行牵头，由 20 家法国银行和外国银行组成的财团，为这座桥梁提供资金。一旦桥梁建成，经营所得将用于偿还贷

---

[1]　贾康、孙洁：《公私伙伴关系 PPP 的概念、起源、特征与功能》，载《财政研究》，2009（10）。

[2]　该桥完工后，20 世纪末，国际桥梁和工程协会组织"20 世纪世界最美桥梁"评选，共有 15 座桥梁入选，该桥获得"20 世纪世界最美的桥梁"之冠。

[3]　勒阿弗尔工商会曾于 1950 年获得了坦卡维尔大桥的特许经营权，其建造和经营管理情况良好。

款，直至特许经营结束。

3. 贷款担保：法国 3 个省和上诺曼底大区对大桥建设给予了支持，并提供了贷款担保。

4. 明确工程分工：国家是项目租赁的最高权力机构，实现全国范围内的平衡，包括价格的制定；地方政府调整项目财务平衡的措施，为项目提供贷款金融担保；承租方在国家限定的范围内制定价格，并参与地方或地区级国土规划有关法规的制定等工作。[①]

（三）启示

法国诺曼底大桥建设采用特许经营管理的方式进行建设，取得了巨大成功。特许经营管理带给我们的启示是：

首先，可以扩大投资来源，缓解资金紧张的矛盾。同时，利用私人资金，使项目的运作和管理产生了较好的经济效益。据法国有关方面预测，在未来 10～15 年内，对城市基础设施建设资金的需求将大幅增加，投资需求将在目前的水平上增加 25%。因此，法国政府将继续实施特许经营管理，扩大投融资渠道，并从各方面吸引资金进行建设。

其次，有利于政企分开，有效发挥各自的作用。实施特许经营管理，以合同形式明确政府与企业的关系。政府与企业的关系不仅是一种合作关系，更是一种监督与被监督的关系。在市场经济条件下，要防止政府盲目包揽一切，将政府与企业分开，充分发挥各自的作用。政府保留重大决策和选择经营管理者等控制权，不干涉企业的日常经营活动。企业依法经营管理，维护社会公众享用城市基础设施服务的利益。依靠法律，采用竞争方式促进城市基础设施的建设和管理。

最后，实施委托管理，尤其是特许经营权管理，可以保证工程质量，提高管理水平。可以使城市基础设施建设工程和服务部门的设计、施工、经营和维护、保养等方面形成整体。为了使项目最终取得成功，经营者将以认真负责的态度对待施工项目和服务，精心设计、精心施工、精心管理、降低成本、优质服务，以取得更好的社会效益和经济效益。

[①] 郑立均：《法国城市基础设施委托管理》，载《中国投资》，2000（6），53～54 页。

第三节　美国城市基础设施投融资体制改革

美国建国后，在大部分时间里将基础设施建设作为国家经济战略的重要组成部分，联邦政府利用资源优先配置和鼓励性财政金融政策推动基础设施各领域的建设。经过 200 多年的努力，建成了世界上单个国别最为完备涵盖各领域的基础设施体系，包括运河水系、铁路、水坝水电和能源系统、高速公路和民用航空网等，形成了 19 世纪铁路神话和 20 世纪基础设施建设黄金时期。这一历程的核心是将基础设施建设作为国家战略的重要内容，政府优先配置以财政金融为核心的各类资源，形成了美国历史上三个基础设施建设高峰期：1815—1860 年以公路、运河、铁路建设为主；1861—1941 年以铁路、水利水电和能源建设为主；1956—2010 年以国家高速公路、机场、城市轨道交通为主要建设领域，造就了美国在世界上的领先地位。

一、美国城市基础设施投融资体制改革概况

美国一直倡导自由市场经济，提倡"凡民间能做的事情政府绝不插手"。在 70 年代末，美国政府放松了对经济的干预，最终确定美国政府只采用财政和货币政策措施对经济进行必要的调整，尽可能少地干预经济的市场经济特征。随着美国政府对经济干预的放松，基础设施行业也经历了以放松管制为特征的改革。

美国基础设施投资除公路以外的基础设施都采用了市场为主、政府调节的方式。铁路系统是民间资本利用欧洲资本市场建立起来的，交通运输和电信是由民间投资经营的。因此，城市基础设施建设的传统方式是民营经济直接负责，但政府加以管制。对待自然垄断性产业美国政府不像英、法、德等国家采取建立国有企业办法，而是制定相应的法律法规，从外部来管制这些产业的发展，并成立相应的自然垄断基础设施管制机构，如在 20 世纪 30—70 年代，相继成立了联邦海运委员会、联邦电讯委员会、邮资委员会、民航委员会、联邦公路局、联邦航空局、联邦铁路局等。

由于美国的基础设施长期以来都是由私人垄断资本以家族企业或公司制企业的形式进行经营，并且由政府对这些行业进行管制，这在一定程度上限

制了竞争，降低了企业效率。因此，1978年以来，美国率先在交通运输业进行了一系列制度变革，鼓励和保护民营企业进入基础设施领域，通过最大限度的竞争实现基础设施产业资源的优化配置。从1978年到1982年，美国政府解除了对航空、铁路和其他运输行业的管制，并撤销了民用航空局；通信市场和有线电视的市场准入限制也被取消。从1978年开始，部分放松了对天然气的管制，到1989年完全撤销了对天然气的管制。这样，民营资本控制的基础设施企业基本上可以自行定价。目前，美国的电信、航空、能源、交通等基础设施服务的供给已经完全向私营部门开放。

二、美国城市基础设施投融资体制改革的特点

美国的自由市场经济体制决定了其经济运行强调市场导向，利用产业规制来弥补市场失灵，基础设施领域改革只能通过取消或放松规制的方式来实现，并选择以民营为主，因而在基础设施领域形成了以市场为导向的投融资模式，并在投融资主体、投融资方式、政府作用等方面形成了自己的特点。

（一）城市基础设施建设实行三级财政管理

从美国的国家机构设置来看，美国是个实行联邦制的国家，除了联邦政府以外，地方政府由50个州政府和8万个市、镇、学校区和其他特区组成。美国在城市基础设施建设领域实行的是三级预算管理制度，即联邦预算、州预算和地方预算，各级预算独立编制，上级预算不包含下级预算。

联邦政府主要负责涉及国家全局或需要大量投资的公益性城市基础设施项目，并相应地向地方政府提供拨款、贷款和税收补贴。例如，与国家道路交通有关的基础设施建设由联邦政府提供资金。投资范围包括高速公路、公共交通、铁路、航空、水运、水资源等。从图4-7可以看出，联邦政府投资的高速公路占主导地位，1956—1966年十年达到60％。1986年至2006年的投资比例一直保持在45％以上。1977年以前，公共运输投资占比很小，1997年以后一直保持在10％左右；水资源投资逐年下降；污水处理投资先升后降，保持在5％左右，铁路、水路运输比重较低。[①]

---

① 彭清辉：《我国基础设施投融资研究》，湖南大学博士论文，2011，56页。

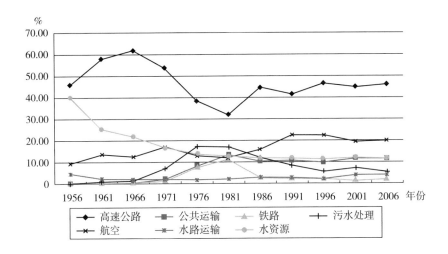

资料来源：Congressional Budget Office.

图 4 - 7　1956—2006 年美国联邦政府分类基础设施投资比例变动图

　　州政府负责州内的公路、州管的福利和文化设施等的建设；市政府负责城市内的交通、供水、污水处理、消防和社会治安等的建设；县政府负责县属的学校和福利设施的建设。从 1984 年到 1994 年，地方政府对各类基础设施的投资都在增加。州和地方政府也占整个资本支出的 59%。州和地方政府1994 年对基础设施的投资额比 1993 年提高了 2.9%，达到 1 430 亿美元，占政府部门对基础设施投资总额的 74%。以上的数字都是指整个基础设施的投资，在城市基础设施投资方面，联邦政府的投资占其对所有基础设施投资总额的比例不到30%，因此，地方政府对城市基础设施的投资在政府部门中占主导地位。城市供水、城市交通和污水处理是地方政府最多的三项支出。①

　　（二）投融资主体以私人为主、政府为辅

　　由于美国的市场机制发达，市场体系较为完善，民间资本实力雄厚，民间资本参与基础设施的领域较为广泛，参与程度也很高。因此，美国的基础设施，特别是城市公用基础设施很大程度上是由民间资本投入、通过市场竞争的方式建成的，基础设施服务也主要由民间提供。即便是在美国基础设施

---

　　①　王铁军：《中国地方政府融资 22 种模式》，中国金融出版社，2006（B9），116 页。

改革初期的 1981 年，列入政府财政预算的基础设施占比也只有 49.6%，而由私营经济主体提供的占 50.4%。政府的税收收入主要用于国防与行政管理、研究与开发、教育与培训、公路建设等典型的公共产品上。但美国政府也会参与部分基础设施建设，例如，美国联邦政府及地方政府均会参与铁路交通建设，但占比较少，一般不超过四分之一；两级政府对航空业的投资占比约为 20%；对污水处理、水资源投资占比呈逐年下降趋势，截至目前，占比已不到 10%，主要资金来源依然为私有资本。近年来，一些原本完全由政府投资的基础设施项目也开始对民间资本开放，同时，政府为了进一步吸引民间资本，专门对其提供优惠条件，比如税收减免、优先购置港口附近土地等。

（三）各种融资方式并存，新型融资方式受到重视

基础设施融资方式包括政府融资、企业融资和项目融资。其中政府资金包括两部分，一部分是州和地方政府的资金，另一部分为联邦政府的资金。在美国，联邦政府投资资金主要来源于财政资金、邮政储蓄吸纳的资金、社会保险基金和公债融资。州和地方政府基础设施投资资金来源主要包括上级政府的转移支付、税收、市政债券、基础设施企业收入和赞助捐赠等。其中市政债券发行是州和地方政府基础设施融资的主要方式。

依赖于其发达的资本市场，美国建立了一套行之有效的基础设施融资体制，几乎所有的州和地方政府及其代理机构通过发行市政债券作为融资工具，资金用于交通、市政公用设施（包括供水设施、污水处理设置、供气设施等）等基础设施的投资。基础设施企业融资方式与其他行业企业融资方式一样，包括通过股票市场发行股票筹资、通过企业债券市场发行债券筹资、向银行贷款和其他融资方式。目前，美国存在市政债券市场、股票市场、国债市场和企业债券市场四大发展良好的资本市场。

随着经济的发展，美国基础设施服务需求不断增加，美国财政支出负担越来越重，传统融资方式已不能弥补资金缺口。美国政府开始利用 PPP 这一新型融资模式，向私人部门寻求融资、设计、建造与运营，以建设和使用某些基础设施。PPP 方式刚开始时只是在美国一小部分基础设施领域运用，现在逐步被使用于建设或维修公路、桥梁、管道、水利系统、学校、国防设施以及监狱。运用区域也在增加，目前美国有过半数的州有推进 PPP 的法律法

规，得克萨斯州、弗吉尼亚州和佛罗里达州在运用 PPP 方面尤为活跃。如得克萨斯州依靠 PPP 方式建设得克萨斯州交通走廊，即一个包含公路客运和铁路货运、市政公用设施的全州范围内的综合性交通网络；弗吉尼亚州也将 PPP 方式运用到包括杜勒斯铁路通道（Dulles Rail Corridor）、交通行业的收费公路等几个项目。[1]

三、美国基础设施项目的资金筹措

美国各级政府对城市基础设施投资非常重视，投资重点主要集中在改善社会和经济发展环境方面的项目上，其投资来源主要有三个渠道：地方财政，中央补助及其他资金。

（一）地方财政

1. 基础设施企业的收入。包括从水费、污水处理费、机场使用费（各航空公司交付的着陆费、特许经营费、机场场地租金）、高架道路收费得来的收入。此项资金主要用于基础设施企业自身日常运行的开支；支付市政建设债券的本息；支付大型基础设施项目的投资。

2. 协作基金。从地方税务收入而来，包括房地产税的一部分、商业营业税，以及其他地方税（电话及电费中的税收）。此项资金用于市内基础设施的日常运行开支，也用于少数基础设施项目的投资。

3. 市政建设债券。基于"市民受益，市民也有责任分担投资"的理念，市政府对于那些建成后可以收费的项目，如机场、收费公路、桥梁、隧道等项目采取向市民发行市政债券的办法进行筹资，并以地方税收及使用费的收入作偿还。债券主要分为两种：第一种，由房地产税收收入作偿还的债券，这类债券必须经市议会批准发行总量，债券的收入可用于一切基础设施项目。第二种，由各项使用费收入作偿还的债券，只用于与该使用费对口的有关基础设施，如以水费收入偿还的债券，只用于供水系统改造的项目。

4. 汽油税收入。美国采用分税制。由州政府收取的汽油税，按一定比例分税给市政府。该项收入用于道路的日常维修，如路面维修、扫雪等，也用

---

① 彭清辉：《我国基础设施投融资研究》，湖南大学博士论文，2011，77 页。

于与交通有关的项目。

5. TIF 方式，或称"税收递增财务安排"。这是近年来美国城市建设常用的方式。政府先借钱给某一地区做基础设施改造，待完成后，将该地区内的各项税率提高，增税直到全部投资收回，或到 23 年为限。①

（二）中央资金②

中央对地方基础设施项目的补助，一般与各项目直接挂钩，不可移做他用。中央补助通过四种方式下拨：

1. 地面交通项目。凡由中央投资建造的高速公路及一般公路，其维修、重修，以及城市主干道与这些高速公路相接的路段（经中央交通部批准），均由中央财政投资。使用该中央资金时，地方财政需提供占总额 20% 的配套资金。

2. 公共交通补助。中央按地方城市人口数及公交运行里程数作补贴，地方财政提供占总额 20% 的配套资金。

3. 公路桥梁维修基金。此基金由中央交通部管理，地方政府上报所需维修的桥梁情况，由中央拨款。

4. 社区发展基金（CDBG 基金）。这是专供低收入社区所用的中央款，每年按城市人口、低收入人口拨给各市，由各市政府的"社区发展委员会"核定用途、管理拨款。一般用于低收入社区的廉价住宅建造、街道整修以及失业培训、幼托机构等项目。

（三）其他资金

1. 公共建筑资金。由地方房地产税中提取，用于市内公共建筑（博物馆、歌剧院）的维修。

2. 私人资金。当某一基础设施项目可能对某些私人企业带来利益时，市政府和私人企业协商，公私双方分担费用。也可以是市政府只建造主要干线，联结到私人企业的部分则由该公司负责投资。

----

① 马洪波、照永芳：《国外城市基础设施市场化产业化建设经营经验借鉴》，http：//www. doc88. com/。
② 张庭伟：《市场经济下城市基础设施的建设——芝加哥的经验》，载《城市规划》，1999（4），57～59 页。

四、美国城市基础设施投融资体制改革的主要做法

由于美国公用事业长期由私人垄断资本以家族或公司制企业来经营，因此，美国在城市基础设施投融资体制改革中的产权改革并不是重点，改革的核心在于放松政府对经营公用事业企业的强力管制，充分发挥市场的作用。

（一）两种管制并存，刺激市场竞争的全面展开

美国政府管制改革中放松管制与激励性管制同时开展，放松管制意味着政府放松和取消了许多管制条款，如，将许可制放松为申报制，将经济性管制的各项条款取消。但是，放松管制的领域主要是那些公用事业的自然垄断性质已经发生变化的领域，以及原有自然垄断型企业经营的大量非自然垄断业务部分。而对自然垄断性业务，美国政府继续对其进行管制，但为激励企业提高效率，引入了新的管制方式——激励性管制（Incentive Regulation），即在保持原有管制结构的条件下，给予被管制企业竞争压力来提高生产效率和经营效率。[①]

（二）公开调控价格，确保市场规律的充分发挥

美国政府放松对定价权的管制，放宽或取消最低限价或最高限价，缩小了价格管制的范围，对公用事业价格的调控主要考虑到经营者的收益、社会承受能力、透明度、对社会总体经济增长的影响，并且调价理由和措施都对外公开以充分发挥市场规律的作用。设立公用事业价格调节基金是一种常用的方法。

（三）注重民间资本参与基础设施建设

美国政府把引入民间资本作为提高城市基础设施建设效率和降低成本的手段，其主要做法是通过提供市场优惠、特许经营权和管理权或由政府提供信用等方法吸引私人部门投资，而不是以直接投资者或直接借款人的身份介入。其中，较为典型的模式有 BOT 和 TOT 两种。此外，股份制也是比较常见的方式，即若干发起人以股份制形式注册一家公司，由该公司负责基础设施

[①]　王秀云：《国外城市基础设施投融资体制改革的考察与借鉴》，载《商场现代化》，2009（15），236～238 页。

的筹资、建设、运营、偿还债务等。间接投资也很普遍，比如社会公众购买基础设施企业发行的债券、股票，使基础设施企业获得必要的资金。基金制也是一种主要方式。据统计，美国的各种基金目前已达到 4 万亿美元左右，其中相当一部分投入基础设施，以获得长期稳定的收益。

（四）TIF 方式融资

值得一提的是，近些年 TIF 方式在美国城市基础设施建设中越来越受到重视。所谓 TIF 方式，即"税款增量融资法"，就是以项目开发前后的固定资产税征税差额来充当项目开发资金。具体地说，就是政府预先为某一地区的基础设施建设发放贷款，等到项目完工增收效益后再提高该地区的税率，直至投资全部收回。这种方式有其独特之处。一般而言，改造或兴建基础设施会带动所在地区各行各业收益的提高，政府以提高纳税的方式收回投资合情合理。耗资 7 400 万美元的华盛顿特区的大型购物中心 Gallery Place 即以这一方式融资。

（五）建立独立的监管机构

独立的监管机构包括对跨州服务事业进行管理的联邦管制委员会，以及只对州内服务事业进行管理的州管制委员会。联邦管制机构（如州际贸易委员会、联邦能源管制委员会、联邦通信委员会等）由 5 ~ 7 名中立的委员组成委员会，委员会下设担当行政事务的秘书处和反映消费者意见的听证会等组织。州管制委员会组织大体上与联邦管制机构相同。这些机构拥有三种管制权力：一是核发经营许可证，二是规定运费和价格，三是核准企业组织的内部规章。管制部门与行业主管部门是分开的。

五、美国城市基础设施投融资体制改革的主要经验

（一）注重立法先行

在美国的基础设施投融资体制改革过程中，注重完善法律法规以推进市场机制的顺利进行。例如，早在 1923 年美国就曾颁布过《土地银行法》《农场信贷法》等法律来保障基础设施建设融资。伴随着 20 世纪 80 年代基础设施市场化的改革，美国先后制定了一系列比较完善的法律法规，如政府于1976—1982 年仅在交通运输领域就颁布了《铁路振兴和管制改革法案》《航

空货运放松管制法》《航空客运放松管制法》《汽车运输法》《铁路法》和《公共汽车管理改革法》等多部法案，对交通运输企业的改革进行了规范。1996 年，美国国会又通过了新的《电信法》，推动美国电信市场改革。而为了确保债券融资体系的稳定，在 2015 年先后颁布了《证券法》《证券交易法》《投资公司法》《投资顾问法》等 6 部法案，用于保障基础设施建设融资[①]，完善的法律体系在美国基础设施建设融资过程中发挥了重要作用，使整个改革过程有法可依。

（二）充分发挥政府在城市基础设施投融资中的作用

虽然美国的城市基础设施领域改革以取消或放松规制为主要特征，但这并不意味着政府不发挥任何作用，政府的主要作用是从补缺、引导和保护方面来影响民间投资主体的决策。

1. 政府的补缺作用。美国政府通常会对那些投资量大、风险高、私人顾及较少的基础设施和公用事业建设给予积极的支持。比如，美国财政投资建设了大量的核电站，美国财政通过直接投资或给予补贴加快了高速公路的建设。

2. 政府的引导作用。为了促进某些地区和部门的发展，政府采取多种手段进行引导。比如，利用财政投融资手段，鼓励私人向落后地区投资。联邦政府对在落后地区投资的私营企业，通过经济开发署提供长期低息或无息贷款，给予投资税收优惠。还向落后地区贷款的私人金融机构提供信贷保险，并且出资兴建市政公用设施，为吸引私人资本投资创造良好的环境。

3. 政府的保护作用。实施反垄断，扶持民间资本投资，保障民间投资者的利益，促进经济竞争活力。比如分割已有的垄断企业，当发现有形成不恰当的集中度的苗头时，采取阻止企业合并与合作等提高集中度行为的措施，从而改善市场结构，使之更具竞争性。再如，放开市政公用设施的价格或收费标准。美国政府允许基础设施建设企业自主定价，使民间资本的投资回报率高于市场一般利率水平，美国电力业投资回报率可达到 16% 以上。

4. 政府的调控作用。政府采取一系列政策进行宏观调控，促进投资。比如，采取加速折旧政策。由于折旧计入成本，可以不纳税，同时又可以用于

---

① 邓靖：《国外市政债券融资的经验及启示》，载《中国财政》，2015（5），72~74 页。

再投资，因此，折旧提取的时间、数额和方法对于企业的税后利润和再投资额都会有较大的影响。把纳税时间推迟，等于是一种政府对企业的无息贷款，可使企业固定资本投资迅速转化为现金，减轻企业利息负担，刺激企业的投资。政府还采取投资抵免政策，就是让企业把新的资本投资额的一定比例从当年的应纳税所得额中扣除，使企业少交税款，相当于政府给企业的一种直接补助。

通过以上鼓励、引导和调控措施，美国成为民间资本进入基础设施领域程度最高的国家。比如美国私人投资近 80 亿美元修建的阿拉斯加石油管道，被认为是世界上规模最大的一项私人资本投资的基础设施工程。[①]

（三）注重金融支持及融资风险管理

美国的基础设施建设融资得以实现得益于建立了发达的金融市场。美国的金融市场是包括股票市场、国债市场、企业债券市场在内的资本市场的总和。截至 2012 年，美国利用金融市场发行市政债券额度达到 2.3 万亿美元，比 2001—2006 年增加了约 21%。美国发达的金融市场为美国基础设施金融体系提供了融资的源泉。首先，发达的商业金融、商业保险为基础设施信贷资金提供了融资的窗口。其次，发达的金融机构也通过出售有价债券、发行债券、上市融资等形式来进行基础设施建设融资。最后，联邦银行、联邦信贷银行、合作银行为投资者利用金融募集资金创造了良好的条件。美国发达的金融市场为美国基础设施融资提供了资金源泉，使基础设施建设融资的资金能够从金融市场筹集。

为了规范基础设施建设融资行为，在注重金融支持的同时，也采取了针对融资风险进行防范的有效措施。例如美国政府通过规定州政府发行债券的政治约束条件，要求根据州全体居民的批准和信用的等级来决定州政府是否可以发行债券，用于强化债务系统的持续稳定。美国政府还通过设立专门负责管理债券的机构——债券法规制定委员会，来负责债券市场的管理，通过规范投资者的行为达到对债券市场的政治约束，实现有效的融资风险管理。美国政府还通过完善担保机制、信息披露机制、建立信用评价体系、风险化

---

① 王丽娅：《民间资本投资基础设施领域研究》，中国经济出版社，2006，89～91 页。

解机制以及制定规划，来强化基础设施建设融资风险的管理，通过保护投资者的利益，推进基础设施建设融资的顺利进行。例如美国的雨洪管理就是通过低强度的开发和最优化的管理策略，来实现管理与发展的。

（四）政府投资项目监管体系健全

美国政府投资项目监管分为国会监管、政府部门监管和公众监督三个层次。美国政府各职能部门对政府投资项目的监管从项目规划即已开始，这一阶段的监督主要体现在对规划征询公众意见、开展调查、举行听证等。政府投资项目规划方案得到批准后，都要进行招标，政府监督有关各方严格依照法定的程序和条件进行招投标活动。在项目设计阶段，政府部门管理人员要向专家咨询，对设计方案分阶段与专家和设计单位进行沟通。在施工中，政府部门或者派出自己的人员或者聘请中介机构进行监管，工程完工后要进行严格的验收和评价。

六、典型案例：美国市政债券融资模式

在美国，市政债券是州和地方政府及其授权机构发行的有价证券，目的是为一般支出或特定项目融资。过去 30 年，美国市政债券市场发展迅速，成为资本市场越来越重要的组成部分。

（一）美国市政债券简介

市政债券是指一国的地方政府或者其他合格的发行者向债权人承诺偿还本金并按时支付利息的债权债务凭证。市政债券（Municipal Bonds）最早起源于美国。1812 年，纽约市政府需要筹资建立一条运河，发行了第一只市政债券。其后，美国州政府和地方政府不断以发行债券的方式为地方政府的经济发展及基础设施建设筹集资金。

从发行主体看，美国市政债的发行主体广泛，主要为地方政府及其相关实体，包括州、行政区（如市、镇、县和学区）和机构（如住房、医疗、机场、港口和经济发展等部门与机构）。目前，全美共有 5 万余个市政债券发行主体，绝大多数是发债规模较小的主体。而发债规模较大的主体多为较大的地方政府及其授权机构，如加利福尼亚州政府、洛杉矶运输局、长岛公用电力局、纽约、新泽西港务局等。

从每年的发行规模来看，2003—2014 年，美国市政债券发行量每年在 3 000 亿美元到 5 000 亿美元之间。其中，2014 年，美国共发行市政债券 3 320.84 亿美元，占美国全部债券品种发行总量的 5.65%。从存续规模看，1980 年美国存量市政债券规模为 3 994.40 亿美元；1987 年存量首次突破万亿美元，达到 1.01 万亿美元。截至 2014 年底，美国市政债券余额为 3.63 万亿美元，占美国各类存续总量的 9.46%，与美国 GDP 总量的比例为 21%。[①]

美国市政债成功发行的因素主要来自四方面：一是免税地位，联邦政府对于个人投资者的市政债投资收益免征个人所得税；二是完善的风险管理体系，美国针对市政债发行制定了严谨的信息披露准则，一旦地方政府出现财政危机，必须及时向公众进行信息披露；三是多元化的发行主体与投资群体，美国绝大部分地方政府均具备自主发行市政债的权力，美国市政债的投资准入范围非常宽泛，个人以及各类机构均可投资市政债；四是期限结构合理以及良好的流动性，美国市政债的发行期限从 1 年到 30 年甚至更长，80% 以上的市政债为一年期以上产品，此外，市政债具有交投活跃的二级流通市场，交易平台一般为场外柜台交易。

（二）市政债券的种类

根据信用基础的不同，美国的市政债券分为一般责任债券和收益债券两大类。一般责任债券由州、市、县或镇政府发行，以发行者的征税能力作为偿债基础的一种地方政府债券，该类债券多用于没有固定收益的基础设施项目建设；另一类是项目收益债券，是为了建设某一基础设施而由依法成立的代理机构、委员会或授权机构发行的债券。这些基础设施包括交通设施（收费桥、收费公路、港口、机场）、医院、大学宿舍、公用事业（供水设施、污水处理设施、供电设施、供气设施）等，债务通过这些设施有偿使用的收入来偿还。截至 2014 年末，美国市政债券市场存量为 36 524 亿美元，占债券市场存量的 9.37%。其中一般责任债券公开发行 1 327 亿美元，占当年市政债发行总量的 39.3%，项目收益债券公开发行 1 823 亿美元，占当年市政债发行总量的 54.0%，另有 226 亿美元的市政债券通过私募方式发行，占当年市

---

① 宋伟健、霍志辉：《2014 年美国市政债券市场发展及对中国地方债的借鉴意义》，和讯网，2015 – 06 – 29。

政债券发行总量的 6.7%。①

除此之外，市政债券还可分为：固定利率债券、零息债券、浮动利率债券。固定利率债券在债券存续期内定期支付固定利率利息，通常为每半年一次。从历史数据看，市政债券大部分是固定利率债券。零息债券为本息结合，债券到期一次性支付。浮动利率债券所支付利息以周期性变化的利率为基础，这种变化可能参考利率的变动，也可能是发行人及第三方定期重置利率。浮动利率债券主要包括两种：可变利率即期债券（VRDOs）和标售利率债券（ARS）。可变利率即期市政债券是一种长期债券，采用浮动利率，利率调整以天或周为周期。投资者可以提前七天通知，选择将债券按票面价格回售（即卖出期权或买入期权）给发行人。通常这种债券会通过信用证或债券购买备用协议来获得额外担保。含卖出期权的浮动利率市政债的产生是为了满足货币市场基金短期投资组合的需要。2008 年，浮动利率市政债券的发行量飙升，但随后在 2011 年下降到历史最低点。2011 年，可变利率即期债券发行总额为 187 亿美元，约占市政债券总发行量的 5.3%。②

（三）市政债券的税收优惠与风险③

根据美国《1986 年税收改革法案》的规定，市政债券的税收待遇有三种情况：用于公共目的的债券，其利息收入免交联邦所得税；用于私人项目的债券需要缴联邦所得税，但可以免缴债券发行所在州的所得税和地方政府所得税；既非政府目的，又非私人目的的债券，如住宅与学生贷款，也是免税的，但发行数量受到限制，而且利息收入被优先作为选择性最低税收的项目。目前美国绝大多数市政债券是用于公共目的的免税债券。

对于美国市政债券的投资者来说，除了承担影响债券的信用结构风险以外，在享受税收优惠的同时，还要承担税收风险。免税市政债券购买者所承担的税收风险有两类，第一类是联邦收入税率被降低的风险。边际税率越高，市政债券免税特征的价值就越大。当边际税率下降时，免税市政债券的价格

---

① 易宇：《中国市政债券运行的制度研究》，财政部财政科学研究所博士学位论文，2015，78 页。

② 庞业军编译：《美国市政债券市场面面观》，载《金融市场研究》，2013（9）。

③ 王力红、郭栋：《城市项目融资案例研究》，商务印书馆，2006（B10），80 页。

将下跌。当 1995 年出现关于引入同意低税率的国会提案时，市政债券就开始以较低价格交易。第二类是作为免税证券发行的一种市政债券，可能后来被税务署宣布为应纳税证券。这种情况发生的原因在于许多市政收益债券精心设计的证券结构将来可能会遭受不利的国会措施和税务署解释的影响。免税特征的减少或丧失将导致该市政债券价值的下降。

（四）LIPA 的市政债券融资

Shoreham 核电站是位于美国纽约长岛（Long Island）东部的一座发电能力为 800 兆瓦的核电站，该核电站建设开始于 20 世纪 60 年代末期，一直由长岛照明设备管理公司（英文简称 LILCO）进行管理。

建设之初，整个核电站工程的总预算为 1.24 亿美元，并计划于 1973 年竣工投产。但由于工程技术问题以及对周围居民人身安全和对环境破坏等方面的问题，这项工程在建设期间几经搁浅，以致严重延误了工期，并且面临着成本大幅超出预算等难题。与此同时，在宾夕法尼亚的三英里岛和车诺比发生的一些事故，更是激化了围绕 Shoreham 核电站工程的种种争论和非议。结果，到整个工程完工时，该项目的全部费用竟然超过了 55 亿美元。更为不幸的是，当建成后对核电站加注燃料准备试运行时，实际测试的结果表明该电站的输出功率太低，以致根本无法投入商业运营，这对于整个工程而言无异于雪上加霜。

1989 年，LILCO 和纽约州达成一项协议。按照这份协议，Shoreham 核电站将尽快关闭退役，而 LILCO 则被允许通过提高电价的方法收回其在 Shoreham 核电站的投资。此外，自协议生效时起，Shoreham 核电站将交由另一家名为长岛电力管理局（英文简称为 LIPA）的机构负责，并承担尽快使其停运的责任。

新接管 Shoreham 核电站的长岛电力管理局（LIPA）是一家公共服务机构，同时也是一家市政公共事业机构，或者说是公共能源动力管理局。在美国，大约有超过 2 000 家这样的经济机构。值得一提的是，这些市政服务机构几乎所有的资金都是通过在美国的免税市政债券市场上筹集来的。这些市政服务机构依法免于交纳联邦、所在州以及当地的税款。

根据 LIPA 和 LILCO 之间签订的协议，LIPA 将通过购买 LILCO 股票的方式收购 LILCO 的剩余资产。但这项收购所花费用是很高的。据测算，完成这项收购总共约需 70 亿美元，而仅为筹备这项收购就大约要花费 30 亿美元。虽然如此大规模的债务发行在市政债券市场上还从未有过，但 LIPA 依然决定利用发行市政债券为这项庞大的收购行动融资。同时，LIPA 所面临的困难也很明显，即在 LILCO 原有的低下的信用评级下，这么多的债券能否成功发售出去。为此，LIPA 所采取的首要行动就是让评级机构相信这些债务能达到"A－"级水平。LIPA 认为，此次收购 LILCO 的交易本身就已经打消了许多曾经困扰 LILCO 的信用方面的疑惑。依法建立的 LIPA 是个牢固的法律组织，可以独立决定电价和收费，而不必先征得州公共设施委员会的同意。LIPA 在增值资产的所有权方面具有最低的风险，并且正在降低电费率以便与本地区其他的公用事业展开竞争。LIPA 还解决了与 Shoreham 有关的许多令人担心的问题，包括更快地收回投资并解决由于对该工厂评价过高而引起的法律问题。最后，LIPA 获得了标准普尔公司（S&P）和菲奇公司（Fitch）"A－"的评级，以及穆迪公司（Moody's）"Baa1"评级。

有了这些评级以后，LIPA 开始与投资者联系。许多机构投资者与评级公司一样，对债券的信用持怀疑态度。为此，在首批债券上市发售前，LIPA 用了整整一周时间在全国路演以游说投资者。最终，投资者对于 LIPA 作为市政市场新出现的信用部门表示满意，许多大型机构投资者已经开始转让手头持有的其他债券以便在 LIPA 的债券上市前获得现金。此外，LIPA 还为个人或者说是零售投资者举办了一个专门的提前订购项目，并收到了近 8 亿美元的订单。

当债券发售准备工作就绪后，所有对这一最大规模市政债券发行的担心便都一扫而空了。短短三个小时之内，LIPA 就收到了高达 170 多亿美元的订单。直到发行当天的最后时刻，LIPA 为发售所准备的应急资金也分文未动。由于市场旺盛的需求，在接下来的几天里 LIPA 的债券交易十分频繁。

为了吸引更多类型的投资者，首次的债券发售中有 20 亿美元的债券投保了市政府债券险，并且被评定为 AAA 级。除 35 亿美元的固定利率债券外，还单独发行 15 亿美元浮动利率债券，由 Westdeutsche Lan&bank 领导的商业银行财团为这些债券提供了信用担保。

继首次发行之后，LIPA 债券在接下来的五个月内又发售了 17 亿美元。总计 67 亿美元的债券在六个月内发售完毕。所有 LIPA 债券都只代表电力系统的经营活动，不涉及州基金或者担保。展望未来，LIPA 计划每年大约发售 1.5 亿美元的债券来为改造电力传输与分配系统筹集资金。

融资完成后，截至 1999 年 1 月 1 日，在 LIPA 最初运营的 7 个月中，电力销售收入比以前增加了 4%，系统可靠性创 15 年以来的最好水平，同时平均能源成本降低了 4.1%，流动资本余额达 2.95 亿美元，超出计划近 1 亿美元。

（五）启示

通过以上 LIPA 的市政债券融资案例，我们从中可以得到的启示是，从今天主要依靠公共投资向明天依靠私人资助体系转变的过程可能是一个长期、甚至是痛苦的过程。一个国家究竟采用哪种新方法，取决于这个国家的管理能力和资本市场的情况。项目融资代表的是第一阶梯，原则上应向所有国家开放。在那些管理能力不足的国家，采用项目融资技术的独立项目组织可能需要做出巨大的努力，并需要获得国际机构的技术帮助。在那些国内资本市场不够发达和金融中介机构能力较差的国家，另外的一个选择是加强基础设施专业融资机构。一旦金融中介机构得到很好的发展，它们可以通过评估和担保职能推动国内资本市场的发展。一旦金融市场的信用等级和公共规章建立后，就可以进行各种选择，利用合同性的长期存款和启用各种金融手段将成为可能。

第四节　日本城市基础设施投融资体制改革

众所周知，日本的基础设施在第二次世界大战中遭到严重破坏，战后几乎所有的城市基础设施都需要重建。经过几十年的城市建设，基础设施建设水平和城市化水平一直走在世界前列。基础设施的发展不仅改善了人们的生活条件，而且刺激了经济增长，使日本成为世界经济强国。

一、日本城市基础设施投融资体制改革概况

日本战后的基础设施的快速发展得益于政府的基础设施投融资体制改革，

改变政府在基础设施建设领域的投资者地位，采用政府主导下的市场化融资方式和国有企业的私有化管理模式，并运用成熟的资本市场的作用。

战后日本的大部分基础设施投资是由公共投资与私人投资共同完成的。根据 1970 年国家财富调查，日本公共部门（中央和地方政府和公共公司）拥有全部道路和港口、农、林、渔业的基础设施、土地和水资源相关的管理权。公用事业和社会服务部门中，公共部门提供 68.1% 的交通和通信基础设施，44.1% 的电、水和煤气，公共部门还提供 58.5% 的教育和 29.8% 的医疗服务。

随着基础设施市场环境的变化包括电信技术进步和交通模式的变化，日本的基础设施渐渐落伍，20 世纪 70 年代同时出现了金融萧条和公共公司经营困境问题。因此，20 世纪 80 年代以来，人们越来越关注基础设施融资的可获得性和运营效率，两个最大的公共公司日本电信电话公社（NTT）和日本国有铁路公社（JNR）进行了民营化改革。1985 年 4 月，日本将原国有的日本电信电话公司改名为"日本电信电话株式会社"（简称"NTT"），将电信市场向民间和国际开放，取消了政府垄断，但政府有义务经常性地保持 NTT1/3 的股份。政府对 NTT 的资本并没有因民营化而丧失，政府利用出卖日本电报电话公司股份所获得的资金，即所谓 NTT 财源，为一些无力自筹的基础设施部门筹集资金，将其转化成了以公路为形式的另一种固定资本。

1987 年 4 月，日本又将日本国有铁路公社（以下简称"国铁"）实行了民营化，将"国铁"分割为 11 个单位。其中包括 6 个客运公司和 1 个货运公司，各公司都实行股份制，通过各公司之间的竞争而提高经营效率，不仅降低了票价，而且使"国铁"扭亏为盈。1985 年日本"国铁"的亏损额高达24 500 亿日元，但到 1990 年就获盈利 3 880 亿日元。继日本电信电话公社和日本国有铁路公社改革之后，日本高速公路公共公司的民营化改革也成为人们关注的焦点。由于道路是基础设施产业中最大的一个公共部门，与公共工程紧密相连，也与政治紧密相连，在争议不断的情况下，政府最终决定 JH 在2005 年分解。2005 年 10 月，日本众议院通过邮政民营化的相关法案，定于2007 年 10 月，解散日本邮政公社，成立一个控股公司，下设窗口公司、邮政事业公司、邮政储蓄银行和保险公司。

二、日本基础设施投融资特征

（一）基础设施投融资活动主要由政府组织，形成了以政府为主导的多元化的融资主体

日本的基础设施建设，特别是重大基础设施项目，主要由政府组织或财政直接投资修建，产权归国家所有；居中型的基础设施由都道府投资修建，建成后产权归都道府县；小型的基础设施则由个人或者联合起来的合作组织投资修建，但需要接受政府较多的财政补贴，约占全部投资的 80% 或者90%。① 在基础设施建设融资上，财政补贴也在日本基础设施筹资中发挥了重要作用。在日本，政府非常重视关乎国计民生的基础设施建设，以财政的形式投入大量的资金用于生活环境整治、环境的保护与管理等基础设施的改善。2000 年以来，日本政府对基础设施建设融资发挥了自身的主导地位，推进了财政投融资制度等一系列的改革，以国家信用为担保有效地保证了基础设施建设融资的进行，促进了融资主体的多元化。

（二）融资方式多样化，广泛运用 PFI 引入民间资本参与基础设施建设

除财政融资外，日本基础设施投资的资金来源还包括：（1）为支持电信行业发展而设立的电信行业"加入者债券"。（2）日本的市政债券融资，日本各级地方政府和一些特殊法团可以发行市政债券，为地方基础设施建设筹集资金。日本的地方债券分为普通债券和公共企业债券。普通债券由日本地方政府发行。都、道、府、县、市、町、村等各级政府都可以发行普通债券；公共企业债券由一些特殊的国营法人（如道路公团）发行，由中央政府担保。（3）发行财投机构债券融资，特殊法人等在金融市场上个别发行的不具政府保证的公开募集债券。（4）长期金融债券融资。

此外，自 1997 年以来，日本政府开始重视并通过 PFI 等新的项目融资方式引入民间资金。截至 2006 年 8 月 16 日，PFI 在建或运营项目已达 244 个，PFI 方式已成为日本基础设施建设的重要力量。

（三）特殊的基础设施建设投资分担制

日本的基础设施建设有许多参与者，包括中央政府、各级地方政府、官

① 董文超：《我国农村基础设施建设融资问题研究》，兰州交通大学，2015。

方代理机构（如地方公团等）、私营企业和受益者，它们采用"分担制"。也就是说，基础设施建设的实施由实施主体统筹，明确责任，政府将投资资金按照收益原则，在中央政府、地方政府、私营部门等部分进行分担，这在一定程度上缓解了基础设施建设的资金压力。

三、日本城市基础设施建设的资金筹措

日本的城市基础设施建设投融资具有中央政府承担责权较多的特点，在资金来源方面也更多地依靠财政，除此之外目的税和城市规划税也发挥着重要作用。

（一）财政投融资

城市基础设施建设单靠税收的投入不能满足需要，日本充分利用其财政投融资制度，将邮政储蓄、国民年金、厚生年金、邮政简易保险金及公债收入等作为基础设施开发的新财源。政府通过设立各种财政投融资机构，采用企业管理体制，在保证城市基础设施建设顺利完成的同时，也保证财政投融资资金的安全回收。

日本财政投融资实力雄厚，财政投融资成为政府对经济运行进行宏观调控的重要手段，刺激或抑制社会总需求，尤其是90年代以来，政府提出以改善人民生活环境为政策方针，财政投融资对住宅、生活环境设施、道路、通信等城市基础设施建设投资大幅增长。见表4-6。

表4-6　　　　　　　　日本财政投融资资金运用构成　　　　　　单位：亿日元

	1985 年	1990 年	1991 年	1992 年	1993 年	1994 年	1995 年
住宅	52 893	83 659	94 745	97 993	107 989	132 057	141 927
生活环境设施	32 809	42 220	42 933	51 579	60 696	64 746	66 115
卫生福利	5 957	8 159	10 261	11 097	13 971	14 404	16 113
道路建设	18 264	27 001	29 832	33 753	36 269	34 764	31 254
运输通信	17 634	23 041	14 681	22 304	28 898	22 249	18 511
地域开发	5 112	6 825	7 090	8 264	9 815	10 696	10 508

资料来源：［日］《经济统计年鉴（1995）》，445 页。

（二）目的税

目的税，顾名思义即征收的税款将用于特定目的。缴纳目的税的公民必

须是此项特定投资的受益者。如与道路建设相关的汽油税，天然气税，地方道路让与税，汽油交易税，汽车购置税和汽车转让税；用于居住区基础设施建设的宅基地开发税；城市环境整治办公楼税。征收目的税是为城市基础设施建设筹集大量资金。

（三）城市规划税

城市规划税是根据城市规划法制定的。征收的税款主要用于实施城市规划项目和土地区划整理工程；征收对象为城市街道范围内的土地或房屋所有人，税率不超过不动资产总额的 0.3%，具体标准由地方政府决定。城市规划税的制定依据是自己城市自己建，由市区内的土地、房屋所有者出资，市政府统筹安排，逐步改善城市的设施和环境。

（四）市政债券

在日本，市政债券指地方公共团体在一个会计年度内，因财政资金来源不能满足年度支出需要而借入的债务。日本市政债券发行的历史，早在明治时代初期就已开始。1879 年，日本正式确立了"发行市政债券必须通过议会决议"的原则，并逐渐建立起一套比较完善的地方债务制度。目前，地方政府的发债余额已经占到中央政府债务余额的 40% 左右。地方金融法案规定，如果地方政府发行债券，其使用仅限于公用事业，以补偿自然灾害损失，并提供可供后世使用的公共设施。地方政府借款和发行债券必须得到自治大臣或辖区长官的批准。每年中央政府都要为地方政府编定地方债务计划总额，以反映当前财政年度的预期借款和债券发行金额。

（五）社会资金

一方面日本利用邮政储蓄等国家控制的民间资金作为财源设立各种公团、公社等基础设施公有事业团体，投资城市基础设施建设。另一方面，日本也鼓励私营部门在许多基建领域扮演主要角色，例如电厂、铁路和电信通常都是盈利的，因此鼓励对这些行业进行商业投资。

由于上述基础设施建设财政措施的建立，战后日本的基础设施建设资金一直保持在国民生产总值（GNP）7% ~ 8% 的高水平，实施了一系列即使在西方国家中也不多见的大规模开发项目，从而摆脱了基础设施落后的局面，进入到发达国家行列。以公路建设为例，1960 年以后，日本的投资水平一直领先于欧美发达国家。其中，财政投融资和特定财源制度确保了国家基础设施建设投资不受经济变化的影响保持持续和稳定。

四、日本城市基础设施投融资体制改革的主要做法

（一）充分发挥政府在基础设施投融资中的主导作用

日本独特的财政投融资制度是日本中央政府运用计划发展市场经济的一个重要手段，在基础设施投融资体系中发挥了重要作用。政府对基础设施投资提供许多优惠和扶植政策，主要包括：①政府向基础设施提供长期低息贷款；②实施"租税特别措施"，降低基础设施企业法人税率，加速资本积累，提高投融资能力；③为道路公团等公共团体发行债券或借款提供担保；④积极推进 PFI 事业发展，政府推动也是日本 PFI 事业发展的主要特征。1997 年 10 月，日本商产业省设立了"民间资本主导型公共项目开发研究会"，其主要任务是如何借鉴英国经验，研究吸收民间资本进行公共项目开发。在 10 年的时间内日本的 PFI 形成了由事业推进、资金支持、事业监督和专业咨询四个方面组成的规范性管理体制。[①]

（二）积极探索多元化的融资渠道，形成了市场化的融资方式

战后日本基础设施的快速发展得益于政府的预算，尤其是财政融资的支持，但日本政府并没有忽视或排斥资本市场的作用。日本政府认为，只要某个部门已经具备从金融市场筹集资金的能力，我们应该毫不犹豫地把这个部门推向市场。政府主要采取了以下措施：

1. 提供财政和政策性金融担保。为降低资本进入基础设施部门的风险，日本政府为基础设施融资部门提供财政和政策性金融担保。20 世纪 80 年代，日本政府为鼓励长期信贷银行向风险企业提供贷款，提供了 80% 的金融担保。日本国有铁路部门发行的铁路债券就有政府担保的债券。电信行业也有政府担保的债券。电力部门在进入民间金融市场的过程中，政策性金融为其发行债券和获得贷款提供过担保。

2. 发行长期金融债券。日本是一个高储蓄国家。由于战后日本资本市场

---

①　彭清辉：《我国基础设施投融资研究》，湖南大学博士论文，2011，83～84 页。

不发达，迫切需要将储蓄转化为投资的金融创新。因此，日本长期信贷银行依法向商业银行发行长期金融债券，商业银行利用吸收的居民储蓄进行认购。当商业银行需要资金时，可以转让长期金融债券，或者将金融债券向日本银行抵押申请贷款。通过这种方式，开创了居民储蓄用于基础设施建设的转化渠道。

3. 国营企业民营化。日本政府已将一些国有企业民营化，并将出售国营日本电报电话公司股份所获得的资金用于一些无法自筹资金的基础设施部门。一个众所周知的例子是电信业实施的 NTT 民营化。1985 年 4 月，原国有日本电信电话公司被民营化并更名为"日本电信电话株式会社"（简称 NTT），电信市场向私营部门和世界各国开放，取消了政府垄断，并将出售股票的收益投资于高速公路、桥梁和其他设施。然而，国有资本并没有因民营化而丧失，而是转化成为公路等形式的另一种基础设施。

4. 直接投资引导。日本政府主要采用两种方法来引导民间资本的流向。一是"筑巢引凤"，即通过中央政府和地方政府的直接投资引导民营企业投资。例如，在开发建设鹿岛工业区时，日本中央政府和地方政府直接投资 4 000 亿日元，引导民营企业投资 1.5 万亿日元。另一种是"联合投资"，将私人资本和私营部门引入政府投资项目。例如，关西机场是由中央政府、地方公共团体和私营企业共同投资的。

5. 开拓特殊债券市场，即电信业的"加入者债券"。为弥补政府对电信业投资不足、克服电信业从市场筹资的困难，1948 年 6 月，日本制定并颁布了电话债法，规定凡申请安装电话的用户必须认购一定数量的债券。此办法几经修改，一直延续到 1983 年。1950—1972 年，"加入者债券"筹集的资金占日本电信公司外部资金来源的 70% 左右。1972—1982 年，这一比重仍高达45% 左右。[1]

（三）进行制度建设，实现了对融资风险的有效管理

20 世纪 60 年代以来，日本政府通过制定《新事业创新促进法》《北海道开发法》《水资源地区对策特别措施法》等法律，成立"民间都市开发机

---

[1] 钟扁：《发达国家民间资本进入基础设施领域的几种模式》，载《中国投资》，2001（9），80页。

构"，加强了对垃圾处理、水道、公园等基础设施的管理。1997 年日本政府为了推动 PPP 模式的运行，出台了《PPP 推进法》。此外，日本在基础设施建设融资的过程中，也积极通过优惠政策，以低税率、低息的形式促进社会的资本积累，建立了政府支持的低息信贷制度。此外，日本为了规范投资者基础设施建设融资的行为，也采取了一系列可行性措施。例如，日本政府为了维护融资系统的稳定性，对没有政府担保的融资机构发行的债券进行限制，通过严格的审查和考核来防范基础设施建设融资风险，或者通过国会表决的限制来约束融资机构发行债券的额度及其规模，将基础设施建设融资的计划置于国会的严格监管之下，从而实现对融资风险的有效管理。①

（四）制定合理的政策法规，引导民间资本参与基础设施投资

20 世纪 80 年代以来，日本加快了基础设施建设市场化运作。在此期间，为保障基础设施建设的发展，颁布了一系列法律。其中主要有：

1. 1986 年，日本颁布了《关于活用民间事业者的能力来促进特定设施建设的临时措施法》，规定凡被纳入该法律特定基础设施范围的民间工程，可以分别享受国家和地方税收优惠，资金来源有保障。这是日本第一部为基础设施建设提供税收优惠和资金支持的法律。这不仅体现了政府利用私人资本进行公共基础设施建设的态度，而且从法律的角度为关系国计民生的国家重大基础设施建设项目的资金来源提供了保障。

2. 1987 年，为了促进地方城市基础设施建设的发展，日本政府制定了《关于推进民间都市开发的特别措施法》，并成立了"民间都市开发机构"。该机构参与道路、公园、广场、污水和垃圾处理设施和停车管理，具体做法是：对缺乏经验、规模小且难以单独完成工程项目的企业，提供 30% ~ 40% 的工程费用，购买竣工后建筑物的相应建筑面积，并参与工程竣工后的管理。通过该法的制定和实施，政府部门可以用较少的资金开展地区基础设施建设和运营项目，并在项目建成后参与管理，并对区域基础设施建设和运营进行监督。

3. 1988 年，为促进民间资金参与基础设施投资，日本政府制定了《地域综合整备资金贷款法》。这一法律体现了日本发行地方债支持基础设施建设。

① 李靖、李盼杰：《新时代基础设施建设融资的国际经验及启示》，载《贵阳市委党校学报》，2018（3），33 ~ 38 页。

为了实施该法律，政府还成立了故乡财团机构。地方政府通过发行地方债券筹集基础设施建设资金，为有发展潜力的基础设施项目提供政府贷款，然后通过故乡财团对地方基础设施项目进行考察，为政府寻找创造性的工程项目，并作为贷款的对象。

4. 1999 年 7 月，日本通过国际项目融资模式的研究和其在基础设施建设融资市场化的经验和教训，并总结了私营部门参与公共基础设施建设的多种方式，制定了《PPP 推进法》，该法律说明了在基础设施建设领域 BOT（建设—运营—移交），BOO（建设—拥有—运营），TOT（移交—运营—移交）等项目融资模式的应用。

（五）建立独特的金融投融资制度，支持基础设施建设

日本金融系统是以政府为主导，财政资金为后盾，政策性金融与合作性金融密切配合并以社会保险制度为保障的系统。在金融系统中，日本政府以财政为后盾对其基础设施建设融资的企业经济行为进行干预，实施政府控制或者政府控股，并主导关乎国计民生的基础设施建设融资。日本政策性金融主要是通过金融机构发行金融债券的形式筹借资金，保障基础设施建设融资。日本合作金融主要是依照行政区划分将合作金融划分为上、中、下三个级别，三个级别的合作金融各自经营、独立核算，但又互相配合。此外，日本还设立了专门性金融机构用于基础设施的融资。1951 年，日本政府为了推动基础设施建设，成立了开发银行，通过提供低息贷款的形式实现了基础设施建设融资。日本还设立了长期信用银行，通过吸引储户储蓄资金流入基础设施领域，以金融债券的形式向商业银行发行，再以商业银行储户的储蓄进行回购来保障基础设施建设融资。

五、典型案例：日本国有铁路改革

（一）背景介绍

日本铁路诞生于明治维新时期。1872 年，日本第一条铁路，新桥—横滨线通车。此后，日本铁路得到了迅速发展。在管理方面，日本于 1906 年将 17 条铁路国有化。1949 年，第二次世界大战后，日本通过了《日本国有铁路法》，实施了对铁路的完全国有化。从 20 世纪 50 年代末开始，相对于竞争激烈的私营

铁路和其他交通方式，日本国有铁路开始逐渐失去市场。1964 年，日本国家铁路首次出现经营亏损，这种情况在随后的一个时期逐年增加。到 1987 年，累计债务已达 37.5 万亿日元。加之企业无法筹集到足够的资金来应对债务，政府更不可能无限制地补贴，因此，日本的国有铁路改革已势在必行。

从 1964 年日本国铁首次出现亏损到 1987 年进行大规模改组之前，国铁也进行了几次微调。但这几次改革并没有真正触及企业深层次问题，改革的结果并未从根本上解决问题。1983 年成立了日本国有铁路改组监督委员会，专门负责国铁改革，该委员会经过 4 年的深入研究，终于在 1987 年提出了国铁改革方案。改革的目的是对国铁的管理制度和组织结构进行重组，以改善其经营，摆脱债务负担。改革的结果是日本国铁被拆分（见表 4 - 7），重组为 1 家全国性的货运公司和 6 家区域性的客运公司。6 家客运公司分别是：JR 东日本、JR 西日本、JR 东海、JR 九州、JR 四国、JR 北海道。[①] 改组后的日本铁路在债务分配上采用这样一种方式：债务总计 37.5 万亿日元，由本州三家 JR 公司（预计盈利状况比较好）承担 14.5 万亿日元，约占债务总额的 1/3。其余的 23 万亿日元由政府设立的特殊法人机构——国铁清算事业团来承担。JR 九州、JR 四国、JR 北海道由于所处地理位置比较偏，预计客运量少、营运收入低（后来的事实证明了这一点），所以不仅不承担债务，还获得 1.3 万亿日元的经营安定基金，以利息弥补经营亏损。

表 4 - 7　　　　　　　　日本国铁分拆情况　　　　　　　单位：亿日元

公司名称	资本金	职工数（人）	营业距离（km）	继承资产	继承债务
北海道	90	13 000	2 542	2 932	—
东日本	2 000	84 343	7 454	38 705	32 987
东海	1 120	21 941	1 984	5 485	3 192
西日本	1 000	52 943	5 091	13 122	10 159
四国	35	4 610	837	1 144	—
九州	160	15 000	2 101	3 491	—
货物	190	12 289	9 886	1 632	994

资料来源：转引自尹竹：《西方国家基础设施领域市场化改革模式的比较研究》，载《中国基础领域改革第五次论坛》。

---

① 佚名：《国铁民营化改革》，东方早报，2011 - 07 - 21。

（二）改革成效①

日本国有铁路改革的一个重要方面是改革原有的国有企业，组建新企业，使其与政府分离并自负盈亏。同时，调整组织结构，使竞争机制的建立与企业产权制度的改革同步。

私有化后的 JR 公司以市场为导向设计了详细的列车运行图，增发了 125 对列车，运输里程大幅度增加；旅客运送量年均增长率由私有化前 5 年的平均 0.6%，上升为私有化后的平均每年 3.4%；货物运送量在私有化之前的 5 年间年均减少 9.5%，变为此后的年均增长 3.4%。

从以上日本国铁私有化的过程我们可以看出，改革不仅减轻了政府的负担，而且有助于提高基础设施项目的经营效益。改革以后的日本铁路在以下方面成绩比较明显：

1. 政府职能发生了根本转变，企业经营体制和经营格局得到了改善。日本国铁民营化后，政府不再负责 JR 各铁路公司的生产和运营。《运输省铁道事业法》和《铁路经营法》的实施实现了对铁路依法管理。在铁路建设方面，政府主要负责审查新建铁路的勘测设计报告、线路运行速度、建设主体工程及概预算等，负责审批工程计划。在铁路运营方面，政府主要负责制定铁路技术标准，检查监督运输安全情况，审批运输价格，防止不正当竞争。民营化改革后，JR 各公司在实行股份制方面取得了重大进展。1993 年 JR 东日本公司股票上市，此后，东海和西日本公司股票也相继上市。三家公司卖出 2 万亿日元股票，其中，东日本公司卖出了 87.5% 的股票。国铁改组后，各铁路局的经营格局也得到了改善。日本铁路以客运为主，改组后 JR 各公司在区域划分上比较合理，体现了客流产生、变化的规律以及路网结构的特点，各公司之间直通运量比例较小（约占总运量的 5%），因此，各公司之间的清算分配简单明晰。对于直通旅客运输，发送公司收取本公司管内票价部分，剩余按相关公司运送里程分配，发送公司再收取这部分票价 5% 的手续费。对于公司间的过轨运输，由有关公司协议，原则上实行过轨列车数量对等，在不对等的情况下，按照车辆公里确定成本，进行清算。由于路网分割比较合理，

---

① 欧国立：《日本国铁的解决之道》，中国交通报，2002 - 07 - 10。

各公司独立完成的运输收入占相当大比例，基本上不存在运输组织和收入清算方面的矛盾。

2. 运输量明显增加，运输效益显著提高。改革后的 1987 — 1990 年，铁路公司的运输绩效十分明显，这部分得益于当时的国民经济增长。这期间，客运量年均增长 5%，货运量年均增长 10%，需求增加但成本有所降低。1991 年开始的经济衰退对铁路运输有所影响，但总体上各公司的客运量还是增加的。1996 年，JR 6 家铁路客运公司共发送旅客 89.9 亿人次，旅客周转量 2 517 亿人公里，比 1985 年增长了 27.4%。运输量的增长带来了运输收入的提高，6 家客运公司在运价未涨的情况下，1997 年运输收入比 1987 年增长了 24.2%。

3. 妥善安排富余人员，搞好劳资关系。1987 年改革之初，日本国铁拥有员工约 27 万人。改革开始后，有约 5.3 万人自愿离岗，2.3 万人在政府组织的培训机构中进行再就业培训，培训结束后实现了转岗。改组计划为富余人员制定了专门的条款，包括为 2 万名自愿提前退休的职员设立专项基金，为年逾 55 岁的职员提供 10 个月的经济补偿。客运公司的 3.2 万名职员转到改组后的国铁其他部门，4.1 万名冗员被转到清算事业团，由其解决重新聘用问题。在解决富余人员安置问题上总的来说比较平稳。

4. 运输安全好，服务质量高。日本铁路安全情况比较好，1964 年以来，新干线未发生事故，其他线路发生事故也逐渐减少。1997 年日本铁路发生各类事故 964 件，比 1987 年的 1 479 件减少了 34.8%。改组以后的铁路服务质量明显改善，旅客购票、乘车十分便捷，铁路站内、车内环境整洁、服务设施齐全，列车的正点率高。

5. 铁路运价稳定。日本国铁 1987 年民营化以来，客运票价没有上调，一些私有铁路为了竞争，票价比 JR 公司的还低。稳定的票价为铁路树立了良好的形象和信誉。

（三）启示

铁路是国民经济的基础产业，其发展直接影响到国民经济和社会的发展。铁路本身是一个庞大而复杂的综合体，其固有的具体运行规律决定了铁路改革是一个复杂的系统工程。因此，有必要认真研究，不断总结经验教训，使改革方案更加科学和完善。纵观日本铁路改革,有成功的经验,当然也有失败的教训。总结日本铁路改革的经验,对我国铁路改革有以下启示:

1. 政企分离。在日本,铁路部门在第二次世界大战后曾经是国有企业,政府对铁路活动有直接管理和控制。政企不分导致企业主体缺位,铁路部门无法灵活应对市场,生产和运营效率降低,成本也在上升;政企不分也导致铁路财政补贴逐年增加,使政府承担沉重的财政负担。与日本的情况类似,政企不分也是我国铁路行业长期存在的问题,也是我国多年来一直试图解决的问题,政企不分导致中国铁路政府与企业双重缺位,没有真正意义上的政府,也没有真正意义上的企业,加快政企分离是中国铁路改革的重要任务。

2. 明确改革目标,制订全面改革方案。1981 年至 1986 年,日本铁路用 6年时间对国有铁路改革进行了全面、深入和可行性研究,明确了改革目标和思路。改革于 1987 年实施,6 年半后,JR 的第一批股票上市。可以说,改革的每一步都是稳步推进的。借鉴日本国铁改革经验,我国铁路改革首先要明确改革的目标,通过研究制订详细的改革方案和实施步骤,积极稳妥地进行改革。与日本铁路不同的是,我国铁路在交通运输系统中占据重要地位,我国庞大的人口和相对较低的收入水平决定了大多数人对铁路出行的依赖,大陆性国家和原材料生产、粗加工的产业结构决定了货物运输严重依赖铁路。因此,我国铁路总体供不应求,需要通过改革来推进。我国需要明确改革目标,研究制订改革方案,分阶段、分步骤实施改革,积极稳妥推进改革。要结合我国国情和铁路行业实际,深入研究和科学论证改革方案,提供有力的理论支撑,防止照搬照抄。

3. 积极引入竞争机制。日本铁路市场化改革的一个重要内容是引入竞争机制,提高生产经营效率,降低成本,通过引入竞争机制提高服务质量和水平。建立竞争机制的途径和形式多种多样,我国铁路建立什么样的竞争模式值得深入研究。由于我国的铁路仍然供不应求,需要处理好铁路发展与引入竞争之间的关系。

4. 调整监管政策。在铁路市场化改革过程中,要逐步放松一些经济管制,使企业能够灵活应对市场变化,在放松经济管制的同时,要加强包括安全管制、环境保护管制在内的铁路社会管制，特别要加强铁路安全管制，研究建立独立的铁路监督管理机构，行使对铁路的监管。

第五节　德国城市基础设施投融资体制改革

德国实行市场经济体制，鼓励市场自由竞争。宏观调控是德国保持经济稳定运行的重要手段，通过宏观调控调节市场配置。德国的财政目标是促进长期稳定的经济增长。德国城市基础设施投融资体制主要以政府为导向，即政府通过强有力的财政、货币、产业政策、经济立法和行政措施干预资源配置，但并不排斥私营经济参与公共事业的竞争和运营。

一、德国城市基础设施投融资体制改革概况

早在 20 世纪 50 年代末，联邦德国就开始了投融资体制的改革，改革的主要内容是公共企业的私有化。但联邦德国并不认为所有企业必须是私营企业，也不认为只有私营企业才能经营得法。私人企业不能或难以进入的领域，公共部门是必须介入的。基于这种理解，德国在私有化问题上比较谨慎，私有化的范围和速度也低于其他发达资本主义国家。自战后以来，联邦德国的私有化分为三个阶段：

第一阶段（1959—1965 年）：以四大国有企业私有化为标志，出售大众、煤炭和钢铁公司、矿山联营公司和航空公司的国有股份，但国有仍保持较大股份。主要目的是减轻联邦政府的财政负担，迫使企业进入市场，接受众多股东的监督，引入独立于政府的经理人集团，提高市场竞争效率。

第二阶段（1970—1976 年）：目的是减少公共企业的亏损，减轻国家财政的负担。改革的重点是第三产业，包括城市垃圾、建筑清洗、短途交通、地方煤炭、水电和天然气供应。人们认为，第三产业部门这类有着较大竞争性的领域，由私人企业经营将更加有效。因此，各州和市镇对其所属公共企业进行私有化。

第三阶段（1982 - 90 年代初）：为应对社会民主党执政期间国家经济职能过度膨胀的问题，1982 年科尔政府决定降低国家对经济的干预程度，并提

出一系列私有化方案。这一时期的私有化主要是在煤炭、钢铁、造船和运输领域的公共企业，以出售部分或全部股份的形式进行。

此外，铁路和通信信息领域私有化的呼声也很高。经过激烈的争论，执政的保守党和自由党联合政府于1989年制定了邮政组织法，将德国联邦邮政分为三部分：邮政服务、邮政银行和远程通信，试图在各个领域尽可能引入竞争机制。虽然这三个部门都采取了独立的核算制度，但是它们可以互相弥补损失。

更重要的是，德国于1993年12月颁布了铁路私有化政策，并依据1994年1月1日生效的铁路改革法实施这项政策。铁路部门改组为三个独立的核算部门，即线路部、客运部和货运部，根据特别法律，这些部门在五年内分别改组为股份公司，三个部门将作为完全独立的股份公司运作。

总的来说，德国基础设施部门的私有化是一个渐进的过程，其三个阶段是一项由弱到强的制度安排以及在增长范围内所采取的改革措施。渐进私有化并不是按长期计划有序地统筹安排，而是德国政府根据国民经济的发展情况不断调整的结果。

二、德国城市基础设施投融资体制改革的特点

良好的基础设施是城市实现可持续发展和形成投资吸引力的前提。在城市基础设施建设方面，德国政府始终坚持高起点、高标准和严要求。德国的基础设施投融资体制有自己的特色。

（一）投资主体以联邦政府和地方政府为主

德国联邦政府财政投资可分为直接投资和间接投资，政府通过区分基础设施项目的性质来选择投资方法。对于未来收益不确定但社会效益显著的项目采用直接投资方式，投资金额全部列为财政预算支出，不足部分以财政预算收入为担保获取银行贷款；对于可以实现稳定回报的项目则采用间接投资，政府通过参股经营企业、为经营企业提供贷款、给经营企业财政补贴来鼓励社会资本参与此类基础设施的建设。其中，州和地方政府是主要的投资主体，联邦财政通过向州和地方政府提供补贴来引导州和地方政府的投资。对经济发展很重要的项目列为联邦和州共同投资项目，联邦政府确定总投资计划和

资金供给方式，州政府负责具体的规划和实施。

（二）各级政府在基础设施领域投资中明确责任与分工

德国基础设施政府投资由联邦、州、县（市镇乡）三级构成。对于影响重大的项目，主要由中央政府投资，如德国州际高速公路由联邦政府投资。城市一般性的基础设施项目，中央政府投资也占有很大比重，各级地方政府和企业承担相应的投资责任。如慕尼黑的地铁建设与维护，投资50%来自联邦政府，30%来自巴伐利亚州政府，20%由市政府筹集。地铁车辆的购置由地铁公司（市政府全资公司）出资，但有联邦政府和州政府50%的补助。①

（三）银行贷款为主，多种投融资方式并存

贷款由于经济实力雄厚，采取多种融资方式筹集资金用于基础设施建设投资。德国基础设施融资主要是间接融资，主要依靠银行贷款，银行可以以这些贷款作为抵押发行贷款抵押债券。在城市公用事业领域也开始采用特许经营，使地方政府参股趋于减少。德国政府虽然强调在基础设施领域以政府公有为主导，但也开始采用新的项目融资方式，如PPP等。德国首次使用PPP建设的高速公路（连通奥格斯堡和慕尼黑）于2007年6月12日开始动工建设。

三、德国城市基础设施建设资金筹措

德国城市基础设施项目建设的资金主要来源于政府投入、银行贷款、发行地方政府债券等方式。

（一）政府财政投入

政府是建设项目的主要投资主体，在城市道路、地铁等城市基础设施投资中发挥着非常重要的作用。这些非经营性项目全部由政府预算投资。另一类是经营性或收费项目，如供水、供气、污水处理、垃圾处理等。政府允许企业进入，鼓励企业通过市场融资，但根据项目的重要性，政府提供一定比例的注册资本金。

（二）银行贷款

对财政预算资金不能满足的投资，政府将向银行贷款，但借款数额必须

①　戎刚：《发达国家城市基础设施建设的特点及借鉴》，载《中国城市经济》，2002（3）。

控制在财政长期预算收入可偿还的范围内。

（三）发行地方政府债券

与其他西方发达国家一样，德国地方债券市场也较为发达。在德国，市政债券可以由地方政府和地方公共机构发行。地方政府作为市政债券发行者时，资金一般用于地区和市政基础设施建设；当地方性公共机构作为市政债券发行者时，资金一般用于与该公共机构相关的市政基础设施建设。

（四）其他方式

对于经营性的城市基础设施项目，德国广泛采用银行贷款、项目融资、BOT 等国际手段筹集资金。此外，城市基础设施项目的建设也通过租赁方式进行。例如，拟建一个垃圾处理厂，政府与私人租赁公司签订协议，政府授予租赁公司特许经营权。租赁公司负责项目投资、建设和运营。在项目运营期间，政府每年支付租金，租赁公司拥有公司财产的所有权和经营权。

四、德国城市基础设施投融资体制改革的主要做法

与英美国家相比，德国私有化改革的力度与范围都非常有限，且私有化比重不高。德国在改革中所采取的主要做法有：

（一）政府直接管理，控制垄断行业价格

德国政府认为，公用事业的私有化与政府、社区和居民的切身利益密切相关，需要政府依法直接管理。此外，德国政府还颁布了公司治理准则和其他监管法律，以规范公司治理机制和竞争行为，从而确保从各个方面正当竞争。与此同时，德国政府对诸如交通、通信、邮政、能源和供水等垄断公用事业的价格进行直接管理。

（二）倡导政府公有，对私人进入有限制

德国政府认为，如果必须存在自然垄断行业或环节，与其让私人垄断，不如让国家垄断，因此，德国政府对私营资本进入公用事业的具体领域加以限制。公用事业领域引入竞争后仍以政府公有为主导，按所有权和市场份额划分，德国城市公用事业市场分布状况是：供电部门中，完全由政府所有的有 588 家，占 43% 的市场份额，国家（国有法人股）所有的超过 100 家，完全私有化的有 5 家；供气部门中，完全由政府所有的有 556 家，占 70% 的市

场份额，国家所有的约 50 家；供热部门中，完全由政府所有的有 492 家，占 72% 的市场份额。[①] 见表 4 - 8。

表 4 - 8　　　　　　德国市政设施企业所有权和市场份额（2000 年）

市政设施部门	完全市政设施所有（家）	市场份额（%）
供电 *	588	43
供气 **	556	70
供水及污水处理部门	693	51
供热部门	492	72
垃圾处理 ***	243	50
城市交通 ****	200	

注：*国家（国有法人股）所有超过 100 家，完全私有化 5 家；＊＊国家所有约 50 家；＊＊＊完全私有化约 1 000 家；＊＊＊＊国家所有约 10 家，完全私有化约 120 家。

资料来源：作者根据文献整理。

（三）引入市场竞争，但私有化不是目的

德国政府引入市场竞争机制，将政府部门直接负责的所有污水处理、城市绿化、建筑物维修业务以及大部分道路、公交轨道维护等公共事业引入市场，采用公开招标的方式选择其经营主体。但德国政府也认为，公用事业的民营化改革的终极目标不是私有化，而是放开市场、促进竞争、促进国有企业改善管理、提高效率，从而使服务价格更有竞争力，顾客有更多的选择。

（四）地方政府对城市基础设施建设有一套长远的、因地制宜的规划

这是国土规划、地方总体规划的一个组成部分，与其他专业规划——工业、铁路、航运、自然保护规划等互为补充、协调配套。地方规划一般首先在地方报纸刊出，征求居民意见，然后经由各地方议会审定、颁布。规划年限一般为 20 年。制定规划的时间一般要 2～5 年。规划一经颁布就具有法律效力，任何人不得改动。联邦德国是联邦制国家，州、市、县自治权很大，保证了市县规划因地制宜、因区域制宜、因流域制宜（如莱茵河流域、鲁尔河流域）。为了做到这一点，它们除发展市县联盟、邻近的县区联盟以协调计

---

① 李海岩、宋葛龙：《城市公用事业市场化改革的观察与思考》，载《经济研究参考》，2005（10）。

划外，还特别重视制定规划前的调查研究工作。如 1976 年在有 68 000 居民的诺德斯坦城制定能源规划时，逐户调查了全城 15 000 幢居民楼的供热状况，从每幢楼的房间面积、房间数，到取暖方式、取暖设施、供热效率、房间隔热性能等都作了了解，然后据此计算 10 年、20 年以后的需求，根据这个需求设计能源供应规模，进行城市供、排设施建设。[①]

五、典型案例：德国污水处理项目的启示

（一）德国污水处理概况

根据德国水资源、污水、垃圾协会（DWA）的统计，2011 年德国拥有城镇污水处理厂 9933 座，总处理规模为 1.51 亿人（按照当量人口数计，德国采用当量人口来衡量污水处 理厂的处理规模，其包括居民人口数和将工业废水折算的当量人口数），城镇污水处理厂服务接纳率已超过 97%。[②]

管理模式方面，德国城镇生活污水处理资金来源于政府投入和个人参股。政府一般出资 75% ~ 90%，个人出资 10% ~ 25%，管理模式采用股份制公司，由公司负责污水处理厂的筹建和运行管理，公司对董事会负责，而政府是最大的股东。以里莎市为例，该市污水处理厂政府出资 90%，个人参股占 10%。

就污水处理费水平而言，德国污水处理收费水平高，以里莎市为例，污水处理厂每处理 1 吨污水收益 3.05 马克左右，全年以 365 天计算，可获经济效益约 1 100 万马克，2 年零 7 个月即可收回全部投资，收回投资后每年可获利将近 1 000 万马克，具有极高的经济效益。极高的经济回报使一些有识之士纷纷投身于污水处理行列。[③]

（二）对我国的启示

在我国，随着水价改革措施的不断出台，水价呈上涨趋势。从 2000 年到 2005 年，36 个大中城市居民生活用水价格由 1.05 元/吨上涨到 1.5 元/吨，居

---

① 丁启文：《联邦德国的城市基础设施建设》，载《经济与管理研究》，1984（4）。
② 唐建国：《德国与上海城镇污水处理厂近况对比探讨》，《给水与排水》，2014 年第 1 期。
③ 张汉明、俞明宏：《德国城镇污水处理厂考察的几点启示》，http：//www.docin.com/p - 1568688425. html。

民生活用污水处理费由 0.23 元上涨到 0.54 元。我国污水收费的标准，全国平均污水处理收费是 0.46 元，这是个平均数字，有的城市高些，有的城市低些，污水处理项目只有社会效益和环境效益而无经济效益，导致污水处理行业发展缓慢。在我国城市污水处理厂处理居民生活污水不直接向居民收取污水处理费，而是在约 1.5 元/吨的自来水费中包含了 0.40 元左右污水处理费，这样使用 1 吨水和排放 1 吨水所收取的费用是 11:4。而德国每使用 1 吨水收取 3.5 马克，处理 1 吨污水收取 4.5 马克，两者之比是 7:9。由于处理 1 吨污水的总费用要高于供应 1 吨自来水的总费用，故我国目前这种污水处理费用远低于供水费用的倒挂现象必须解决。[①] 较高的污水排放费势必会强化人们的节水意识，有利于水资源的利用和保护。

此外，股份公司是城市污水处理厂有效管理的基础。在德国，投资城市污水处理的公司和个人受利益驱动，投资热情高涨。为建立污水处理厂，公司或个人必须花费大量的人力和物力筹集资金并寻找投资最省、运行稳定、处理成本低的工艺，因此，公司和个人格外注重工艺的可靠性和运行成本。众多竞争单位拿出可行性报告供政府选择，一旦政府认可，企业和个人必须对从筹建到运行管理全过程负责，并与自己的命运紧密结合起来。这种私人资本与政府投资的合作模式在我国也存在，但不是在污水处理行业，而是在其他公用行业，如天然气行业。

合资模式的优势：首先，政府可以融通社会资金，减轻政府的财政压力。其次，原来的垄断体系被打破。最后，民营企业的介入可以提高效率，降低成本。由于注入政府资金或其他形式的资金，合资模式可以提高投资者的信心，减轻投资者融资和偿还贷款的压力，降低投资风险。与此同时，政府作为股东，便于规范和控制项目收费价格。相信合资模式将来会在污水处理行业取得成功。

---

① 2015 年 1 月 26 日国家发改委、财政部、住建部三部委联合下发《关于制定和调整污水处理收费标准等有关问题的通知》，通知要求 2016 年底前，设市城市污水处理收费标准原则上每吨应调整至居民不低于 0.95 元，非居民不低于 1.4 元；县城、重点建制镇原则上每吨应调整至居民不低于 0.85 元，非居民不低于 1.2 元。尽管城市污水处理费有所提高，但与城市供水收费相比仍属于倒挂。

第五章 国外城市基础设施投融资体制改革模式比较与经验总结

各国基础设施投融资模式的形成都有其内在原因与背景，我们不能武断地说"孰优孰劣"，根据本国的经济背景及特点，建立适合本国基础设施发展的投融资模式才是最优选择。本章系统比较英、美、德、日等发达国家的基础设施投融资模式的差异，在比较的基础上进一步总结可供借鉴的经验。

第一节 国外城市基础设施投融资模式及比较

城市基础设施投融资模式是指多种融资渠道的共同整合。它是根据一个国家的实际情况，主要通过一种融资渠道，并辅以其他融资渠道而形成的一种新兴的融资形式。通过多种融资渠道和方式的联合实施来调整国家和地区的基础设施建设和国民经济运行。本节将对英、美、法、德、日五个国家的投融资模式进行讨论和比较。

一、城市基础设施投融资模式的划分

世界经济合作与发展组织在1991年的研究报告《转换到市场经济》中提出了三种成功的市场经济模式：第一种是以消费者为导向的市场经济体制，又称自由市场，以美国和英国为代表；第二种是行政主导型的市场经济体制，以日本和法国为代表；第三种是社会市场经济体制，以德国和一些北欧国家为代表。三种模式中的市场经济体制模式强调市场在资源配置中的作用。第二种和第三种市场经济体制模式在强调市场作用的同时更强调政府在社会资

源配置中的主导作用。市场经济体制模式决定了基础设施投融资模式。因此，可以将国外城市基础设施投融资模式相应地区分为市场化投融资模式和政府主导型投融资模式。

日本和法国属于行政导向型的市场经济体制模式，德国属于社会市场经济体制模式。这两种市场经济体制模式的共同特征是建立在自由市场体系的基础上，充分发挥政府的作用。因此，日本、法国和德国是政府主导型的投融资模式的典型代表。应该指出的是，虽然英国是市场经济体制模式中以消费者为导向的社会经济体制，但在消除"市场失灵"所采取的方式上，特别是对于基础设施部门的"市场失灵"与美国采取的方式截然不同。美国所采取的方式是加强规制，而英国则通过国有化来解决这一问题。在基础设施投融资方面，英国政府的作用也与美国不同。因此，英国也可以被视为政府主导型的基础设施部门投融资模式。

虽然英、法、日、德这四个国家大多强调政府干预在经济运行中的作用，但在基础设施领域，政府改革和管理的程度是不同的，从强到弱依次为德国、法国、日本和英国。此外，日本和英国基础设施改革的特点是相似的，德国和法国也有很多相似之处。因此，我们又可以将政府主导型基础设施投融资模式的国家分为两类，一类是英国和日本，另一类是德国和法国。

二、城市基础设施投融资模式的比较[①]

事实上，每个国家的基础设施投融资模式都有其自身的特点和形成背景。一个国家基础设施产业改革的过程和结果是决定政府作用范围的直接因素，而国家经济发展的历史传统是决定政府作用范围的根本因素。虽然在不同的时段由于经济的需要，政府的具体作用会略有不同，但政府作用范围的基调是在该国市场经济逐步形成和发展过程中确定的。

美国一直倡导自由市场经济，并主张"凡民间能做的事情政府绝不插手"的理念。20 世纪 70 年代末，美国政府放宽了对经济的干预，最终确定美国政府只采用财政和货币政策措施对经济进行必要的调节，尽可能少地干预经济

---

① 彭清辉：《我国基础设施投融资研究》，湖南大学博士学位论文，2011，71～72 页。

的市场经济特征。随着美国政府放松对经济的干预，基础设施领域也经历了以放松管制为特征的改革。因此，美国政府在基础设施投融资领域发挥的作用是"市场增进"。

英国虽然其市场经济体制的变迁大体阶段上与美国相似，但在具体的做法上，尤其是在第二个阶段的国有化政策上与美国存在明显不同：美国为了克服市场经济内在缺陷，只是加强了管制，仍然坚持以私有制为基础的自由企业制度，而英国则把市场失灵严重的产业收归国有或公有化，由政府直接拥有企业。这说明英国的市场经济发展并不存在像美国那样的"自由主义"的传统，这也造成了英国20世纪70年代末开始的基础设施产业的私有化改革的内容与美国的重点内容截然不同。改革中，英国政府为推行投资主体的私有化，同时为了吸引私人资本，在管理体制改革、政策制定上都花费了大力气。这个改革的过程相对美国而言，政府起到的推动作用要大得多，而改革之后形成的基础设施产业投融资模式中政府发挥的作用也较大，这在英国的 PFI 事业上得到体现。

德国推行的是社会市场经济模式，这是一种以私有制为主体，鼓励和发展市场经济，同时主张宏观调控和政府干预的经济发展模式。德国1990年统一后的经济困难，特别是经济体制转轨要求加强政府干预，采取积极措施，至此形成了社会市场经济的发展模式。德国政府不像美国那样宣称本国的市场经济是自由主义的，相反，在肯定市场的同时还突出政府的干预作用。德国的基础设施产业改革以引入竞争为特征，也并不像英国那样进行了大面积的私有化，基础设施产业领域竞争引入后仍以政府公有为主导。在基础设施产业的资源配置中，政府起了主导作用。

日本，作为一个后起的资本主义国家，为了在短期内将有限的、稀缺的经济资源相对集中起来配置到最急需的环节去，需要发挥政府在资源配置中的导向作用，因而日本的工业化表现为一个强力政府推动的过程。如果说美国政府政策对企业的作用是有限的、合作的，那么在日本，政府作用是有力的、合作的。日本基础设施产业的改革以民营化为特征，在基础设施产业的资源配置中，日本政府起了主导作用。

通过对以上几个国家的比较，我们发现市场主导型的投融资模式具有如下三个方面的特征：

首先，私人资本的投资规模占比较高，国有资本只是在一部分具有纯公共品特质的行业进行投资；其次，在吸引民间资本方面，政府会制定相关制度措施，建立良好的外部环境，但政府不会对经济实施干预；最后，政府的监管活动遵循"让市场机制尽可能发挥其作用"的原则，对市场准入的规定更加宽松，特别是放开了许多基础设施行业的定价权，充分发挥价格在市场机制中配置资源的核心作用。

政府主导型的投融资模式，具有如下特征：

首先，基础设施可以是国有的，也可以是私有的，也就是说，基础设施的产权所有制并不是划分政府主导型和市场主导型的标准。例如，英国以前经历过国有化阶段，但改革后私人资本占主导地位。日本政府在基础设施领域的投资比重虽然占据较高比重，但日本政府依旧鼓励私有资本投资。区分二者的标准，主要是看政府在基础设施领域的投资中是否具有主导地位。当然，在一个公有为主的国家，政府一定是占主导地位。例如，德国就是以公有为主，德国政府在基础设施投融资中发挥着主导作用。

其次，在政府主导型模式的国家，即便私有资本的投资占比较高，也是由于政府引导所导致的。比如，英国为发展 PFI 业务设立了专门的研究机构和管理机构，日本政府也大力采取各种措施引入私人资本。

最后，政府对基础设施行业的管制较为严格。英国已经采取了一些新的机制，比如保留对企业重大决策的特别否决权。德国直接通过对基础设施服务实施最高限价来避免自然垄断对社会公众利益产生的损害。

政府在市场主导型和政府主导型中的作用差异很大。即使同为政府主导型投融资模式，各国政府的作用也各不相同。但政府主导型和市场主导型的投融资模式并无严格的好坏之分。从各国基础设施投融资模式形成的原因可以看出，一个国家的投融资模式最终是在其特定的历史背景下形成的，只要符合国情，能够促进当时基础设施产业的发展，即可称之为合理。如果在一国模式中对基础设施产业的发展存在某些障碍，则政府应该注意及时调整，但这种调整并不意味着该国投融资模式的变化。当然，随着技术经济、社会政治等条件的变化，基础设施投融资模式也需要相应的变革。

通过对几个发达国家的考察和比较，我们总结了它们各自的特色和差异，同时也发现它们存在一些共同的特点，主要包括：

首先，不管是何种投融资模式，几个国家的政府都通过市政债进行融资。几个国家之中，市政债发行体制最健全、累计发行规模最大的国家是美国。市政债的发行，增加了地方政府融资渠道，使地方政府在基础设施融资中可以发挥自己的主观能动性。

其次，无论是自由市场经济体系还是社会市场经济体系，无疑都是以市场机制来指导基础设施融资行为的。这些国家的政府可能会对经济运行采取管制措施，但不会真正地干预经济发展。

最后，上述几个国家都有完善的财政预算体系，地方政府财务都高度透明。上述各国家的财政情况都是公开的，包括政府债务。

第二节 国外城市基础设施投融资体制改革的经验

一、改革的成功经验

通过对发达国家城市基础设施投融资体制改革的考察和模式比较，可以看出，虽然不同国家在不同阶段采取的改革措施和模式不尽相同，但也存在一些共同特征，即各国政府都十分重视市场机制在基础设施投融资中的作用，积极鼓励民间资本进入基础设施领域，倡导新型融资方式，制定更全面的法律法规，不断完善公用事业的监管体系等，这些都为世界范围内不同国家的城市基础设施建设和改革提供了宝贵的经验。

（一）进行产权制度改革

市场经济发达国家的国有资产和国有企业主要分布在基础设施领域，20世纪80年代以来的私有化运动也主要是在这一领域进行的。基础设施领域私有化改革的做法包括：第一，将基础设施企业出售给私营部门。第二，将基础设施企业股份化，然后出售国有股份，再逐步将原来的国有企业转变为混合所有制企业，直到民营企业。基础设施企业的资产很大，整体出售往往受到资金的限制，在资本市场不发达的发展中国家尤其如此。逐步的私有化可以在一定程度上克服这一限制，因此被许多国家采纳。第三，在某一基础设施领域继续保留原有的国有企业，但允许私营企业进入，经过一段时间的发展，该基础设施领域便会形成国有企业与私有企业同时并存和相互竞争的局面，如果国有企业竞争乏力，就会被淘汰出局。

在英国，国有航空公司（即英国航空公司）1981 年转为私营。1979—1991 年，英国把包括电信、运输、码头等重要基础设施领域的 14 家原国有企业出售。邮电、通信业的私有化在世界各国则更为普遍。发展中国家在基础设施领域也实施了重要的产权制度改革，如阿根廷、智利、牙买加、马来西亚、墨西哥和委内瑞拉在电信业采取了大量的私有化措施。

（二）政府有明确的投资边界，各级政府分工明确，责任清晰

第一，基础设施一般具有公共物品属性，政府的作用就是在该领域以政府的力量弥补市场失灵所导致的问题，因而政府一般具有投资基础设施的责任。但并非所有的基础设施都需要由政府提供。例如，美国政府投资主要集中在纯公共物品领域，而对于准公共物品类型的基础设施和经营性基础设施一般交由私人营运，政府提供一定的支持。德国政府则将基础设施区分为经营性和非经营基础设施，对于非经营性基础设施，完全由政府经营，而对于经营性基础设施则完全交由私人资本进行投资。

第二，不同的经济制度又决定了其政府投资采取的方式不同。美国是市场经济最为发达的国家，政府在基础设施领域一般采取间接投资的方式。也就是政府投资，而交由民间进行经营。

第三，各级地方政府承担不同的投资责任，各级政府各司其职，分工明确。由于各国的政治体制不同，不同层级的政府投资效率各不相同。经过长期的发展，在基础设施领域中，担任投融资主体的政府机构也各有不同。例如，德国的州政府是其基础设施建设最重要的投资主体，而城市内基础设施则一般交由社区公共企业进行投资。英国虽然省级政府在投资中承担重要的责任，但其投资的决策权、融资的审批权都由中央政府控制，省级政府仅仅担当执行机构。

（三）引导民间资本，投资主体多元化

引导民间资本参与基础设施建设已成为各国改革的普遍做法。政府通过

允许民间资本进入基础设施领域，寻求相关专业技术知识和新的资金来源，同时提高运营效率，减少基础设施建设对政府财政的依赖。

在美国，私人资本在基础设施建设中涉及的领域广泛，参与程度较高。以美国的铁路建设为例。虽然联邦政府和地方政府参与了投资，但主要是私人投资，既包括大型投资银行，也有相对较小的私人企业和新建铁路线沿线的居民投资者。在民营资本控制的基础设施企业的定价权方面，政府规定企业可以自行定价，投资回报率可以高于市场的一般利率。在引导私人资本进入基础设施领域的过程中，英、日两国采取了独资、合资、合作、参股、特许经营、发行债券等多种方式和途径，不断寻找潜在的投资者。

（四）制定法律法规，优化法制环境

国外的基础设施投融资体制改革十分注重立法先行，在整个改革过程中制定了较为完善细致的法律法规。如美国政府于 1976—1982 年仅在交通运输领域就颁布了《铁路振兴和管制改革法案》《航空货运放松管制法》《航空客运放松管制法》《汽车运输法》《铁路法》和《公共汽车管理改革法》等多部法案，对交通运输企业的改革进行了规定。1996 年，美国国会又通过了新的《电信法》，推动美国电信市场改革，使整个改革过程有法可依。英国和日本政府在推进自然垄断型企业改革过程中也制定了多部法律，使改革具有法律依据和实施程序。[①]

（五）加强行业监管及政府融资监管，严格控制地方政府的融资行为

改革期间，各国政府对原有的自然垄断管制机构进行了调整，重新设立了专门的监管机构。英美两国政府在改革中建立了独立的监管机构，有意将其与主管当局分开。日本的改革不同于英国和美国的改革，没有对官僚组织进行重大的改组和权力下放，设立监管机构的基本原则是使政府能够保持行政的自由处理权，规制改革的进展主要集中在内阁部门，它们不与独立的规制机构分享权力，也很少受制于司法系统或执政党因素。

在地方政府的融资行为方面，各国虽然由于政治体制不同，对于政府融资的监督办法各不相同，但毫无例外都具有完备的制度来控制地方政府的融

---

① 王秀云：《中外基础设施投融资体制改革比较研究》，载《中国城市经济》，2009（8）。

资行为。美国地方政府融资的主要方式是发行市政债券，其债权发行一般要经过地方议会的同意，大型的投资项目甚至需要当地民众投票决定。地方议会也通过控制政府融资额度等措施严格限制地方政府的融资。英国政府则是典型的中央集权政府，中央政府控制地方政府的负债融资的决定权。日本则通过每年制订地方政府融资计划，严格限制地方政府的融资规模、融资模式及其使用方式等。

二、改革的失败教训[①]

客观地看，国外公用事业市场化改革绝非尽善尽美，比如英国政府在对电信、煤等公用事业进行所有制变革实现私有化初期，由于没有触及原有的垄断市场结构，新企业在运行环节其市场垄断地位依旧，不存在市场竞争压力，未能直接激励企业提高生产效率。另一个更坏的结果是部分公用事业私有化后新的市场垄断和逐利倾向导致价格上升、服务下降，产生社会公共福利的损失。英国铁路在私有化两年后，企业对安全维护上的投入减少，风险隐患逐渐累积，各种事故频发，严重动摇了公众对铁路运输的信任，业界和学者普遍观点是私有化折损了铁路系统应有的安全理念与措施。2003 年，伦敦和英国东南部发生大规模停电，地铁、火车停运，伦敦交通严重受损。英国《卫报》等媒体一针见血地指出，政府推行的地铁电力系统私有化政策是引发停电事故和交通混乱的元凶。另一实例是法国 Grenoble 水务私有化的腐败案，1989 年该市市长连任后推行水务私有化，授予苏伊士水务（Suez）25 年供排水服务经营权，之后水价持续升高，而设施更新维护的投入却不断减少，到 1993 年，这宗公共服务特许权腐败案最终浮出水面，苏伊士被证实以资助该市市长竞选为代价谋取水务私有化。该公司还为涨价使用了诸多不正当手段，严重损害了市政当局和公众消费者的利益，2000 年市议会决定将水务服务重新划归市有实行公营，自此水价趋于稳定，供排水设施建设维护获得应有的投入。类似的案例在法国并不罕见。

德国公用事业私有化失败案例中较具代表性的是波茨坦水务企业并购。

---

①　杨振宇：《中国公用事业市场导向改革研究》，武汉大学博士学位论文，2012，66～68 页。

1997 年，波茨坦市议会同意将市属水务企业 49% 的产权出让给法德合资水务公司 Eurawasser，旨在引入私营合作伙伴改善经营、降低水价、缓解财政负担。但之后的事实却证明，水务私有化结果与改革初衷背道而驰：水价在 1998 年至 2000 年 2 年间，从 4.92DEM（马克）/m³（立方米）上涨到 8.8 DEM/m³，升幅高达 78.9%，Eurawasser 甚至还计划在之后 17 年内将水价继续翻一番，即在 2017 年升到 16.4 DEM/m³。为避免产生更大的损失，波茨坦市在 2000 年决定解除与 Eurawasser 的并购合同。该水务私有化的失败令波茨坦市政府承担了约 500 万～1 000 万马克的经济损失。对于不同的公用事业该由政府控制抑或私有化，德国政府实务部门、学界、社会民众普遍存在争议。在行业界限上，除电力市场外，社会各界对放开邮政、电信、水务、铁路、公交（含地铁等轨道交通）等行业有着较大认识分歧，特别对开放自然垄断环节问题颇感困惑。多数观点认为，引入市场竞争与不影响资源利用效率，是不可兼得的两种选择。就水务行业来说，管网系统一般具有唯一属性，同一区域建多套管网既不经济也不具备实施条件，因此是最符合自然垄断性质的环节。此外水厂和污水厂建设投资巨大，也不宜过多设厂。于是就连德国经济与劳动部的官员也指出，对水务私有化尚未找到理想的实现方式。事实上德国水务私有化后不仅出现价格大幅上升，还存在较多管网设施陈旧老化、更新不足、阻碍产业发展等现实问题。

由此可见，尽管公用事业民营化在促进竞争、形成有效激励、减轻财政支出负担等方面的确起到重要的推动作用，但若将政府的公共服务职能无限制地推向市场，也会带来新的私人垄断，从而衍生影响社会公平、损害公共利益的风险。

第六章　我国城市基础设施
投融资体制的历史变迁及现状

改革开放以来，城市基础设施投融资体制改革取得了一定成效，发生了重大变化。主要体现在投资主体从单一政府投资主体向多元投资主体的转变；投资决策从高度集中逐步到决策权的下放；投资实施从行政手段初步向市场化转变；城市建设资金融资渠道由单一财政投入发展为多元化的投资和多种融资渠道；城市基础设施由纯公益性资产向资本化资产转变。然而，这些成果是初步的。城市基础设施是计划经济体制烙印最深的行业，与其他行业相比，它是改革最滞后的部门，这一领域的投融资和运营体系中还存在诸多不容忽视的问题，传统的城市基础设施投融资计划模式尚未从根本上打破，建立与社会主义市场经济体制相适应的城市基础设施投融资体制仍是一项艰巨的任务。

第一节　我国城市基础设施投融资体制的历史变迁

随着我国基础设施的大规模建设和发展，基础设施投融资体制也经历了一个不断演进的过程。总体而言，我国基础设施投融资体制的变迁经历了计划经济时期的投融资体制和改革开放后的投融资体制两个不同发展阶段。

一、计划经济时期的基础设施投融资体制（1949—1978 年）

建国以后至改革开放以前，我国实施的是计划经济体制，这种计划经济体制下的投融资机制，自然会带有明显的计划经济色彩，因此，我国基础设施投融资体制的主导模式是计划经济下的集权投融资体系。具体表现为：

一是投资主体单一，政府几乎是唯一的投资主体，地方和企业都不是独立的投资主体。新中国成立以后，面对基础设施落后的局面，为加快基础设施投资进程，我国将财政收入的大部分资金投入城市基建领域。此时的政府具有双重职能，既是融资主体又是投资主体。在资金募集上，我国也曾经尝试通过发行国债来募集基础设施建设资金，以此保障基建项目的资金来源。此外，苏联等社会主义阵营的国家也对我国基础设施项目进行了大量援建。但是在 20 世纪 60 年代以后，基础设施建设资金就几乎全部来自于中央财政了，国有银行会辅助性地提供少量财政贷款。

二是投资渠道单一，基本上是单一的财政拨款。比如从 1953 年到 1978 年，我国基本建设投资总额中，财政预算拨款所占比重达到 80% 左右（见表6－1）。

表6－1　　　　　　财政资金在国家基本建设投资总额中所占比重　　　　　单位：%

时期	"一五" （1953—1957）	"二五" （1958—1962）	"三五" （1966—1970）	"四五" （1971—1975）	"五五" （1976—1980）
比重	88.54	78.3	89.3	82.5	72.4

说明：本表数据根据《中国统计年鉴（2002）》，中国统计出版社，2002 相关数据计算得出。

三是投资决策的行政化。在计划经济时代，中央或省一级政府完全掌控基础设施建设项目的决策权和审批权，政府用行政指令的方式在统筹协调的前提下制订投资计划。中央政府首先制订全国的建设计划，规定基础设施的规模和数量，具体到某一项基础设施建设必须经过国家计划委员会批准后，才允许以分解后的年度目标逐层立项。这就是说，对于一个基础设施项目，立项是重中之重，若立项没有被审批，则该项目就不在国家建设计划之列，根本无法获得政府财政资金，该项目也只能"流产"。当然，在这种审批制背景下，基础设施建设项目也不允许由地方政府独立融资建设。

四是投资管理的政治化。基础设施投资决策的行政化，自然使得中央和各级地方政府对基础设施项目实施管控，管控手段主要是通过行政权威对基础设施投融资项目进行直接管理。同时，计划经济时代的金融机构没有经济收益指标和独立决策机制，其职责就是为政府投资项目发放资金，以确保建设项目顺利完成。这就更使得基础设施投融资活动的整个流程基本是以中央及地方主管官员的意志为主。一切从政治目的出发，而经济目的被放置在次要位置，甚至完全忽视，这样的基础设施建设必然无法实现科学管理，往往造成巨大的资源浪费和潜在风险。

因此，在传统的计划经济体制下，我国投融资体制实行"单一投资运行机制"和"集中统一的投资管理体制"。虽然这种"集中统一"的投融资管理体制在新中国成立初期工业基础薄弱的情况下，对加快国民经济复苏和大规模经济建设起到了重要作用。但是，随着经济规模的逐步扩大和经济关系的日益变化，投融资体制和整个经济体制都没有进行相应的变革，导致经济发展中出现各种问题，成为生产力发展的障碍。

二、改革开放以来的基础设施投融资体制

相对于改革开放前城建资金完全依赖中央财政拨款，改革开放后城建投融资体制的变革是全方位和多层次的。在整个社会经济转型的大背景下，城市基础设施投融资体制改革也不断推陈出新。总体来看，大体经历了如下阶段：

1. 基础设施投融资体制改革的探索阶段（1979—1983 年）。这一阶段的基础设施投融资体制改革措施还是表层的、局部的，主要目的是实现对旧体制的突破。这一阶段的改革主要体现在以下几个方面：一是基本建设实行合同制，基本建设投融资实行经济管理。二是"拨改贷"的试点开始进行，资金配置的主渠道由财政拨款改为银行贷款。三是扩大国有施工企业的经营自主权，实行利润留成制。四是试行建筑安装工程招投标制，实行多种形式的投资承包责任制。

2. 基础设施投融资体制改革全面推进阶段（1984—1988 年）。在此期间，我国城市基础设施投融资体制改革伴随着城市经济体制改革的开展而展开，并开始涉及投融资体制的深层次问题。主要包括以下几个方面：一是国家根

据资金渠道将基本建设投融资划分为指令性计划和指导性计划，缩小指令性计划，扩大指导性计划；二是进一步下放权力并下放项目审批权限，简化审批程序；三是全面落实基本建设资金的拨款改贷款制度，开展金融市场改革，放开资本市场，全面对外开放和招商引资；四是建立投资项目评估和审查制度，促进投资决策科学化和民主化。

3. 基础设施投融资体制改革的突破阶段（1988—1992 年）。这一阶段，基础设施投融资改革从初期的"简政放权"向完善投融资宏观调控转变，开始注重市场的作用。改革的主要内容包括：一是初步明确中央和地方政府的投资权限和范围，增加地方重点建设责任；二是扩大企业的投资决策权，使企业成为一般基础设施建设的投资主体；三是建立基本建设基金制，确保重点建设有稳定的资金来源；四是建立投资公司，运用经济手段进行投资管理；五是简政放权，完善投资计划管理；六是强化投资主体自我约束机制；七是实行招标投标制度，充分发挥市场和竞争机制的作用。

4. 基础设施投融资体制改革的市场化探索阶段（1992—2002 年）。1992 年 10 月，党的十四大确立了我国社会主义市场经济体制的目标和方向，以及基础设施投融资领域的市场化改革方向。在此期间，投融资体制改革中有许多新的举措，主要包括：一是投融资方式的改革。依据经济效益以及社会效益和市场需求的不同，将各类建设项目分为竞争性项目、基础性项目和公益性项目三类，重点确定其主要投资主体和投融资方式。二是落实项目法人责任制，固定资产投资项目资本金制度，招投标制度和项目监督制度，规范投资主体风险约束机制。三是开展"贷改投"试点工作。四是建立政策性银行，主要承担基础设施、基础产业和支柱产业的资金分配，将商业贷款与政策性贷款分开。

5. 投融资体制市场化改革的深化阶段（2003 年至今）。以党的十六届三中全会为标志，我国改革进入全面完善社会主义市场经济体制的新阶段。投融资体制也进入市场化改革的深化阶段。这一阶段的主要措施包括：一是改革政府对企业投融资的管理体制，按照"谁投资、谁决策、谁受益、谁承担风险"的原则，实行企业投融资自主权；二是合理界定政府的投资职能，完善科学民主的投资决策机制，建立投融资决策责任追究制度；三是进一步放宽基础设施行业的市场准入，鼓励非国有资本参与更广泛领域的基础设施建设；四是借鉴吸收国外基础设施建设的新投融资技术和金融工具，开辟新的投融资渠道。

第二节　我国城市基础设施投融资体制的现状及问题

经过多年的发展，我国在基础设施建设和投融资体制方面取得了一定的成效，但在实践中也暴露出不少问题，这些问题可以从不同层面反映出来，而且未来还会出现更多的深层次矛盾，甚至影响基础设施建设的未来发展。因此，我们必须重视这些问题，及时加以解决。

一、我国城市基础设施投融资体制的现状

（一）政府是基础设施投资主体

目前，我国的城市基础设施建设是建立在地方政府为主和国家适当补贴的基础上。城市基础设施建设投资主体为政府主管部门或国有单位。

近年来，各地政府纷纷建立城市建设投资公司作为政府投资建设的载体，负责城市基础设施建设资金的筹集、使用和偿还。但从实际运行来看，其主要功能是作为政府向金融机构贷款，并没有真正成为城市建设投融资的主体。主要体现是：政企不分现象非常普遍，城市投资公司没有按照现代企业制度的要求建立公司治理结构；城市投资公司没有投融资决策权，实质上是"政府决策、公司融资"；项目实施和运营阶段，政府部门协调安排资金的使用和偿还，公司对资金没有处置权。总体而言，政府仍是基础设施领域的唯一投资主体。

（二）地方政府的债务规模受限

为防范地方财政风险，国家开始从政策层面上对地方政府债务进行限制。如2015年通过的《国务院关于提请审议批准2015年地方政府债务限额的议案》以及2017年财政部印发的《关于进一步规范地方政府举债融资行为的规定》和《关于坚决制止地方以政府购买服务名义违法违规融资的通知》等新规，政策主要从以下方面对地方政府举债融资作出了一系列限制：

一是确定地方政府债务上限，严控地方政府债务增量，锁定存量债务，只减不增；二是取消城投债，地方政府举债只能通过发行地方政府债券；三是严禁地方政府利用 PPP 变相举债，限制信托融资等非标融资方式。这些措施的出台，虽然有助于地方政府将风险控制在适度范围内，但也限制了地方基础设施建设的发展。截至 2017 年 12 月底，地方政府债务的余额和限额见表 6 - 2。债务余额接近限额，因此，很难再通过政府发债的方式为基础设施建设融资。

表 6 - 2   2017 年全国地方政府债务余额、限额基本情况   单位：亿元

名称 额度	一般债务	专项债务	政府债券	政府债务	合计
债务余额	103 322.00	61 384.00	147 448.00	17 258.00	164 706.00
债务限额	115 489.22	72 686.08			188 174.30

资料来源：财政部，《2017 年 12 月地方政府债券发行和债务余额情况》，2018 - 01 - 17。

（三）对地方政府融资平台限制增加

地方政府融资平台也是基础设施建设的重要投资主体。地方政府投融资平台建设、运营和维护基础设施的资金主要包括营业收入、公共设施收费、银行贷款和财政资金。由于基础设施经营收入有限，主要是以政府信用作为向金融机构贷款的隐性担保取得贷款。2016 年，金融机构向企业和政府机构发放的贷款约占国内贷款的 67%，而向非银行金融机构发放的贷款仅占国内贷款的 0.9%。因此，地方融资平台与政府有着明确的界限，获得银行信贷支持的能力将会减弱。财政部于 2017 年 5 月发布《关于进一步规范地方政府举债融资行为的通知》进一步强调，地方政府不应利用政府性资源干预金融机构的正常运作，并规定政府资产（包括公益性资产、储备土地）不应注入融资平台公司，并将储备土地的预期出让收益作为平台公司偿债基金来源的变相举债行为。同时，金融机构应加强风险识别和防范能力，严格执行相关程序，评估平台自身的财务能力和还款来源，依据平台信用标准为融资平台公司等企业提供融资。这些规定使走向市场化的融资平台短期内为基础设施建设融资的能力受到一定影响。

（四）基础设施投融资体制改革与金融创新脱节

当前我国处于金融创新的高峰期，金融产品创新、金融服务创新与多层次资本市场建设方兴未艾。但金融创新在基础设施投融资体制改革中仍应用较少。基础设施投融资体制改革是一个复杂的系统性工程，既需要政府、开发性金融机构、传统商业银行、社会资本之间的合作，又需要完成公益性、社会性和市场性的有机结合。基础设施投融资模式设计的实质就是安排不同资产回报要求和不同风险承担能力的资金到同一项目中，这一过程如果与金融创新相结合，则可以更有经济效率。

另外，在传统融资渠道地位下降而不能满足基础设施资金需求的同时，创新的融资渠道的潜力还没有得到充分挖掘。首先，直接融资在城市基础设施领域的应用比重低、品种少，尚未形成由债券市场、股票市场以及基金市场构成的规范完整的融资体系。比如说基础设施债券融资在整个基础设施投资额中仅占3%左右，而在一些经济发达国家，基础设施债券融资占了整个基础设施融资的三分之一左右。[①] 相比之下，我国的债券市场还不够发达，利用国际金融机构贷款和外国政府贷款等外资进行基础设施建设也受到各种条件的制约，基础设施自筹资金能力相对薄弱等，都导致了基础设施融资渠道无法充分发挥潜力。总之，在目前存在基础设施建设资金缺口的前提下，市场仍然迫切需要拓展融资渠道以填补建设资金不足。

二、我国城市基础设施投融资体制存在的问题

（一）财政难以支撑基础设施巨额的投资需求

从需求角度来看，目前我国基础设施投资总量跟不上城市化的步伐。2014年国务院发布《国家新型城镇化规划（2014—2020年）》，明确提出了新型城镇化基础设施的目标和要求，规划提出了六个方面的发展指标，包括百万人口以上城市公共交通占机动化出行的比例、城镇公共供水普及率、城市污水处理率、城市家庭宽带接入能力、城市社区综合服务设施的覆盖率（见表6-3）。可见未来要满足这些需求，必须不断地加大投资力度。据有关机构

---

① 李忠：《扩大基础设施建设投资拉动经济增长问题综述》，载《信息与研究》，1998（9）。

估算，2014 年底，我国城镇化率为 54.77%，预计 2020 年城镇化率达到 60%，由此带来的投资需求约为 42 万亿元。[①]

表 6 – 3　　　　2012—2020 年新型城镇化基础设施的主要指标　　　单位：%

指标	2012 年	2020 年
百万以上人口城市公共交通占机动化出行比例	45 *	60
城镇公共供水普及率	81.7	90
城市污水处理率	86.3	95
城市生活垃圾无害化处理率	84.8	95
城市家庭宽带接入能力（Mbps）	4	≥50
城市社区综合服务设施覆盖率	72.5	100

注：* 为 2011 年数据。

政府财力方面，目前，我国对基础设施的巨大投资需求已经远远超过了政府的财政能力。在我国，地方政府财力资金不足，财政资金和银行贷款比例高、国有土地使用权收入依赖性强一直以来是基础设施融资的两大特点。财政收入来源主要包括税收收入和专项收入，以及土地财政收入。根据表 6 – 4 的数据，每年与基础设施建设和运营服务直接相关的城市建设维护税税收收入、专项收入和合计数仅占基础设施建设投资的 7%。

表 6 – 4　　　　　　　基础设施建设几种主要收入来源　　　　单位：亿元

年份	基础设施建设投资	全国公共财政收入预算城建税	全国专项收入	全国公共财政收入预算合计
2007	31 362.00	1 016.50	1 178.00	44 064.85
2008	38 468.71	1 308.00	1 335.00	58 486.00
2009	54 695.67	1 595.00	1 727.00	66 230.00
2010	64 808.03	1 710.00	1 756.00	73 030.00
2011	66 945.87	2 040.00	2 150.00	89 720.00
2012	77 171.70	3 100.00	3 345.00	113 600.00

①　王晓腾：《我国基础设施公私合作制研究》，财政部财政科学研究所博士学位论文，2015。

续表

年份	基础设施建设投资	全国公共财政收入预算城建税	全国专项收入	全国公共财政收入预算合计
2013	93 621.02	3 370.00	3 462.00	126 630.00
2014	112 174.48	3 689.00	3 725.00	139 530.00
2015	131 265.37	3 937.00	8 010.00	154 300.00
2016	152 011.68	4 062.00	6 740.00	157 200.00

资料来源：Wind 数据库（www. wind. com）。

可见，单纯依靠政府税收和专项收入来支持全社会的基础设施建设和运行显然是不可行的。依靠土地获取收益把土地与城市发展统筹考虑，虽然加速了城市建设及城市化进程，但区域经济发展的不协调，导致经济发达地区城市土地需求旺盛，房价居高不下；欠发达地区人口外流造成对土地需求不足，去库存压力较大。高房价地区有限的土地资源不足以支撑基础设施的持续升级，而低房价地区为了促进经济增长需要有良好的基础设施作为基础，对基础设施建设的需求很大，但相关的收入又不足以满足建设需求，因此，以土地财政支撑的模式也是不可持续的。

过去，我国的基础设施项目主要依靠财政资金。在 2008 年国际金融危机和欧洲债务危机之后，与大多数国家一样，我国的财政资金受到很大约束，由于基础设施项目的特殊性，从金融市场获得资金并不像其他一般投资项目那么容易。因此，未来的基础设施建设不能完全由国家投资拉动，必须寻求新的投融资渠道。

（二）垄断格局尚未打破，对民间资本有歧视现象

基础设施政府垄断是现阶段我国保证国民经济稳定发展、避免盲目竞争、实现规模经济的重要手段之一。然而，它也是基础设施领域许多弊病的根源。自 20 世纪 80 年代以来，我国逐步改革了基础设施管理体制，努力实现政企分开，打破垄断经营，引入合理竞争。到目前为止，电力、铁路、电信等行业也已形式上撤销了行政设置，形成了一批并存的公司。但由于历史原因，这些公司在资产、人事、利益分配等主要方面仍处于政府控制之下，并没有做到完全意义上的竞争。比如在自来水、燃气等城市公用事业领域，改革的

力度不大，很多地方还没有实行企业经营。

经济学家马歇尔在充分肯定规模经济作用的同时，认为在追求规模经济的过程中会出现垄断，垄断会进一步剥夺企业的竞争活力，最终导致经济运行效率低下。后来，这种规模经济和垄断效率低下难以分离的现象被命名为"马歇尔困境"。基础设施的"马歇尔困境"非常明显。毫无疑问，目前应该打破政府对基础设施建设和运营的垄断格局，向社会资本放开大部分行业的基础设施投资，但先放哪个，后放哪个，怎么放，仍然难以掌握一个适当的度。要真正打破基础设施的垄断，还需要解决许多理论和实践问题，这不是一朝一夕的事。

同时，在观念和体制上还有许多排挤民间资本的现象。尽管我国宪法已经确立了非公有制经济的法律地位，但许多相关的法律条文并没有根据修改后的宪法加以及时补充和调整，现行法律对公有制经济和非公有制经济、公有制经济中的国有经济和非国有经济保护和约束并不均衡。对非公有制经济的管理还存在许多法律空白，许多行业仍然没有向民间资本敞开。同类性质的项目，对民间资本投资审批要烦琐得多。不同性质的企业面对的税收制度也不一样。国家和金融机构对民营经济的支持很少，民营企业向商业银行贷款极其艰难。由于这种事实上的歧视，改革开放以来，尽管我国的民间资本一直在日新月异地发展，但进入基础设施领域的却很少。[①]

（三）基础设施的投融资管理职责不清、效率低下

基础设施建设中很多时候政府既是投资者又是管理者，这种双重身份不仅会使政府承担过多的责任，还会滋生寻租问题，影响基础设施项目的效率和质量。地方融资平台作为投资主体，在宏观层面上以政府信用作为担保融资，会导致政府债务或者债务的累积。在微观层面，居于垄断地位的融资平台很难有足够的内在动力来改善投资和建设运营的水平。投资管理水平的低效率不仅增加了资金利用的成本，而且使基础设施难以实现最佳运营状态。自 2014 年 9 月 21 日国务院下发《国务院关于加强地方政府性债务管理的意见》的文件以来，地方融资平台受到越来越多的限制，但地方政府对融资平

---

① 潘相麟：《基础设施建设投融资运行模式研究》，重庆大学硕士学位论文，2007。

台的天然偏好以及金融机构对融资平台背后政府隐性担保的依赖依然存在。

在这种合作关系下，政府既未能转移风险，也没有与社会资本之间形成实质性的竞争，同时还没能做到透明管理和按绩效付费。

（四）法律体系不健全，法制法规建设滞后

到目前为止，没有一套系统完善的法律体系来规范基础设施的投融资，基础设施投融资决策过程中往往没有参考标准。迫于现实需要，各级地方政府制定了一些针对局部问题、特定时段的管理条例。但是，这些投融资管理条例存在明显的不足：一是更新缓慢，有些规章制度是十多年甚至几十年前制定的，已经过时；二是短期效应，这些制度往往只针对局部范围，在特定时期内采取的应急措施，不能解决根本问题；三是政出多门，造成文件之间交叉矛盾、混乱不堪；四是大部分为权限划分和程序规定，对融资合同、担保、证券化、特许经营权等具体问题没有明确的法律约定。虽然近年来政府一直希望打破经营性基础设施建设的投资垄断，但政府还没有给予法律法规方面的支持，国家也没有采取相应的投融资管理措施。关于投融资制度，所有者、投资者和经营者的权利和义务，对资金来源、归集、投入、使用、管理、收益、分配等没有明确的法律规范，这影响了社会力量、社会资金对城市基础设施建设投资的积极性，也导致许多好的基础设施融资方式无法在中国实施。

由于上述问题，城市基础设施建设投资总额不足，投资渠道单一，基础设施领域政企不分。垄断经营，缺乏竞争，经营亏损，效率低下，服务质量差，财政补贴负担重，无法满足城市居民的合理需求。因此，必须根据社会主义市场经济体制的要求，进一步深化城市基础设施投资体制改革。

第三节　我国城市基础设施改革的相关政策与制度建设

自改革开放以来我国相继出台了一系列有关基础设施建设及投融资的文件和政策来引导规范城市基础设施的投资、建设和运营维护。城市基础设施领域的政策及制度建设在整个投融资体制改革的大背景下也不断向前推动，其发展历程大体上可分为三个阶段。

一、计划经济体制框架内的城建税费改革阶段（1978—1989年）

这一阶段为20世纪70年代末和20世纪80年代，在计划经济体制的框架内，认识到城市在国民经济发展中的重要地位和作用，开辟了几种专门用于城市维护和建设的税费项目和集资政策。制定了有利于城市发展的一系列方针、政策，标志着我国城市建设进入一个历史性转折的新起点。

1978年3月，国务院在北京召开第三次全国城市工作会议。4月，党中央批转了这次会议制定的《关于加强城市建设工作的意见》（以下简称《意见》）。《意见》中规定在全国四十七个城市试行从上年工商利润中提取百分之五作为城市维护和建设资金。之后，这项政策陆续扩大到全国各个城市，为城市建设建立了稳定的资金渠道。

1979年8月28日国务院批准了《关于基本建设投资试行贷款办法的报告》，在基本建设领域进行"拨改贷"试点，打破了基本建设由政府财政无偿拨款的计划经济模式。在此之前，国内银行信贷只能用于流动资金贷款。此后，国内银行开始试办少量固定资产贷款，揭开了我国间接融资的序幕。

1980年，国家建委在全国城市规划会议上提出"综合开发城市"的建设方针，要求无论是工业项目还是民用项目，都必须使房屋建设与市政公用设施建设配套进行建设，同时交付使用，配套建设资金由建设单位垫付，通过向用户收取开发费进行补偿。12月国务院颁发《国务院批转全国城市规划工作会议纪要》肯定了上述建议，随后一些大中城市开始在住宅建设中进行综合开发试点。综合开发政策的提出对解决城市基础设施建设严重滞后、与其他建设脱节的问题具有重要意义。

1982年10月14日，国家计委等部门颁发了《关于试行国内合资建设暂行办法》，促进和引导社会资金参与投资建设，实现了投资资金来源多渠道的第一步。

1983年国家计委颁布了《建设项目进行可行性研究的试行管理办法》，规定国家基本建设大中型项目要进行可行性项目论证。

1984年8月18日，国家计委《关于简化基本建设项目审批手续的通知》简化了基本建设审批程序，把需要国家审批的基本建设大中型项目审批环节由原来的审批项目建议书、可行性研究报告、设计任务书、初步设计和开工报告等五道手续简化为只批项目建议书、设计任务书两道手续。

1984 年 10 月，党的十二届三中全会通过《中共中央关于经济体制改革的决定》（以下简称《决定》），指出城市政府的主要职能为城市规划、建设和管理，加强各类公共设施建设，全面改善环境。《决定》将各种公用设施建设作为地方政府的主要职能之一，对地方政府加强基础设施建设，改善投资环境起到了积极作用。

为了加强城市的维护建设，扩大和稳定城市维护建设资金的来源，国务院于 1985 年 2 月 8 日颁布了《中华人民共和国城市维护建设税暂行条例》，取消了 1979 年开征的城市维护费，改征城市维护建设税，以纳税人实际缴纳的产品税、增值税、营业税税额为计税依据。纳税人所在地在市区的，税率为 7%；纳税人所在地在县城、镇的，税率为 5%；纳税人所在地不在市区、县城或镇的，税率为 1%。城市维护建设税自开征以来，与公用事业附加在一起，构成了 20 世纪 80 年代后期和 20 世纪 90 年代城市建设资金的主要来源，为城市建设做出了重大贡献。

1986 年 2 月 6 日，建设部、国家计委《关于加强城市集中供热管理工作的报告》，提出可采取多种渠道解决城市集中供热的建设资金：一是地方自筹；二是向受益单位集资，受益单位也可根据具体情况，从自有的更新改造资金和生产发展基金中，适当拿出一部分用于供热建设；三是从城市维护建设税中适当拿出部分资金补助城市民用集中供热热网的建设；四是国家根据情况，可给予部分节能投资，以补助热力建设。①

1987 年 3 月 30 日《国务院关于放宽固定资产投资审批权限和简化审批手续的通知》，继续简化项目审批手续。

1987 年 5 月 21 日，国务院发出《关于加强城市建设工作的通知》，提出改革城市建设体制，增强活力，提高效益。根据城市规划确定的城市基础设施等建设项目，要纳入城市中长期或年度计划。城市供水、排水、污水处理设施、道路、桥梁、公共交通、煤气、集中供热、环境卫生、园林等建设项

---

① http：//www.chinalawedu.com/falvfagui/fg22016/11075.shtml.

目，从制订计划到组织实施，逐步实行由城市建设部门统一管理。城市建设要实行"统一规划、合理布局、综合开发、配套建设"。城市建设要配套安排，特别是供水、排水、供电、道路等基础设施的建设要统一考虑。建设资金主要靠地方财力解决，国家给予必要支持。为了促进市政、公用设施同生产设施配套建设，各级计划、经济部门在制定基本建设和技术改造计划时，对工业项目和相应的城市基础设施项目要配套安排。市政设施要逐步实行有偿使用。对于用贷款建设的大型桥梁、隧道、渡口，可采取征收车辆通过费的办法来偿还贷款。[①]《关于加强城市建设工作的通知》是城市建设史上的一份重要文件，其重要作用体现在不仅提出了完整的城市建设综合开发的原则，还开辟城市桥梁、隧道"贷款建设、收费还贷"的路子。

1988 年国务院颁布《关于投资管理体制的近期改革方案》，第一次比较系统地提出了投资体制近期改革的基本任务和改革措施，提出扩大企业投资决策权、建立基本建设基金等。

1989 年 5 月 1 日，国务院发出《关于加强国有土地使用权有偿出让收入管理的通知》。通知规定：土地使用权有偿出让收入，40% 上缴中央财政，60% 留归地方财政，主要用于城市建设和土地开发，专款专用。国有土地使用权有偿出让制度的建立，使土地出让收入逐渐成为城市建设资金的主要来源。

总体看，这一阶段改革的主要目的是革新和突破过去传统旧体制，以提高政府投资建设的效益为目标，简政放权、实施市场化和减少计划指令性计划范围是这一阶段改革的基本特点。表现在：

（1）资金筹措方式上有所突破。从 1978 年城市维护建设费开始，到 1985 年城市维护建设税确立，我国城市建设才算有了稳定的资金来源。同时，也在尝试开拓更加多元的融资渠道。如中央财政预算内拨款实行"拨改贷"，开创了利用银行信贷进行企业项目建设、实现投资资金来源多渠道的第一步。主要的政策文件包括：《关于基本建设投资试行贷款办法的报告》（1979），《关于试行国内合资建设暂行办法》（1982），《关于投资管理体制的近期改革

---

① 甄富春：《转型期我国城建投融资体制变革与城市规划的应对研究》，同济大学博士学位论文，2007，60 页。

方案》（1988）等。

（2）投资决策程序不断完善。在改革开放中，由社会各界专家对重大项目进行充分论证之后再做决策，逐步建立政府投资项目的后评价制度，及时总结投资经验和教训。主要的政策文件包括：《建设项目进行可行性研究的试行管理办法》（1983）以及调整中国国际工程咨询公司职能（1986）等。

（3）简化投资审批，重视市场作用。包括进一步简政放权，下放项目审批权限，简化审批手续；加大地方的基础设施重点建设责任，充分发挥市场和竞争机制的作用，实行招投标制，逐渐实现企业成为一般性基础设施建设的投资主体，改善宏观调控体系。主要的政策文件包括：《试行工程招投标制度》（1982），《关于简化基本建设项目审批手续的通知》（1984），《关于放宽固定资产投资审批权限和简化审批手续的通知》（1987）。

这一阶段尽管建设资金的来源渠道不断拓宽，决策程序更加科学化、民主化，下放审批权限等方面均有改善。但是总体上看，推行的改革措施局限于局部或表层，地方政府在城市建设上仍然缺乏应有的能动性，多元化融资改革仅仅在个别城市（如上海、深圳）实验成功，其他城市由于政策上的限制，城建投融资决策仍然高度集中于中央，城市基础设施建设仍然非常滞后。

二、组织机构和制度机制的市场化探索阶段（1990—1999 年）

1992 年 10 月，党的十四大确立了社会主义市场经济体制，标志着经济体制改革进入了目标明确的新阶段，这也为基础设施领域市场化改革确立了方向。这一阶段的改革的内容是按照社会主义市场经济体制的要求，进一步推进投融资体制改革，重点是完善各项制度建设。这一阶段的组织机构及相关制度建设包括：

1990 年 11 月 26 日中国人民银行批准成立上海证券交易所，1991 年 4 月 11 日，深圳证券交易所获中国人民银行正式批准成立。两个交易所的成立标志着新中国股票市场开始形成，为发展直接融资创造了条件。

1992 年 5 月，国务院办公厅转发《国家环保局、建设部关于进一步加强城市环境综合整治工作若干意见》，提出地方人民政府应按照"谁开发谁保护、谁破坏谁恢复、谁利用谁补偿"和"谁污染谁治理"的方针，开辟各种资金渠道，以利于环境的综合整治。

同年 7 月，国务院批转建设部等部门《关于解决我国城市生活垃圾问题的几点意见》，提出多渠道筹措资金解决城市生活垃圾无害化处理。

1992 年，《关于投融资体制改革的意见》公布，其中对全社会投资体制改革做出了明确规定，在投资领域要实现市场对资源配置的基础性作用，把基础设施投资项目划分为公益性、基础性和竞争性三类，公益性项目由政府投资建设，基础性项目以地方政府和企业投资为主，竞争性项目由企业投资；改变基础设施项目立项办法和审批程序，建立适应建设责任制和投资风险约束的机构；中央统一确定投资的宏观调控目标，中央和省两级负责基础性产业重要投资的原则，省投资公司作为地方投资主体；拆分政策性金融与商业性金融，改进对基础设施规模、结构的宏观调控。

1993 年 4 月，财政部、国家物价局制定了关于征收城市排水设施使用费的政策。

1993 年 11 月 14 日，党的十四届三中全会通过《中共中央关于建立社会主义市场经济体制若干问题的决定》（以下简称《决定》），其中对全社会投资体制改革做出了明确规定，指出：现行的基础设施项目行政审批制由登记备案制所代替，把相关投融资活动推向市场。企业自主决策投资竞争性项目，自担风险，企业法人对筹划、筹资、建设、经营全包，对归还贷款本息以及资产保值增值全过程负责；商业银行自主决定贷款，自负盈亏，建立法人投资和银行信贷的风险责任制。地区性的基础设施建设项目由地方政府负责，鼓励和吸引各方投资参与基础性项目建设。重大基础设施建设项目按照中央统一规划，由国家开发银行等政策性银行采取控股、参股和政策性优惠贷款等多种形式，通过财政投融资和金融债券等渠道筹资；根据中央和地方事权划分，社会公益性项目建设广泛吸收社会各界资金参与，由政府通过财政统筹安排。《决定》的出台标志着投融资体制改革进入到新的阶段。

1994 年 3 月，组建国家开发银行作为国家政策性金融机构，负责发放政策性贷款。国家开发银行成为包括城市基础设施在内的重大基础设施建设项目的重要融资渠道。

1994 年 3 月，国务院印发《90 年代国家产业政策纲要》，其中关于城市市政公用事业的发展，提出了"统一规划、合理布局、综合开发、配套建设"的方针。对基础设施建设划分了各级政府的责任，要求尽可能扩大资金渠道，同时改革设施的价格收费机制。

1995 年，审计署《关于内部审计工作规定》要求国家大型建设项目的建设单位要设立独立的内部审计机构。

同年 7 月，国务院《关于将部分企业"拨改贷"资金本息余额转为国家资本金的意见》，结束了国有建设项目全部采用贷款建设的办法。

1996 年 4 月，国家计委发布《关于实行建设项目法人责任制的暂行规定》，要求基础设施的投资建设必须按《公司法》成立项目法人，以明确投资收益和风险的主体统一。

同年 8 月 23 日，国务院发布《国务院关于固定资产投资项目试行资本金制度的通知》，规定各种经营性投资项目必须首先落实资本金才能进行建设，对各种经营性投资项目的资金进行规范。

1999 年 3 月，国务院办公厅发布《关于加强基础设施工程质量的通知》强调试行招投标制和工程监理制。12 月，国家计委发布《关于加强国有基础设施权益转让管理的通知》，对向外商和国内经济组织转让国有公路、桥梁、隧道、港口码头、城市市政公用基础设施的经营权、使用权和收益权以及股权等做出明确的规定，基础设施项目对外招商引资有了可操作依据。

这一阶段，在城市建设资金来源不断拓宽的情况下，城市建设规模较第一阶段大幅增加，城市建设要解决的主要矛盾不仅在于继续拓展融资渠道，还在于解决好投融资的组织运作和实施管理方面的问题。如市政公用事业的使用收费价格问题、城市建设项目投资决策的质量问题、投资主体风险问题、收益分配问题、建设质量监督问题等。因此，改革的第二阶段主要是出台一系列政策法规，不断理顺市政公用事业收费的价格体系，如排水设施收费的征收和定价。同时，着力提高项目投资决策质量，建立项目法人责任制、投资项目资本金制度，建立投资主体风险约束机制。同时全面实行招投标制和工程监理制。国家建立了政策性金融体系，成立了国家开发银行。

经过 90 年代的制度建设，城市建设资金多元化和市场化格局初步形成。

城市建设投融资呈现出以下特点：一是国家预算和中央政府专项拨款在城市建设资金中所占比例越来越小，地方政府对城市建设的财政投入逐年增加。二是土地出让收入成为这一时期城市建设的主要资金来源。三是垃圾污水处理收费体系初步建立，为垃圾污水处理产业化、市场化奠定了基础。四是基础设施有偿使用和特许经营权转让制度盘活了存量资产，开辟了城市建设资金新来源。五是观念转变，开展城市资产经营，盘活存量，吸引增量，推动城市资产向城市建设资金转化的进程，增加了城市建设资金的现金流量，加快了城市建设发展的速度。

三、城市基础设施投融资体制改革的深化阶段（2000年至今）

进入新世纪以来，特别是党的十六届三中全会上通过了《中共中央关于完善社会主义市场经济体制若干问题的决定》，标志着我国经济体制改革进入全面完善社会主义市场经济体制的新阶段。这也意味着，我国基础设施投融资体制进入改革的深化阶段。

2000年1月，《中华人民共和国招标投标法》施行，要求大型基础设施、公用事业等项目的建设施工必须进行招标。

2000年5月，建设部发布《城市市政公用事业利用外资暂行规定》，指导和规范市政公用事业利用国外贷款和吸引外商投资，扩大利用外资规模，提高利用外资水平。

2001年5月，国务院发布《关于加强城市绿化建设的通知》，要求对城市绿化建立稳定的、多元的资金渠道，加大城市绿化投入。

2001年12月，原国家计委印发了《国家计委关于促进和引导民间投资的若干意见》（以下简称《意见》），在市场准入、优惠政策、参与形式、配套政策方面作了原则性的规定。《意见》规定凡是鼓励和允许外商投资进入的领域，均鼓励和允许民间资本进入；在实行优惠政策的投资领域，其优惠政策对民间投资同样适用；鼓励和引导民间投资以独资、合作、联营、参股、特许经营等方式参与经营性的基础设施和公益事业项目建设。要求通过价格机制改革，鼓励和引导民间投资参与供水、污水和垃圾处理、道路、桥梁等城市建设；要求银行信贷对民间投资者的贷款申请一视同仁，证券监管部门要在健全完善核准制的基础上，为民间投资项目融资提供平等的机会。

2001 年 12 月 11 日，中国正式加入世界贸易组织，按照中国政府的承诺，中国将逐步开放包括城市基础设施领域在内的各个行业，允许外资以适当的方式进行投资。

2002 年 3 月，原国家计委发布新的《外商投资产业指导目录》，原来禁止外商投资的电信、燃气、热力、供排水等城市管网首次被列为对外开放领域。国家在城市公用事业及基础设施行业扩大开放政策逐步到位。

2002 年 4 月，原国家计委、财政部、建设部、水利部和国家环保总局发出《关于进一步推进城市供水价格改革工作的通知》，通知规定：省辖市以上城市在 2003 年底，其他城市在 2005 年底前实行居民生活用水阶梯式计量水价；2003 年底前所有城市开征污水处理费；2006 年底前按规划要求建成相应规模的污水处理厂并投入运营。首次推行阶梯式计量水价改革为水业市场化奠定了基础。

9 月，国家发展计划委员会、建设部、国家环保总局印发《关于推进城市污水、垃圾处理产业化发展的意见》（以下简称《意见》），要求建立城市污水、垃圾处理产业化新机制，改革价格机制和管理体制，鼓励各类所有制经济积极参与投资和经营，逐步建立与社会主义市场经济体制相适应的投融资及运营管理体制，实现投资主体多元化、运营主体企业化、运行管理市场化，形成开放式、竞争性的建设运营格局。《意见》进一步明确了城市公用事业价格机制和管理体制改革的思路。

2002 年 12 月，建设部印发《加快市政公用行业市场化进程的意见》，提出加快推进市政公用行业市场化进程，引入竞争机制，建立政府特许经营制度，尽快形成与社会主义市场经济体制相适应的市政公用行业市场体系。市政公用事业全方位对内对外开放，确定了公用事业利用社会资金和外资的具体形式，即"特许经营制度"。之后，深圳、河北、北京等地方政府相继发布了公用事业特许经营管理办法，标志着市政公用事业进入特许经营时代。

2003 年 10 月，党的十六届三中全会通过了《中共中央关于完善社会主义市场经济体制若干问题的决定》，指出更大程度地发挥市场在资源配置中的基础性作用、放宽市场准入，允许非公有资本进入法律法规未进入的基础设施、公用事业及其他行业和领域；加快推进和完善垄断行业改革，对垄断行业要放宽市场准入，引入竞争机制；有条件的企业要积极推行投资主体多元化。继续推进和完善电信、电力、民航等行业的改革重组；加快推进铁道、邮政和城市公用事业等改革，实行政企分开、政资分开、政事分开。对自然垄断行业要进行有效监管。

2004年3月，建设部颁布了《市政公用事业特许经营管理办法》，提出要在城市供水、供气、供热、公共交通、污水处理、垃圾处理等行业实施特许经营，通过市场竞争机制选择市政公用事业投资者或者经营者。其中还提出，省、自治区人民政府建设主管部门负责本行政区域内的市政公用事业特许经营活动的指导和监督工作，这为在准公共性质城市基础设施领域实施特许经营项目预留了政策空间。

2004年7月，国务院发布《国务院关于投资体制改革的决定》，按照"谁投资、谁决策、谁收益、谁承担风险"的原则，落实企业投资自主权。放宽社会资本的投资领域，允许社会资本进入法律法规未禁入的基础设施、公用事业及其他行业和领域；逐步理顺公共物品价格，通过注入资本金、贷款贴息、税收优惠等措施，鼓励和引导社会资本以独资、合资、合作、联营、项目融资等方式，参与经营性的公益事业、基础设施项目建设；经国务院投资主管部门和证券监管机构批准，选择一些收益稳定的基础设施项目进行试点，通过公开发行股票、可转换债券等方式筹集建设资金。

2005年2月，国务院出台《关于鼓励支持和引导个体私营等非公有制经济发展的若干意见》，允许非公有资本进入公用事业和基础设施领域。加快完善政府特许经营制度，支持非公有资本积极参与城镇供水、供气、供热、公共交通、污水垃圾处理等市政公用事业和基础设施的投资、建设与运营。

2005年6月，国家发改委颁布了《中央预算内投资补助和贴息项目管理暂行办法》，明确规定公益性和公共基础设施投资项目、保护和改善生态环境的投资项目、促进欠发达地区的经济和社会发展的投资项目、推进科技进步和高新技术产业化的投资项目列为中央预算内投资补助和贴息的重点项目。

2006 年 3 月，中国保监会颁布了《保险资金间接投资基础设施项目试点管理办法》允许保险资金以债权、股权、物权等方式投资交通、通信、能源、市政、环境保护等国家为保险资金进入基础设施领域提供了政策支持。

2010 年 5 月，国务院颁布《关于鼓励和引导民间投资健康发展若干意见》，鼓励和引导民间资本进入基础产业和基础设施领域，鼓励和引导民间资本进入市政公用事业和政策性住房建设领域。

2013 年 9 月，国务院发布《关于加强城市基础设施建设的意见》，明确要求优先加强供水、供热、公共交通等与民生密切相关的基础设施建设，加快老旧基础设施改造，同时要求进一步加强基础设施投融资体制创新，建立和完善多层次、多元化的城市基础设施投融资体系。

2013 年 11 月，中共中央发布《关于全面深化改革若干重大问题的决定》，推广政府购买服务，凡属事务性管理服务，原则上都要引入竞争机制，通过合同、委托等方式向社会购买。

2014 年 10 月，国务院发布《关于加强地方政府性债务管理的意见》，明确提出推广使用政府与社会资本合作模式，鼓励社会资本通过特许经营的方式，参与城市基础设施等有一定收益的公益性事业投资和运营。表明了中央政府对改革公共基础设施投融资体制的总体思路和方向。

2014 年下半年，相关部委密集出台了一系列关于政府和社会资本合作的文件，主要文件见表 6 - 5。

表 6 - 5　　　　政府和社会资本合作的相关文件和政策

发布时间	发布单位	文件名称
2014 年 9 月 23 日	财政部	《关于推广运用政府和社会资本合作模式有关问题的通知》
2014 年 11 月 29 日	财政部	《关于印发政府和社会资本合作模式操作指南（试行）的通知》
2014 年 12 月 2 日	国家发展改革委	《关于开展政府和社会资本合作的指导意见》
2014 年 12 月 15 日	财政部	《政府购买服务管理办法（暂行）》
2014 年 12 月 30 日	财政部	《关于规范政府和社会资本合作合同管理工作的通知》
2015 年 4 月 7 日	财政部	《关于印发政府和社会资本合作项目财政承受能力论证指引的通知》

另外，还有些是针对不同行业出台的政策，见表6-6。

表6-6　　　针对特定市政公用行业的相关投融资文件和政策

发布时间	发布单位	文件名称
2002年9月10日	建设部、国家计委、国家环保总局	《关于推进城市污水、垃圾处理产业化发展的意见》
2002年12月27日	建设部	《关于加快市政公用行业市场化进程的意见》
2013年10月2日	国务院	《城镇排水与污水处理条例》
2014年6月14日	国务院办公厅	《国务院办公厅关于加强城市地下管线建设管理的指导意见》
2014年12月26日	财政部	《关于开展中央财政支持地下综合管廊试点工作的通知》
2014年12月31日	财政部、国家发改委住房城乡建设部	《污水处理费征收使用管理办法》
2015年1月12日	国家发改委	《关于加强城市轨道交通规划建设管理的通知》
2015年2月13日	财政部、住房城乡建设部	《关于市政公用领域开展政府和社会资本合作项目推介工作的通知》
2015年4月25日	国家发改委、财政部、住房城乡建设部、交通运输部、水利部、人民银行	《基础设施和公用事业特许经营管理办法》

2017年5月，住房和城乡建设部、国家发展改革委发布《关于全国城市市政基础设施建设"十三五"规划》，明确了"十三五"时期12项任务，分别为：加强道路交通系统建设，提高交通综合承载能力；推进城市轨道交通建设，促进居民出行高效便捷；有序开展综合管廊建设，解决"马路拉链"问题；构建供水安全多级屏障，全流程保障饮用水安全；全面整治城市黑臭水体，强化水污染全过程控制；建立排水防涝工程体系，破解"城市看海"难题；加快推进海绵城市建设，实现城市建设模式转型；优化供气供热系统建设，提高设施安全保障水平；完善垃圾收运处理体系，提升垃圾资源利用

水平；促进园林绿地增量提质，营造城乡绿色宜居空间；全面实施城市生态修复，重塑城市生态安全格局；推进市政设施智慧建设，提高安全运行管理水平。根据规划任务，提出了相应的 12 项重点工程，明确了各项重点工程的建设内容和建设规模。①

这一阶段，基础设施投融资体制改革进入实质阶段，政策支持和举措力度大，极大地推动了城建投融资体制的市场化改革。主要举措有：

（1）改革政府对企业投资的管理制度，确立市场经济中企业投资主体的地位。相关政策规定，非公有制资本进入垄断行业，创造所有资本一律平等的投资政策环境。主要的政策包括：《国务院关于投资体制改革的决定》（2004）、《国务院关于鼓励、支持和引导个体私营等非公有制经济发展的若干意见》（2005）等。

（2）合理界定政府投资职能，建立投资决策责任追究制度。在合理界定政府投资范围方面，主要在关系国家安全和市场不能有效配置资源的经济和社会领域进行投资，包括加强公益性和公共基础设施建设等，同时合理划分中央政府与地方政府的投资事权。

（3）进一步放宽基础设施产业市场准入，鼓励非国有资本在更广泛的领域参与基础设施建设。允许社会资本进入法律法规未禁入的基础设施、公用事业及其他行业和领域。鼓励非公有制企业参与市政公用企业、事业单位的产权制度和经营方式改革等。主要政策文件包括：《关于鼓励和引导民间投资健康发展的若干意见》（2010）等。

（4）借鉴国外基础设施建设的新型融资模式工具，开辟新的融资渠道，在供水、污水处理、垃圾处理处置和轨道交通等领域，如北京奥运主题体育场项目、北京亦庄天然气项目、北京地铁 5 号线和北苑污水处理厂项目等均采取公私合作制模式。主要政策文件包括 2013 年中共中央发布的《关于全面深化改革若干重大问题的决定》，要求推广政府购买服务，凡属事务性管理服务，原则上都要引入竞争机制，通过合同、委托等方式向社会购买。2014 年，财政部成立 PPP 中心。

---

① 《全国城市市政基础设施建设"十三五"规划》，互联网资料，http：//huanbao. bjx. com. cn/news/20170526/827780 - 4. shtml。

总之，随着城市建设投融资体制改革的不断深化，城建资金来源渠道日趋多元化，社会资金也逐渐进入城市建设领域，政府财政资金在城建资金中的比重不断下降，城建资金已经不再被囿于政府财政，已经从"有无"阶段进入"结构优化"阶段，资金运作更加灵活多变，市场机制被广泛应用于投资、融资、建设、经营、管理等城市建设的各个层面。

第七章　我国城市基础设施投融资体制改革的实践

虽然新一轮的全国投融资体制改革方案尚未出台，但各地特别是各个城市在基础设施投资体制改革方面一直在不断探索，在投资主体多元化、融资方式多样化、特许经营制度、开放基础设施投资市场方面探索出不少新的做法。本章以上海、北京、天津、重庆四个直辖市为例，介绍它们的做法和经验。

第一节　上海市基础设施投融资体制改革

上海市作为与国际化接轨的大都市，在基础设施建设上，走在了全国的前列。上海在城建资金的筹措方式、运作形式以及管理模式等方面率先改革，走出了城建投融资主体多元化的新路。上海在保障基础设施运行安全的同时，立足于参与各方共赢和可持续发展，科学定位，深化改革，探索出一些独具特色、较为成功的做法和经验，形成了以城市建设投资开发总公司为核心的企业化经营的"上海模式"。

一、上海市基础设施建设现状

20 世纪 90 年代，上海基础设施建设快速发展，投资规模不断扩大，到2009 年上海基础设施投资总规模已达到 2 100 多亿元，是 1990 年的 45 倍，2001 年的接近 4 倍，虽然之后总投资出现了一定的下降，但依然超过 1 000亿元，见表 7 – 1。

表 7-1   上海市主要年份基础设施投资额   单位：亿元

年份	合计	电力建设	运输邮电	其中		公用设施	其中	
				交通运输	邮电通信		公用事业	市政建设
1980	9.55	5.31	2.91	2.31	0.6	1.33	0.64	0.69
1990	47.22	17.53	10.06	7.17	2.9	19.63	10.83	8.8
2000	449.9	64.61	117.52	48.83	68.69	267.77	104.43	163.34
2009	2 113.45	253.39	1 100.9	978.24	122.26	759.16	135.95	623.21
2010	1 497.46	148.5	866.2	754.66	111.54	482.76	86.58	396.18
2011	1 157.34	118.81	668.52	595.75	72.76	370.01	54.22	315.8
2012	1 038.61	110.06	570.37	473.43	96.94	358.18	56.45	301.74
2013	1 043.31	110.35	550.42	458.7	91.72	382.54	47.57	334.97
2014	1 057.25	134.22	510.42	422.48	87.94	412.61	32.8	379.81
2015	1 425.08	129.36	854.89	759.23	95.67	440.83	66.73	374.1
2016	1 551.87	145.04	990.18	883.81	106.37	416.66	70.9	345.75

资料来源：上海市统计年鉴，2017 年。

"十二五"以来，上海持续加强城市基础设施建设，围绕城市基础设施体系枢纽化、功能化和网络化，重点向基础设施相对薄弱的郊区和新城区倾斜，加大财政投入力度，发掘区县力量，科学引入社会力量，逐步增强基础设施综合实力，提高基础设施管理水平，调整基础设施空间布局，优化基础设施发展环境，城市基础设施水平得到全面提升。

在城市市政设施方面，近年来，上海的城市市政设施取得了骄人的成绩（见表 7-2）。全市自来水生产能力不断提高，供水管道和排水管道长度不断增加，供水总量和售水总量保持稳定，污水处理能力不断提高，防洪堤的长度仍在扩大。电力能源系统不断完善，供电能力系统不断增强，电网覆盖范围不断扩大，上海发电设备的容量，架空线的长度，电缆长度和公用变电容量都有显著增加。

表 7-2   2013 年公用事业主要指标及其增长速度

指标	绝对值	比上年增长（%）
自来水日供水能力（万立方米）	1 124.00	-1.8
自来水售水总量（亿立方米）	24.92	2.3
用电量（亿千瓦时）	1 410.60	4.2

续表

指标	绝对值	比上年增长（％）
煤气销售总量（亿立方米）	5.44	-33.6
液化气销售总量（万吨）	39.74	1.1
天然气销售总量（亿立方米）	65.82	9.7

资料来源：2013 年上海市国民经济和社会发展统计公报。

上海的市政设施在国内处于领先水平。比如，上海的万人拥有供水管道长度达到 14.66 公里，超过广州的 13.04 公里和北京的 6.78 公里，上海的污水处理能力为 701.05 万立方米/日，超过广州的 413.7 万立方米/日和北京的 389 万立方米/日。[①]

在城市交通设施方面，上海在城市交通设施指标排名第一[②]，优于北京、广州、香港和深圳等城市。从北京、上海、广州的统计数据来看，上海公路网密度为 273.1 公里/百平方公里，超过北京和广州，人均拥有的轨道交通线长度几乎接近北京，超过广州。但是，上海的人均道路长度、人均拥有出租车辆均超过广州，低于北京，人均拥有公交车辆数低于北京和广州（见表 7-3）。

表 7-3　　　　　　　**2012 年上海交通设施与北京、广州的比较**

	评价指标	上海	北京	广州
交通设施	公路网密度（公里每平方公里）	273.10	174.19	95.51
	万人拥有道路长度（公里）	7.27	13.81	5.53
	万人拥有公交车辆数（辆）	7.01	10.70	9.28
	万人拥有出租车辆（辆）	21.29	32.21	15.53
	万人拥有出租车辆（辆）	0.20	0.21	0.18

资料来源：根据北京市统计局、上海市统计局、广州市统计局发布的数据计算得到；人均数据均依据常住人口计算。数据更新至 2012 年底。

在通信基础设施方面，至 2013 年末，上海已建成 700 处宏基站和 300 处

---

① 何勇、陈新光：《上海城市基础设施的建设历程与国内外比较》，载《统计科学与实践》，2014（8），40～42 页。

② 中国社会科学院 2013 年发布的《中国城市竞争力报告》数据。

室内分布系统，覆盖中心城区 190 平方公里；光纤到户能力覆盖家庭数达 803 万户，实际光纤用户达 360 万户，下一代广播电视网（NGB）覆盖家庭 536 万户，城市公共区域 WLAN 接入热点累计达 2.2 万处，国际、国内互联网出口带宽分别达 650Gbps 和 3 500Gbps，各类互联网数据中心（1DC）机架总量达 3.4 万个，数字电视用户达 525 万户，交互式网络电视（IPTV）用户达 195 万户。

中国社会科学院 2013 年发布的《中国城市竞争力报告》显示，上海在中国信息城市竞争力排名中名列第一位，超过广州、香港、北京和深圳。从 2012 年的统计数据来看。虽然上海在固定电话普及率和移动电话普及率指标上低于北京和广州，但是在互联网普及率和家庭宽带接入用户数指标上，超过广州和北京（见表 7-4）。

表 7-4　　　　　　上海通信设施与北京、广州的比较（2012）　　　　单位：%

	评价指标	上海	北京	广州
通信设施	固定电话普及率（户，人）	37.93	42.68	44.93
	移动电话普及率	126.38	153.10	236.80
	有线电视普及率	15~35		
	互联网普及率	73.5	70.46	63.1
	家庭宽带接入用户数（万户）	627	572	563
	家庭宽带接入用户普及率	54.1		61.1
	无线网络覆盖率			66.4

资料来源：根据北京市统计局、上海市统计局、广州市统计局发布的数据计算得到：互联网用户普及率和家庭宽带接入用户普及率为根据第六次人口普查调整后的数据；人均数据均依据常住人口计算。数据更新至 2012 年底。

在环境基础设施方面，与国内其他城市相比上海的环境基础设施仅处于中等水平。如 2012 年，上海的建成区绿化覆盖率为 38.3%，低于北京的 46.2% 和广州的 40.5%。上海的城市垃圾无害化处理率为 91.4%，略高于广州的 91.04%，但远低于北京的 99.1%。上海的人均厕所数量为 2.66 座/万人，高于广州的 0.82 座/万人。2013 年，上海全社会用于环境保护的资金投入 607.88 亿元，相当于上海市生产总值的比例为 2.8%。至 2013 年末，建成区绿化覆盖率达到 38.4%，森林覆盖率达到 13.1%，污水处理能力达到

784.3 万立方米／日，生活垃圾无害化处理率达到 94%。①

二、上海市基础设施投融资体制改革

上海城市基础设施投融资体制改革起步较早。从城市基础设施建设资金的筹集、管理模式和运作形式等方面不断探索，走出了一条多元化投融资的新路，开创了"上海模式"，成为我国东部地区较为成功的模式。

（一）探索多元化的筹资渠道

1. 用好土地资源。积极推行土地批租，已形成比较稳定的筹资渠道。1988 年上海首次以国际招标方式，向外商出征了虹桥开发区第 26 号地块的土地使用权，用来建造太阳广场。这是土地使用制度改革的重大突破。截至 2000 年底，凭借土地批租上海获得高达 1 000 亿元的基础设施投资。②

2. 善用外资。上海在基础设施建设中善用外资，尽量争取世界银行、亚开行以及各个国家的低息甚至是无息贷款。从 1987 年底至 1992 年，上海向国外金融机构筹措了 12 亿美元，投入南浦、杨浦大桥、地铁一号线等。到 1996 年 12 月底，不包括在沪 46 家外资金融机构的贷款，上海直接利用外资进行交通、邮电、电力等基础设施建设的资金高达 100 多亿美元。③

3. 利用资本市场筹资。通过股票和债券等直接融资方式吸引社会资本。凌桥水厂是上海公用事业建设史上第一个由股份制形式筹集资金建设的项目。上海还发行了浦东建设债券，市政建设债券和煤气建设债券。

4. 运用 BOT 等融资方式。上海推行 BOT 等新型方式融资，上海第一个完全按照 BOT（即通过向私营公司出让城市基础设施部分特许经营权，把已建成的道路、桥梁、隧道等特许经营权出让，以迅速收回投资，并把投资转为新一轮建设投入资金）模式运行的环卫基础项目——崇明生活垃圾站，由上海振环实业总公司投资 1 200 万元，取得该站 18 年的运营权。

---

① 何勇、陈新光：《上海城市基础设施的建设历程与国内外比较》，载《统计科学与实践》，2014（8），40～42 页。

② 赵全厚、杨元杰、赵璧、孙昊旸：《地方政府投融资管理模式比较研究》，载《经济研究参考》，2011（10），9～18 页。

③ 呼延发：《上海改革创新城建投融资体制》，载《中国建设报》，2008－12－11。

（二）采用企业化的运营机制

城市建设资金的财权与事权的分离，在很大程度上制约了城市建设的发展。此外，如果城市建设完全不以盈利为目的，就难以开展各种经营活动、拓宽城市建设融资渠道、实现有限的资本增值、筹集更多的资金。因此，市政府提出进一步深化投融资体制改革，逐步落实城市建设资金"自借、自用、自还"的理念，以此为理论基础，上海市政府于 1992 年成立了上海市城建投资开发总公司（以下简称城投公司），代理政府进行城市基础设施的建设。由于城投公司的设立和运营，政府不必直接涉足各个建设项目的投融资、实施、运营及各项设施的日常维护等各项活动。城投公司代替政府履行提供公用基础设施的社会职能，为政府的公用事业服务；同时，城投公司还要通过各项投融资、经营活动实现国有资产的保值增值，履行好企业的经济职能。公司资金来源主要包括财政预算资金、地方财力投入、城市维护建设费、城市建设政策性收费等 22 项政府规费、部分土地批租收入、政策性贷款、利用外资和银行贷款等。在资金运作方面，公司作为经济法人主体，实行总经理负责制，以资产为纽带对下属房地产公司、市政、公用事业、建材贸易公司进行参股、控股、投资和管理。公司业务范围包括城市建设投资、建筑工程承包、项目投资、股权经营、咨询、评估、服务、房地产开发与管理、建筑装饰材料、设备贸易等。

城投公司作为政府投融资平台，完全按照市场化方式运营，无论投资决策、融资模式、资本运作、公司治理、内部控制，还是具体的经营管理，都遵循市场规律，按照市场方式运行。城投公司的市场化运作，提高了基础设施建设市场资源配置效率，在兼顾公平的前提下，杠杆化政府投资，联合市场资本，提高基础设施供给水平。

（三）创新融资方式

创新投融资体制是上海市基础设施投融资建设的核心内容，上海模式的投融资体制创新的两大支柱是债券融资和资产重组，即在债权融资方面发行企业债和在股权融资方面进行资产重组。

首先，债权融资方面发行企业债。初期阶段是中央企业债，2005 年以后是地方企业债。中央企业债的优势是其授信主体是中央政府，债券信誉等级较高。缺点是中央企业债审批严格，规模有限。为支持上海浦东开发开放，党中央、国务院曾给予上海连续 10 年每年发行 5 亿元浦东建设债券的优惠政策。1992 年 4 月上海城投集团发行了首期 5 亿元浦东建设债券。2005 年以后，随着地方政府基础设施建设的发展需要，债券融资由于限制较多，发展严重滞后。因此，地方政府降低了企业债发行门槛，推动企业债发行数量和规模快速增长。2005 年 7 月上海城投集团率先发行了总额 30 亿元的地方企业债，地方政府企业债为基础设施建设融资提供了新的工具。

其次，股权融资方面进行资产重组。2007 年 12 月，上海城投集团将其旗下的环境集团与置地集团以非公开发行股票和支付现金相结合的方式出售给上海城投控股有限公司。2008 年上海城投集团为进一步加强企业化经营、市场化运作，对资产进行了重组将经营性业务和非经营性业务进行分拆，实行分开管理、分开核算。2010 年上海城投控股股份有限公司再次实施资产置换，将闵行自来水公司和黄浦江原水系统置出，基本实现从水类业务到现有环境、地产和股权投资业务的战略转型（如图 7 - 1 所示）。

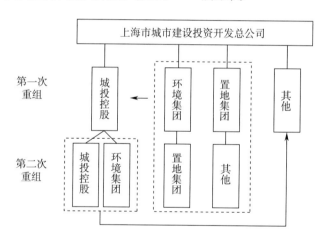

图 7 - 1　上海城投集团资产重组

上海城投集团通过与城投控股实现资产重组，进行市场化经营，不但每年为城投总公司节约了 2.8 亿元补贴资金。还年均提供 6 亿元以上的利润，在提升城投总公司融资能力的同时提高基础设施的自身造血功能。

三、上海经验

上海市的投融资体制改革克服了长期以来城建投融资由政府大包大揽而产生的弊端，从城市建设的管理模式、体制的运作形式、资金筹措方式等方面进行了大胆探索，初步形成内外资并举、直接融资与间接融资并举，以及发挥政府、企业、社会多个主体的多元化投融资体制。

（一）企业化经营提高基础设施建设融资效率

城投模式是上海企业化运营城市基础设施投融资建设的核心。上海城投作为地方政府融资平台，致力于提供公共事业类融资建设和服务，始终以企业化运作为主线，致力于投融资机制创新，建立了较好的基础设施投融资体制，提高了上海基础设施建设投融资效率，发展成为当前集政府投融资主体、重大项目建设主体和城市安全运营主体于一身的政府性投资公司和大型企业集团。

市场化是上海城投始终坚持的战略方向，作为地方政府企业，除所有权与普通企业不同之外，无论其内部管理、成本控制、激励制度、资本运营，还是市场战略、商业模式等都与市场普通企业一致。通过在普通民间资本或市场配置无法覆盖的领域，特别是基础设施和市政公用事业领域，引入市场化企业化运营的方式发挥资金筹措作用。

（二）直接融资降低基础设施融资风险

上海市不断创新融资模式，提高直接融资比重，逐步建立起"以商业银行为依托，以直接融资为突破"的创新型融资模式。"企业债"和"资产重组"是上海模式直接融资的两大支柱，企业债作为准市政债，与政府有着密切的关系，信用等级高，融资成本相对较低，融资效率较高。资产重组是资产的置换与组合，更是业务的剥离和转型，让经营性业务完全按照市场化运作，不仅降低政府的"供血"，而且提高自身的造血能力，节约财政资金，提高财政资金使用效率。

与间接融资相比，直接融资是资金的供求双方直接交易，能够更好地发现市场价格，促进资源的优化配置。直接融资期限一般较长，特别是股权融资具有不可逆性，有利于企业进行长期投资，降低金融风险。上海的基础设施投融资建设多元素、多角度创新，寻求投资的渠道和资金的来源，为缓解城市基础设施建设资金压力、降低融资成本、优化资产结构、防范融资风险奠定了基础。

（三）注重效率的同时也兼顾公平

市场化运营模式最重要的是其公平性，上海市在进行企业化运作的同时，没有忽略公平。上海通过制定必要的管制政策和行为约束机制，包括市场准入、定价机制、产品和服务质量、服务附加条件等，限制企业的完全利润最大化行为，确保社会经济效益的最大化，避免纯粹市场化造成的过高的排他性，造成整体社会福利的损失，特别是对低收入阶层的福利损害。

第二节 北京市基础设施投融资体制改革

北京市基础设施建设是实现基本公共服务均等化、提高城市宜居水平、建设世界一流城市的重要任务和基本要求。自 2001 年北京成功申办第 29 届奥运会以来，北京市基础设施建设改革不断深化，城市基础设施建设取得重大进展，初步确立了北京作为现代国际大都市应有的基础设施框架。

一、北京市基础设施建设总体情况

改革开放以来北京市高度重视基础设施建设，城建投资增长较快，占全社会固定资产投资比重稳步提高，始终处于优先发展的地位。如表 7 - 5 所示，基础设施投资保持增长态势，城市建设投资力度不断加大。全市基础设施投资由 1978 年的 5.4 亿元扩大到 2017 年的 2 984.2 亿元，40 年累计完成投资 2.5 万亿元，年均增长 18.4%，占全社会固定资产投资的比重达到 33.4%。其中能源、公共服务业、交通运输、邮政电信领域基础设施均呈现上升态势，分别累计完成投资 3 789.3 亿元、6 407.2 亿元、10 223.3 亿元和 2 289.2 亿元，年均分别增长 16.4%、21.2%、19.3% 和 19.2%。①

---

① 北京市统计局网站。

表 7 - 5 北京市主要年份基础设施投资 单位：亿元

年份	基础设施投资	能源	公共服务业	交通运输	邮政电信	基础设施投资占全社会固定资产投资比重（%）
1978	5.4	1.4	0.6	1.7	0.4	23.9
1988	23.2	8.8	5.3	4.7	3.0	14.2
1998	320.4	85.1	38.0	104.6	77.5	27.7
2008	1 160.7	144.1	291.6	604.2	86.7	30.2
2010	1 403.5	157.2	359.1	720.5	94.2	25.5
2011	1 400.2	171.1	379.4	680.7	82.3	23.7
2012	1 789.2	231.9	508.1	712.0	122.0	27.7
2013	1 785.7	270.2	451.3	664.5	132.9	25.4
2014	2 018.1	352.7	502.5	756.5	127.3	26.7
2015	2 174.5	297.3	494.4	827.0	172.3	27.2
2016	2 399.5	332.0	643.8	973.0	147.5	28.4
2017	2 984.2	502.5	694.5	1 327.0	194.4	33.4

资料来源：北京市统计年鉴，2018 年。

城市道路交通建设方面，近 40 年来，公路累计投资 2 105.6 亿元，年均增长 18.9%。截至 2017 年，全市公路里程达到 22 226 公里，城市公路里程达到 6 359 公里，分别是 1978 年的 2.4 倍和 2.1 倍。逐步推进区域交通格局由"单中心、放射状"向"多节点、网格状"发展。京新、京密、京昆高速公路已建成通车。平安大街、崇外大街、阜外大街、万寿路南延等主干道相继建成。城市路网的整体效率和综合能力有了较大提高。[1]

公共交通体系建设加快，改善居民出行环境。1991—2017 年，全市城市公共交通业累计完成投资 4 536.3 亿元，年均增长 26%。全市公共交通运营车辆由 1978 年的 2 743 辆增加到 2017 年的 3.1 万辆，增长 10.3 倍；运营线路由 119 条增加到 908 条，增长 6.6 倍；运营线路长度由 1 427 公里增加到19 898公里，其中轨道交通运营线路长度由 24 公里增加到 608 公里，分别增长 12.9 倍和 24.3 倍。2017 年，全市轨道交通客运量 37.8 亿人次，首次超过公共电汽车客运量。[2]

---

[1] 崔霞：《投资建设四十年 提质增效谱新篇——改革开放 40 年北京市固定资产投资成就回顾》，载《北京人大》，2018 - 11 - 10。

[2] 改革开放 40 年北京固定资产投资成就回顾，http：//zhengwu. beijing. gov. cn，2018 - 10 - 30。

能源领域方面，全市水、电、热、气等能源领域供给能力大幅提升，满足生活和生产需求。改革开放以来，全市能源领域累计完成投资 3 789.9 亿元，年均增长 16.4%，其中，电力、供热、天然气、供水投资增速分别为 16.3%、16.7%、15.4% 和 14.4%。①

电网供电能力及供电可靠性大幅提高。2017 年，全社会用电量达到 1 066.9 亿千瓦时，其中城乡居民生活用电 218 亿千瓦时，分别比 1978 年增长 13.5 倍和 103.7 倍。望京、广渠门、怀柔北、龙潭湖、高碑店等地先后建设 220 千伏输变电工程。②

供热事业快速发展。2017 年，全市集中供热面积 6.5 亿平方米，比 1990 年增长 16.7 倍。三环路热力工程、郑常庄燃气热电工程、石景山热力管线工程、高碑店至青年路热力管线工程等项目陆续建成，极大地提高了全市集中供热能力。

天然气业务实现跨越式发展，2017 年全市天然气供应总量 164.2 亿立方米，家庭用户 652.7 万户。2006 年北京焦化厂的搬迁，标志着持续了 50 年的人工煤气供应被天然气完全取代。陕西、甘肃、宁夏天然气输往北京、陕西、北京的二线、三线、四线等外部气源工程顺利完成，天然气使用规模大幅提升。

供水能力继续增强。2017 年，全市自来水综合生产能力从 1978 年的 134 万立方米/天提高到 522.1 亿立方米/天，自来水供应管道长度从 2 926 公里延长到 16 105 公里。在加强供水、节水、排水建设的同时，对主河道和中小河流进行综合治理。同时，城市供水干线建设和改造不断加强，供水管网进一步完善，自来水供应网络持续拓展。

信息基础设施方面，北京继续加快信息基础设施建设速度，完成一系列的信息工程项目。信息管网发展迅速，建设各类信息管道 6 000 多公里，累计达到 2 万多公里。物联网基础设施建设速度进一步加快，在北京市烟花爆竹监管和一氧化碳监控方面进行试点。

---

① 改革开放 40 年北京固定资产投资成就回顾，http：//zhengwu. beijing. gov. cn，2018 - 10 - 30。

② 同上。

二、北京市基础设施投融资体制改革

北京市基础设施投融资采取的是政府主导、社会参与、市场运作三位一体的融资模式，通过充分调动政府、社会和市场的力量，建立多元化、多渠道的基础设施建设投融资体系，保障基础设施建设所需资金的有效供给。

（一）政府主导

政府主导是北京基础设施投融资模式的最重要特色，北京作为我国的首都，政府具有雄厚的政治、经济、社会基础，为其采取政府主导的投融资模式提供了良好的基础条件。政府主导融资模式能够直接有效地贯彻政府的公共政策，较好地兼顾经济效益和社会效益，避免单纯市场化造成的过度追求利润最大化，对社会效益高的公共基础设施提供不足的弊端。同时，政府主导的投融资模式有利于综合"官产学研"等各方面力量，全面协调配合推动基础设施建设。多年来，特别是奥运会以来，北京加大了政府投资力度，仅地方政府在基础设施方面的固定投资就高达50%左右，与其他社会投资、外部资本、国内贷款、债券融资等融资方式之和相当。

政府主导的投融资模式使北京基础设施得到了较大改善，区域空间规划更加合理，功能定位更加明确，公共基础设施服务更加完善。大批交通、水、电、气、热及环境等大量重大基础设施项目已完成并投入使用。城市基础设施承载力显著提高，等级结构进一步完善，现代化水平有了很大提高。特别是奥运会的成功举办，为全市经济社会持续、快速、健康发展奠定了坚实的基础。

（二）社会参与

积极创新融资模式，鼓励社会资本参与是北京基础设施建设模式的重要内容。明确政府与投资者之间的风险分担、风险补偿机制，营造公平竞争环境。在政府的领导下，开展投融资主体多元化改革，积极采用 BT 等融资模式，探索融资租赁、保险债权等方式，吸引社会资本。另外，北京市政府投融资平台依托区域优势，整合政府和民间资源，创新公建私营模式用于城市轨道交通建设，这是一种兼具商业形态和政府属性的网运分离模式。政府和企业共同投资，明确界定项目的公共性与经营性关系，政府对公共性较强的部分进行投资，不再对项目亏损负责，凸显项目的盈利部分，并开展特许经营以实现吸引社会投资的效果。

为鼓励社会资本参与基础设施的投资建设，政府采取了多种方式保证投资者的投资收益。一是建立补偿资金，对中标价格与政府定价之间的差额进行现金补偿；二是对某些大型基础设施项目，如补偿金难以实现对差价的补偿，可考虑在符合城市总体规划和土地供应总量的前提下，提供投资者一定数量的开发用地补偿；三是经行业主管部门审查并报市政府批准，给予投资者在其建设经营的项目中一定期限内的广告等方面的特许经营权，同时鼓励投资者结合所建设的基础设施项目，开发旅游、娱乐等文化体育项目；四是对于投资规模很大并在短期内难以回收资金的项目，政府可投入一定数量的股本金，参与投资与经营。

（三）市场运作

市场运作是保证政府主导型投融资模式运作效率的根本，市场能够发现均衡价格，是资源配置的最有效方式。建立和完善政府主导融资模式的市场运作机制应该从以下几个方面入手：

第一，建立有效的竞争制度。基础设施建设投融资过程必须引入竞争机制，打造公平自由的竞争环境，做到信息发布及时公开透明，在规定的信息发布平台和主要媒体进行公开发布，尽可能地让更多相关企业收到信息。在竞争过程中，要对所有的企业，包括国有企业、私营企业和外资企业，一视同仁，不设定不合理的特殊门槛，规范招投标制度，保证所有企业获得公平的竞争机会。政府要建立透明的决策机制，不能搞暗箱操作，实行严格的招投标公示制度。

第二，培育独立的市场主体。市场主体是完善市场机制的经济细胞，产权清晰、权责明确、政企分开、管理科学的现代市场主体是市场机制发挥作用的基础。在基础设施建设市场，投融资资金规模巨大，一般需要大型企业才能承担，在中国多数大型企业是国有或国有控股，与政府有着密切的关联，这都将不利于市场经济发挥作用。另外，在培育独立的市场同时，还应该进行适当的业务分割，使更多的普通企业也有资格参与基础设施建设。

第三，建立畅通的退出机制。退出机制是竞争的结果，也是健康市场秩序的基础。退出机制包括两类一是正常退出，二是非正常退出。就正常退出而言，在建设、运营等各个阶段，部分完成任务的企业可以正常退出该体系，或者退出其全部或部分股份，以继续参与其他经济活动。非正常退出是指在建设、运营过程中，出现质量等违反合约或法律的问题，强迫其退出，寻找更优的企业继续参与建设运营。

第四，建立严格的监管机制。市场监管是规范市场机制的重要组成部分，自由竞争绝不是没有监管，而是有着更为严格的监管。虽然逐步降低事前监管，放开进入限制，鼓励市场竞争，但是进一步加强事中和事后监管，倡导全程监管、全面监管，是以具体行为导向和具体结果导向的监管方法。加强事中事后监管要严把基础设施建设质量关，做百年工程、百姓工程，严厉查处重大基础设施项目腐败问题，严格进行决策失误问责，提高决策科学性、有效性。[①]

三、北京经验

北京在基础设施投融资体制改革方面进行了一系列的创新，积累了较好的经验，这些经验的总结，有利于向其他城市复制和推广。

（一）打破垄断，全面放开城市基础设施建设和经营市场

按照基础设施项目的不同经营属性选择不同的投资主体。比如对于自来水、燃气、热力、污水、垃圾处理、收费公路等经营性基础设施项目，将逐步减少政府投资，以 BOT 等方式向社会投资者招标；对于存量资产，除国家有规定的以外，其余将采用 TOT、股权转让、经营权转让等方式向社会投资者招标；对于有营业收入但不足以收回成本的基础设施项目，如轨道交通，将采用 PPP 模式吸引社会投资者进行合作；对于非经营性基础设施项目，如城市道路和公共绿地，以政府为投资主体，建设将通过代建制方式进行；对于那些有条件的项目，将通过 BT 方式吸引社会资金，政府采用赔偿机制或回购方式回报投资者。

（二）整合城市基础设施资源，转换企业经营机制

开展行业资源整合，建设基础设施投融资平台，为城市基础设施建设和发展筹集资金。建立城市基础设施资产管理平台，按照有关规定，将政府投

---

① 施华航：《城市基础设施建设投融资理论与实践创新》，南开大学出版社，2016。

资形成的经营权、股权进行转让和出让，实现城市基础设施的多元化投资和管理。整合、盘活存量资产所收回的资金，应当纳入国有资本经营预算，并按照本市统一规划，用于那些有经营收入但无法完全收回成本以及非经营性的城市基础设施项目的建设和经营。改革企业股份制，规范公司治理结构，转变国有企业经营机制。实行主辅业务分离，逐步完成城市基础设施的工程设计、施工、设备生产、供应等辅业与国有企业的分离，实现社会化经营。

（三）强化政府经济调节、市场监管和公共服务职能

坚持"公开、公正、公平"原则，平等对待城市基础设施建设中的国有资本、民营资本和外资。依法对企业的市场准入、价格决策、产品质量和服务条件进行管理，使政府从直接管理经营者转变为市场的监督者。对符合国家产业政策、城市总体规划和环境保护要求的民间投资项目和可行性研究报告的审批，逐步建立备案制度，规范土地使用，改革和完善基础设施价格体系，公共交通线路专营权和道路、广场、绿地、桥梁、停车场等公共设施的广告、冠名权、收集权，依法通过招标方式出售，所得用于城市基础设施建设。

第三节　天津市基础设施投融资体制改革

天津是我国北方的经济中心，国际港口城市和生态城市。但与上海，北京，广州，深圳等城市相比，天津基础设施建设总体水平相对落后。因此，加快天津基础设施投融资体制改革具有很强的现实意义。

一、天津基础设施投融资总体情况

改革开放以来，天津市基础设施投资稳步提升。分阶段看，1978—2006年，天津市基础设施投资累计完成 2 928.01 亿元人民币，占整个城镇完成投资的比重为 27.9%。其中"六五"时期完成 31.54 亿元人民币，"七五"时期完成 85.88 亿元人民币，"八五"时期完成 233.90 亿元人民币，"九五"时期完成 670.13 亿元人民币，"十五"时期完成 1 381.60 亿元人民币。[①]

---

① 尤永波：《浅析天津市基础设施投融资体制改革》，载《天津经济》，2009（12），21~23 页。

"十一五"期间，天津完成各项投资 1 290 亿元，主要集中在城市道路桥梁和城市轨道交通项目，兼顾环境综合治理、水利和城市综合开发等方面。此外，天津滨海新区建设投资集团还在滨海新区投资建设公路、桥梁、铁路、城市轨道交通、环境保护、土地整理等项目，总投资为 570 亿元。天津铁路建设投资控股（集团）有限公司投资 112.6 亿元，主要用于铁路建设、铁路市政项目的扩建或改造。随着城市投资规模的不断扩大，总体规模和占全社会投资的比重呈现出扩张升级的趋势。

"十二五"期间，天津累计完成全社会固定资产投资 5.1 万亿元，年均增长 15.5%，投资总量是"十一五"时期的 2.7 倍。全市投资于 2013 年突破万亿元大关，年投资增量过千亿元，投资率保持在 70% 以上。投资对经济增长的贡献率达 84%，比"十一五"时期提高了 14 个百分点。其中，"十二五"期间，天津市在基础设施领域投资约 1.2 万亿元，占全市固定资产投资的 23.5%。2012 年市建设行政主管部门建立的综合交通和市政项目储备库，入库项目年均保持约 800 项，总投资约 3 000 亿元。①

二、天津市基础设施建设投融资渠道

（一）政府资金

政府资金的主要来源包括：专项资金和税收返还；城市建设资金，即城市维护建设税和公用事业附加费；配套费及其他规费收入，包括大配套费、海河配套费、排水设施使用费、环境整治费等及其他规费增收部分。"十二五"期间，政府投资 544 亿元，年均增长 22.5%，约占总投资的 1.1%。资金投入一方面直接用于公路、桥梁、排水等公益性项目的建设资金，也作为政府偿债和贴息资金的一部分。另一方面，作为市政基础设施项目建设的资金和配套资金，充分发挥财政资金的杠杆作用，为项目融资提供保障。此外，积极争取国家财政支持。充分利用"两行一基金"政策，特别是发行专项建设基金支持项目资本金，获得专项建设资金 47 亿元，主要用于地铁项目，有效降低了融资成本。

---

① 张静怡：《天津市基础设施建设项目投融资机制的优化研究》，天津大学硕士学位论文，2016，17 页。

（二）金融机构贷款

天津城市基础设施建设可利用的贷款有国家开发银行贷款、商业银行长期贷款及世界银行贷款。

国家开发银行贷款：国家开发银行贷款重点支持市政公共基础设施项目，特别是国家批准的重大基础设施项目建设。自 2003 年以来国家开放银行天津分行以大额长期贷款不断支持天津城市轨道交通体系建设，截至到 2012 年，该行已贷款支持的城市轨道交通项目合同额共计 342 亿元，涉及天津地铁 1、2、3、5、9 号线和京津城际高铁、天津站综合交通枢纽等。①

商业银行长期贷款：天津通过银行贷款扩大了间接融资渠道，实现了金融投资的最大化，满足了在建项目的融资需求。例如，天津道路管网公司和中国工商银行天津分行签署了一份"城市综合配套项目贷款"合同，合同期限为 18 年，金额为 231 亿元人民币，主要用于外环线外 5 公里以内的道路及管网改造、房地产项目配套、河道治理等项目。

世界银行贷款：天津应利用世界银行和亚行支持区域经济发展的有利时机，积极争取低息长期贷款。天津市利用世界银行第三批贷款 1 亿美元，全面实施公交优先、路网畅通改造、地铁接驳、公交车站、公共自行车系统示范工程等城市交通改善项目。利用世界银行贷款 9.85 亿元，用于珠江公路等道路改造项目，由道路管网公司组织实施。

（三）平台直接融资

近年来，天津市通过城市投资集团平台，以企业债、中期票据、私募债券、融资租赁等直接融资方式，为高速公路等重点项目筹集建设资金，融资比例逐年上升。"十一五"期间，城市投资集团累计直接融资约 350 亿元。直接融资筹集的资金对保障重大基础设施项目的建设发挥了作用。目前，天津市继续积极拓展直接融资渠道，利用地方债解决建设资金近 20 亿元，用于城市重点道路桥梁建设，为重点建设项目提供了强有力的资金支持。

（四）土地出让收入

近年来在城市基础设施投融资建设中，土地开发收益发挥了重要的支撑

---

① 谷颖楠：《提速城市发展》，金融时报，2012－11－28。

作用。通过对土地的综合开发，将土地出让所得用于城市道路网络建设融资，即"以土地收益作质押取得贷款，再以土地收益偿还"。例如，道路管网公司应先投资建设的，待土地开发成熟并在土地公开市场上市后，土地出让收益用于偿还融资成本。该土地管理模式主要适用于以下两类项目：一是重点项目。地铁、公路等重点工程的建设资金和偿还主要依靠土地开发收入。目前，全市轨道交通运行线路 137 公里，在建地铁线路 147 公里，建成和在建工程总投资约 1 600 亿元，资金和还款来源主要取决于土地开发收入。二是区域整体发展的自平衡项目。制订测算海河教育园区、西站综合开发等区域平衡方案，通过土地收益满足区域基础设施建设。

（五）特许经营权融资

自 2005 年市政府《天津市市政公用事业特许经营管理办法》颁布以来，天津市先后开展了津滨轻轨、北辰科技园污水厂、天保热电、解放南路、黑牛城道能源站等十多个特许经营项目，通过特许经营方式，减轻了财政投入，引入专业化公司负责投资建设运营，开辟了市政类项目建设管理的新途径。同时，天津市在市政公用交通领域积极推动政府和社会资本合作的 PPP 模式。天津市建委会同天津市财政局、天津市发展改革委制定了天津市市政公用交通领域推广政府和社会资本合作的 PPP 模式实施方案，完成新梅江、新八大里、侯台风景区等重点开发区域 5 个 PPP 特许经营项目的招标工作，积极推动 TOT 公开招标方式，转让已建成的张贵庄污水处理厂和污泥处置中心经营权。

三、天津市基础设施建设投融资主要问题

（一）财政资金投入不足，对土地出让收入依赖过高

虽然近年来天津对城市基础设施的财政投入逐年增加，但由于城市化水平的不断提高和人民生活水平的提高，公益性城市基础设施项目的投资逐年增加，而天津市地方财政状况仍然非常紧张，仅依靠现有城市建设资金和基础设施的配套费用来完成所有建设任务仍相当困难。虽然近年来国家开发银行和四大商业银行向天津提供了大量贷款，但与北京和上海相比，天津的财政资金中直接投资于市政基础设施的比例较低，各类项目资金未能及时到位，

已完成项目的到期偿还压力很大，导致年度增加的财政投入无法满足这些项目的资金需求。

图 7－2 是 2008—2015 年基础设施投资规模的比较。从图中我们可以直观地看出，天津市近些年来基础设施的投资规模呈上升趋势。

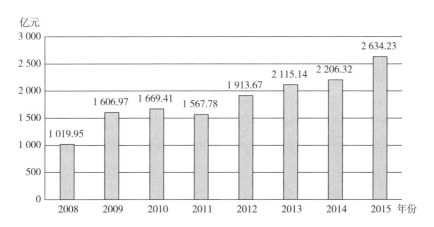

图 7－2　2008—2015 年天津市基础设施投资规模比较图

从图 7－3 和表 7－6 中我们可以看出，近几年，天津市的基础设施投资规模占同年固定资产投资和同年 GDP 的比重呈下滑趋势。这充分说明财政资金对城市基础设施建设投资支持缺位，投资总量不足。

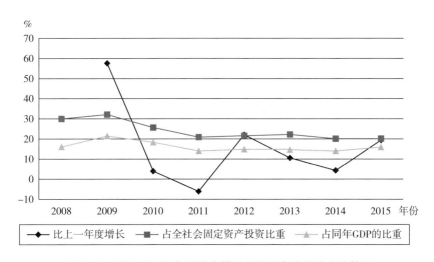

图 7－3　2008—2015 年天津市基础设施投资增长速度比较图

167

表 7 - 6　　　　　天津市 2008—2015 年基础设施投资情况表　　　单位：亿元

年份	基础设施投资规模	比上一年度增长（％）	占全社会固定资产投资比重（％）	占同年 GDP 的比重（％）
2008	1 019.95		29.96	16.05
2009	1 606.97	57.61	32.1	21.42
2010	1 669.41	3.92	25.64	18.33
2011	1 567.78	− 6.11	20.87	14.01
2012	1 913.67	22.08	21.57	14.85
2013	2 115.14	10.56	22.2	14.65
2014	2 206.32	4.3	20.1	14.02
2015	2 634.23	19.4	20.2	15.93

资料来源：天津统计年鉴。

图 7 - 2 和图 7 - 3 说明了一方面投入需求的增加，另一方面政府投入资金的不足，这将对天津市基建造成巨大的资金需求压力。为解决政府直接投资资金来源问题，政府不可避免地将目光转向土地出让收入上。

土地出让收入作为财政预算外收入，不纳入国家预算，地方有充分的自主权，成为地方财政支出资金的重要补充，这也使得地方财政收入对土地出让收入的依赖程度有所提升。但是，这种地方财政支出依赖土地出让收入的风险也比较大。天津市政府近些年往往通过出具财政担保函为城市基础设施建设项目贷款融资背书，但这种财政担保往往是建立在预期土地价格上涨的基础之上的。如果土地价格上涨，土地顺利出让，而且价格比较高的话，政府就可以得到丰厚的土地出让金，顺利地偿还贷款。如果地价下跌，土地出让困难，一旦平台还款发生困难，地方政府就必须动用其他的手段。未来随着征地制度的改革和土地资源的有限供给，政府以土地收入作质押取得贷款、以土地收益还款的方式将难以为继。

（二）融资渠道狭窄，融资模式匮乏

总体而言，天津的基础设施投资在很大程度上依赖于政府财政拨款、土地转让费和银行贷款，融资渠道较少。与其他发达国家的投融资模式相比，民营资本和外资不能很顺利地进入基础设施建设领域。

下面简要分析天津市基础设施建设资金的主要来源和渠道，表 7 - 7 是

2006—2013 年天津市市政基础设施和交通建设资金来源情况。

表 7 – 7　　　　　　　**2006—2013 年天津市市政基础设施**

和交通建设资金来源　　　　　　单位：亿元

指标	2006 年	2007 年	2008 年	2009 年	2010 年	2011 年	2012 年	2013 年
本年资金来源小计	393.85	491.69	585.49	1 030.10	1 019.13	1 004.50	1 095.44	1 308.80
国家预算内资金	9.27	8.00	21.00	20.69	9.68	7.67	29.13	34.91
国内贷款	216.44	246.03	277.97	418.21	474.60	444.88	380.50	570.33
债券	6.74	0.42	0.03	71.45	3.74	4.55	0.00	0.00
利用外资	3.50	11.99	7.01	8.45	1.39	0.91	3.16	0.00
自筹资金	150.95	143.95	257.26	421.64	426.32	478.22	594.70	609.81
其他资金	6.96	15.06	11.85	89.67	130.29	68.28	98.56	93.75

资料来源：天津统计年鉴。

从表 7 – 7 中数据可以看出，从国内银行贷款获取基础设施建设所需资金已成为天津市政府首选的融资渠道。通过发行债券、利用外资等融资方式筹集的资金极少，国家预算内资金所占比例不大。这说明天津城市基础设施融资模式存在结构性矛盾，虽然从类型、融资模式来看并不少，债券融资、股票融资、BOT、TOT、ABS 等国外主要城市基础设施融资模式，天津基本上都有，但从适应性来看，融资模式相对匮乏。主要原因是天津市基础设施融资制度尚未形成体系，相关法律法规还不完善，部分融资模式与我国现行法律法规的许多方面存在冲突。比如，社会资本进入市政公用事业的时候，还需要严格复杂的行政审批，使社会资本面临较高的交易成本和寻租成本。又如，虽然目前各地方政府纷纷出台了推广 PPP 模式的指导意见。然而，这些指导意见中往往比较注重社会资本的准入保障，却轻视了退出机制的完善。这在一定程度上增加了融资成本，更削弱了许多融资方式的可操作性，使得许多创新性的城市基础设施融资模式在天津市试点后并不能得到推广，造成融资模式过于单一的局面。

（三）政府管理体系不完善

经过几年的发展，天津市已经建立了以市场为导向的经营性城市基础设施项目运营管理体系，但对于公共物品性质的城市基础设施的投资、建设、管理、使用和维护等方面，还没有相关的管理规章和制度，各个阶段也都由不同的管理部门管理，服务效率低下，运行状况不理想，缺乏有效的政府协调机制，行政壁垒多，责任不清，服务方式陈旧等。具体表现在：

一是投资决策方式维持旧状。从当前情况看来，还是政府审批权限主导项目决策，审批方式内容守旧，无法适应多元化投资的需要。此外，在审批环节一项上，一些办事机构的官僚主义作风也导致了投资决策过程的效率低下。近年来，在一些城市，虽然市民听证会被作为一项程序引入公共项目投资决策中，但关于听证会"走过场"的质疑声不绝于耳，在一些项目上，听证会并未起到应有作用。

二是政府投资职能不明确。大量事实和数据表明，我国的投资中绝大多数是以政府为主体，由政府职能部门主导完成。如何避免在投融资和工程招投标过程中的权力寻租，成了保证明确政府职能的一个关键性问题。根据统计，政府投资不断提升，增长率大幅提升，而政府投资失败的项目也在不断增多，反映了政府投资中存在职能不明确的问题。

三是投资管理体制不健全。就本市情况而言，政府的投资管理分别隶属市发改委、建委、财政局及审计局等多个部门，管理效率不高，尚未形成行之有效的间接调控手段。同时，相关法律的缺位使得基础设施投融资无法从法律上反映投资主体的权利与义务。

多方面的因素结合起来，导致政府部门的宏观调控和监管能力下降，从而影响基础设施建设的进度。

（四）基础设施投资公司的债务负担过重

目前，全市主要基础设施投资公司债务负担较重，资产负债率较高。表7-8是天津城投集团2009—2011年资产负债情况，表明了城投公司的债务负担很重。在已完成的基础设施项目中，其中很大一部分是非经营基础设施和准运营基础设施，需要由政府投资建设。收回投资成本的可能性很小或周期较长。大多数投资公司没有设立还款约束机制和还款保障机制，没有形成在一定财政补贴下集自借、自用、自还于一体的负债经营和自我平衡体系，未来某一时期完全依靠政府财政拨款和土地出让收益来偿还基础设施贷款的压力很大。因此，需要高度重视大规模基础设施建设带来的债务问题。

表7-8 天津城投集团2009—2011年资产负债结构 单位：亿元，%

项目	2011年12月31日		2010年12月31日		2009年12月31日	
	金额	比例	金额	比例	金额	比例
资产总额	4 412.06		4 245.62		3 576.59	
流动资产	1 877.61	42.56	2 089.11	49.21	1 787.13	49.97
其中：货币资金	336.64	7.63	645.67	15.21	718.66	20.09
存货	609.89	13.82	512.14	12.06	360.13	10.07
固定资产	2 428.49	55.04	2 049.54	48.27	1 692.98	47.34
其中：在建工程	1 704.89	38.64	1 309.23	30.84	1 041.61	29.12
固定资产净额	723.60	16.40	740.31	17.49	651.37	18.21
负债总额	3 006.07		2 908.41		2 500.45	
流动负债	425.80	14.16	656.09	22.56	513.35	20.53
其中：短期借款	87.40	2.91	135.6	4.66	268.04	10.72
一年内到期长期负债	145.28	4.83	338.11	11.63	90.28	3.61
长期负债	2 580.28	85.84	2 252.32	77.44	1 987.09	79.47
其中：长期借款	2 112.87	70.29	1 828.53	62.87	1 794.13	71.75
所有者权益	1 287.83		1 253.13		1 024.62	
资产负债率	68.13		68.50		69.91	

资料来源：转引自张静怡：《天津市基础设施建设项目投融资机制的优化研究》，天津大学硕士学位论文，2016。

下面以天津市城投集团为例，来说明债务风险。虽然城投集团在城市基础设施建设和区域开发中做出了重要贡献。但是当前，城投集团在发展过程中也面临一些亟须解决的问题，其中一个重要问题就是资产负债率呈逐年上升趋势。截至2014年底，城投集团总资产规模6 564亿元，总负债4 522亿元，净资产2 042亿元，资产负债率为68.89%，其他城投集团资产负债率在60%以下。与其他城投集团相比，天津城投集团资产负债率偏高，已逼近融资平台70%控制线，后续融资空间有限。[①]

从表7-9和图7-4可以看出，城投公司的资本金来源以及还款来源严重依赖于土地出让金收入，而土地出让金收入非常不稳定，它的变化直接受

[①] 张静怡：《天津市基础设施建设项目投融资机制的优化研究》，天津大学硕士学位论文，2016。

国家房地产宏观调控政策的影响，因此，未来随着征地制度的改革和土地资源的有限供给，政府通过土地出让筹措建设资金的模式将难以为继。

表7-9　　　　　　　　　可用于城投集团的各类收入　　　　　单位：亿元

年份	2004	2005	2006	2007	2008	2009	2010	2011	2012
预算拨款	10.37	7.97	10.15	23.48	22.25	34.48	36.79	32.73	21.74
规费收入	1	17.72	18.2	61.89	63.24	65.37	66.18	67.15	69.85
土地收入	11.3	26.38	20.87	35.05	95.55	131.51	146.55	101	123

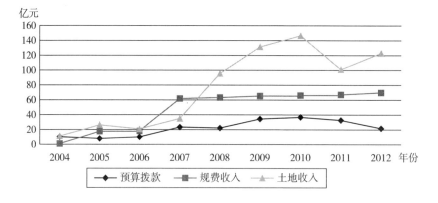

图7-4　可用于城投集团的各类收入

四、对天津模式的评价及主要建议

如前所述，目前天津市基础设施投融资存在融资渠道狭窄、融资模式单一、财政投入压力较大、过于依赖土地出让收入、融资债务风险较大以及没有充分调动社会资本投资积极性等一系列问题和困难。从投融资体制上来说，政府在基础设施领域的定位不明确，市场化取向不明显，如市政府和政府性投资公司几乎"插足"了基础设施所有领域，国有经济比重过高。此外，政府对基础设施投资公司和项目建设的管理不规范。在基础设施领域，仍然存在不同程度的"政企不分"现象，制约着基础设施的建设和管理水平。因此，有必要加快基础设施投融资体制改革和创新，逐步建立"投资主体多元化、融资渠道多元化、经营管理规范化、债务风险最小化"的新型基础设施投融资体制和机制。

（一）进一步明确政府介入基础设施领域的职责和范围

明确地方政府参与基础设施建设的范围、深度和责任。对于具有私人产品性质的基础设施，政府只应履行监管职能，不应参与生产或提供服务。对准公共产品性质基础设施，政府可以适度参与，也可以通过制定优惠政策委托民营企业经营。国内外的经验证明，在这些领域，民营企业的效率明显高于政府或国有企业。只有纯公共产品，政府才可以直接提供。近年来的实践也表明，政府也可以通过"购买"的方式获得一些纯公共产品，如垃圾清运、绿地维护服务等，政府不一定直接组织生产或提供服务，直接购买服务的成本可能更低，更有效率。

（二）拓宽基础设施建设的融资渠道

目前要尽快改变基础设施建设过分依赖财政资金、以财政资源为抵押贷款的现状。大力发展股权融资、项目融资等直接融资方式，逐步盘活和转让存量资产，同时优化贷款结构，减轻政府负担。

一是扩大基础设施的股权融资规模。充分利用现有上市公司，通过增资扩股，筹集部分资金用于建设经营性基础设施项目。二是尝试基础设施项目融资。积极推动采用BOT和TOT等新的融资方式。对于收费公路和桥梁、电厂、水厂、污水处理厂等基础设施项目，通过BOT等方式，向社会公开招标投资主体，对项目的规划、筹集资金、建设实施、管理和经营、偿还债务和资产保值增值实行全过程负责，并享有一定期限的收益权，期满无偿移交政府。对供水、排水、供气、公交车站、园林绿化、公共厕所、污水和垃圾处理等采用TOT方式，将部分或全部资产通过转让、持股、拍卖、使用权转让等方式吸引社会资金，进行资产运作。三是优化贷款结构，稳定债权融资规模。继续争取国内国际金融机构的贷款。对于一些具有良好社会效益的基础设施项目，可以争取世行、亚行和外国政府较为优惠的贷款。对于未来几年亟须建设的大型基础设施项目，可以考虑银团贷款，以避免过度依赖一家金融机构。同时探索ABS等债务融资方式。对历史上大规模财政投资形成的各类基础设施存量资产，可以利用资产证券化、经营租赁等金融工具，逐步盘活变现。

（三）加强对政府性投资公司和基础设施项目建设的管理

首先，大多数现有的政府投资公司和基础设施部门的国有企业应该深化改革，实现政府与企业的真正分离，才能真正实现自主经营、自负盈亏、自我发展和自我约束的生产经营公司。特别是对于可以实现股份制经营和私有化的基础设施，政府投资公司尽可能不参与，通过招商引资来建设，政府应尽快从直接经营管理者转向市场监督者。

其次，应规范基础设施项目的建设和运营管理。一是严格执行国家基础设施建设项目审批程序。二是积极推进设计、施工、监督和设备材料采购的公开招标投标制度。三是完善政府对基础设施的监督管理体制。

（四）加强债务管理，防范债务风险

针对目前天津市政府在基础设施建设中承担的债务数量较大，而且未来一段时期债务规模可能进一步扩大的趋势，必须提高重视程度，尽快建立债务监控和偿债机制，防范可能出现的债务危机及风险。

1. 全面清理基础设施债务，建立债务监控机制

尽快全面清理全市基础设施领域政府投资公司和国有企业的债务，摸清底数，认真分类。并且建立债务监控机制。利用现有的统计制度、财会管理等制度，建立基础设施债务信息适时或定期上报的机制，使政府领导和主管部门能够及时了解和分析债务规模和清算情况，做到"心中有数"。

2. 建立偿债机制和责任制，防范债务风险

首先，市财政部门要认真核算未来政府土地收入和财政收入，制订一套具有较强可操作性的市政债务长期偿还方案。同时，政府将拨出一定比例的土地出让收益或年度财政盈余，建立一定规模的债务偿还基金，应对可能发生的突发债务危机。区、县各部门也要根据各自的债务情况，建立债务偿还机制，履行债务偿还责任。其次，督促各投资公司和企业建立内部还款约束机制和还款保障机制。对于一些基础设施投资公司和资产负债率较高的国有企业，可以通过部分资产和股权的转让，变现部分资金来清偿债务，减轻负担。最后，合理控制新增贷款规模和债务规模。根据各基础设施投资公司和国有企业的实际情况，规定不同的借款条件。适当上收区县政府借款负债的权力，对区县急需建设的基础设施项目，由市政府统筹平衡和安排借款。

第四节　重庆市基础设施投融资体制改革

重庆市在基础设施建设及投融资活动中勇于探索，开创了城市基础设施建设投融资体制市场化改革的"重庆模式"。该模式不仅在实践上推动了重庆基础设施建设的迅速发展，而且在理论上也对传统的投融资体制进行了大胆创新。"重庆模式"不是一般意义上的公共财政投融资方式的改进，而是颇具社会主义市场经济特色的典型案例。

一、重庆基础设施投融资现状①

（一）重庆市基础设施拥有量

到 2014 年底，重庆市拥有铁路运营里程 1 774 公里。公路通车里程 127 392公里，拥有等级公路共 98 680 公里，其中，高速公路 2 401 公里，一级公路 662 公里，二级公路 7 766 公里。轨道交通运营里程 202 公里。内河航道4 451公里，其中等级航道 1 866 公里。

重庆江北国际机场共拥有基地航空公司 8 家，拥有航线 290 条，有 T1、T2 两座航站楼共 20 万平方米，停机坪 76 万平方米。

全市共有桥梁 1 654 座，排水管道长度 14 135 公里。绿化覆盖 68 403 公顷，公园 444 个，总面积 13 156 公顷。供水管道长度 14 724 公里。

截至 2015 年底，重庆市新能源总装机 12.825 万千瓦，国网重庆电力公司累计投运 500 千伏及以下新能源送出线路 43 公里。

（二）基础设施投资稳步增长

"十二五"期间，重庆市固定资产投资总额 56 975 亿元，年均增长 21.5%。其中城市基础设施投资总额 15 035 亿元，年均增长 22.5%，占固定资产投资总额的 26.4%。

由表 7 - 10 和图 7 - 5 可以看到，"十二五"期间，基础设施投资额是在逐年上升的，同比增长速度也比较平稳，保持在 26% 左右。短短五年间基础

---

① 刘沛云：《重庆市基础设施建设投融资实践探索与机制优化》，重庆大学硕士学位论文，2016。

设施投资金额就从 2011 年的 1 926.3 亿元增至 2015 年的 4 356.14 亿元,增加了 2.3 倍。固定资产投资额也是一年比一年多,但是增长速度每年都在下降,2015 年固定资产投资达 15 480.33 亿元,和 2011 年相比翻了 2 倍。基础设施投资额在固定资产投资额的占比稳步上升,由 2011 年的 25.1% 升至 2015 年的 28.1%,并且在固定投资的分类中占比最高,说明基础设施在整个固定资产投资中显得越来越重要,重庆市政府对其也越来越重视。

表 7 – 10   "十二五"期间重庆市基础设施投资情况   单位:亿元,%

年份	固定资产投资	基础设施投资	基础设施投资占比	基础设施同比增长	固定资产同比增长
2011	7 685.87	1 926.30	25.10	21.40	31.00
2012	9 380.00	2 404.16	25.60	24.80	22.00
2013	11 205.03	2 962.10	26.40	23.20	19.50
2014	13 223.75	3 386.23	25.60	14.30	18.00
2015	15 480.33	4 356.14	28.10	28.60	17.10

资料来源:2011—2015 年重庆发展公报。

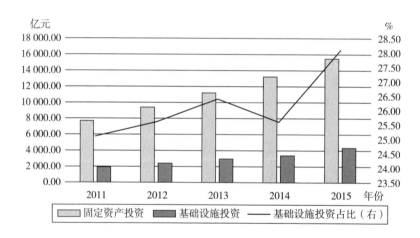

图 7 – 5　重庆 2011—2015 年固定资产投资

(三)基础设施投资主体多元化有待增强

由于数据的可得性,表 7 – 11 列出了 2010 年至 2013 年重庆市固定资产投资中城镇建设项目的投资额,用以近似代替重庆市城镇基础设施建设投资额。总的城镇基础设施投资额以 10% 的平均速度增加。国内贷款和自筹资金是基础设施建设投资资金的主要来源，这两个资金来源占到总资金的80%左右，并且自筹资金最大占比，是国内贷款额的3倍。除了2013年外，国家预算内资金（政府投资）逐年降低，并且所占总投资比重也在逐年下降。债券和利用外资所占总投资比重最低，不到2%。

表7-11 　　　　　　　　　基础设施投资资金来源　　　　　　　　单位：万元

年份	2010	2011	2012	2013
合计	50 817 467	54 162 087	61 406 928	73 709 823
国家预算内资金	5 628 180	5 094 350	4 241 363	6 730 268
国内贷款	11 252 038	8 923 149	10 964 656	12 740 691
债券	332 344	202 017	229 309	574 745
利用外资	637 365	486 463	384 505	526 819
自筹资金	27 977 851	33 508 526	40 554 575	44 496 739
其他来源	4 989 689	5 947 482	5 032 520	8 640 561

资料来源：重庆市统计年鉴。

（四）基础设施建设未来融资压力大

最新发布的《重庆市国民经济和社会发展第十三个五年规划纲要》中未来五年发展目标提到，要继续着眼于城镇化建设，逐渐完成基础设施的互通互联。规划中计划未来五年投入大量资金，用于基础设施建设。比如，在未来五年要新建铁路1 000公里，总运营长度超过2 500公里；新建高速公路1 000公里，总运营长度超3 500公里；2020年底形成江北机场旅客吞吐大于5 000万人次、货邮吞吐达110万吨的局面。计划总投资22 500亿元，比起"十二五"期间15 034.9亿元的基础设施总投资额翻了1.5倍。可以看到，重庆市未来基础设施资金需求量大，融资压力摆在眼前。

二、重庆基础设施投融资体制改革

（一）完善投融资管理制度

在开放投资领域方面，2003年9月25日颁布的《中共重庆市委重庆市人民政府关于进一步加快民营经济发展的决定》明确了"除国家法律法规明确禁止或限制的行业外，向民营资本全面开放，享有国有资本和外资同等待遇。鼓励民营资本投资发展农业、水利、交通、能源、教育、卫生、体育、文化、旅游、中介、市政环保和社会公益项目，鼓励民营资本进入金融、保险、邮电通信、公共信息网络等领域"。这项规定为民营资本进入基础设施领域提供了政策依据。

彻底清理行政垄断、行业垄断等各类政策文件，取消大量不合理审批和收费。相继出台自筹投资项目登记备案制度、政府投资项目建设管理代理制度、政府投资项目总承包制度、重庆市基础设施项目收费权和收益权质押办法等新规，投资行为法治化、规范化、程序化程度明显提高。

（二）创建市场化基础设施投融资主体

组建专门的大型国有政策性基础设施建设投资公司作为政府的投融资平台，由它们代表政府具体负责区域内的基础设施建设，已经成为重庆城市基础设施投融资体制改革的一个重大特点。自 20 世纪 90 年代以来，重庆市相继组建了重庆市城市建设投资公司、重庆市建设投资公司、重庆市开发投资有限公司、重庆市地产集团、重庆市水务控股（集团）有限公司、重庆高速公路发展有限公司、重庆高等级公路建设投资有限公司（交通旅游集团）、重庆市水利投资（集团）有限公司、重庆渝富资产经营管理有限公司[①]、重庆市江北城开发投资有限公司、重庆市能源投资集团、重庆港务物流集团 12 个大型基础设施投资公司。其中重庆市能源投资集团由重庆市建设投资公司和重庆燃气集团公司整合组成，现有基础设施投资集团实际是 11 个。这些基础设施投资主体在不同的领域通过市场化运作，将以往分散的建设资金整合起来，形成规模优势，成为重庆基础设施建设坚实有力的投资平台。近年来重庆市基础设施建设的快速发展证明，大型国有政策性基础设施建设投资公司的成立，不仅体现了政府在基础设施建设方面的投融资意愿，也适应了基础设施建设市场化改革的需要。

（三）开辟多样融资方式

1. 创新与政策性银行的合作模式

加强和国家开发银行的合作、争取开发银行支持，对地方基础设施建设具有十分重要的战略意义。从 2003 年开始，重庆市和国家开发银行逐步建立起了

---

　　① 重庆渝富资产经营管理有限公司严格说不属于基础设施投资公司，由于其运作的许多资产属于基础设施，对重庆市基础设施建设影响很大，所以习惯上常把它和其他基础设施投资公司并列而言。

新型合作关系，将原有"以项目为中心"的合作模式转变为"机制＋机构＋项目，以机制为中心"的合作模式。新型合作方式分别在市政府、市级政府投资主体、区县政府三个层面上展开。在第一层面，以市政财政资金建设为主的公益性项目和基础设施项目利用政府授信实施信用贷款。在第二层面，市政府投资主体通过优惠政策和部分政府信贷支持，提高自身融资能力，建立良好的投融资机制和信贷结构，国开行可以简化债务审查，弱化担保。在第三层面，部分有条件的区县通过加强信用建设争取获得国家开发银行的支持。

2. 创新建立基础设施收费权收益权质押办法

在基础设施银行贷款担保问题上，除担保、抵押、动产质押等传统方式外，重庆借鉴东部沿海地区的经验，勇于尝试，勇于创新，依靠法律规定并充分运用相关法律原则，出台了一种以公路桥梁、隧道、污水处理设施等不动产的收益权为出质标的的新型权利质押贷款方式。2003 年 2 月 11 日，重庆市人民政府颁布了《重庆市基础设施项目收费权和收益权质押办法》，明确了基础设施收费权收益权质押的适用范围和操作程序。例如，2005 年 9 月 29 日，重庆市水利投资集团与国家开发银行签订了发展金融合作协议和贷款合同，从开发银行贷款 50.15 亿元，其中 20 年期的 4.275 亿元贷款是以原水、自来水、污水、电力等水利产品的收费权为质押。而后，这种贷款方式迅速发展，成功解决了银行部分信贷业务的担保问题，既扩大了银行业务，又保障了信贷资产的安全，促进了地方基础设施建设的发展，并逐步成为重庆城市基础设施贷款的主要担保方式。

三、重庆经验

重庆投融资投融资体制是根据重庆市自身的特点，开创性地提出来的，在投融资主体、投融资模式、管理体制等方面进行了大胆创新。

（一）投融资平台创新

重庆的财政投融资模式主要基于八大城投公司①牵头的地方政府平台的投

---

① 重庆八大投：重庆市高速公路发展有限公司、重庆市高等级公路建设投资有限公司、重庆市城市建设投资有限公司、重庆市建设投资公司、重庆市水利投资有限公司、重庆市开发投资有限公司、重庆市水务集团、重庆市地产集团。

融资模式。从重庆城投的经验来看，这种模式允许政府最大限度地利用各种资源，并在城市基础设施领域作为投融资平台发挥主导作用。重庆八大投资公司实行董事会领导下的总经理负责制，设立公司董事会，外部董事占一定比例。根据现代企业制度，建立了比较完善的公司治理结构，进行公司化运作管理。政府派出监事会督促企业规范运作，监督董事会和管理层的重大决策。

重庆市八大投资公司分别负责基础设施领域的高等级公路、高速公路、城市道路桥梁、轨道交通、土地开发、电力能源、给排水、水利工程建设。作为集团化公司的八大投资公司的组织结构中，由控股公司或母公司以及公司旗下的若干子公司和分支机构组成。实行二级管理模式，取消了二级法人，实行"建设与管理分离"的管理体制改革。控股公司负责职能管理或母公司负责统一协调，专业子公司负责建设和运营等业务，子公司下不再设有孙公司。在不同领域，专业化投融资集团有利于发挥自身专长，使政府与企业之间建立风险管控机制，提高各自领域的投资、建设和运营效率，防范系统性财务风险。

重庆八大投资公司自成立以来，每年负责约800亿元的公共设施和基础设施项目投资，承担着重大的财政支持责任。在平台的运营中，国有企业被视为实现共同繁荣和区域经济发展的"抓手"。重庆八大投资公司支持政府投资，上交税金和收益，支持民生，反哺财政，是一条以民生为导向的发展道路，在国资运营与财政联动的格局下，实现"民生财政"的系统性财政创新思路。

重庆基础设施投融资平台与其他地方政府投融资平台的本质区别在于，它们有常规性的盈利模式，设计出的模式让政府能够购买服务，走完整的企业运营之路。实现资金的持续供应。

（二）投融资模式创新

传统的基础设施项目投融资模式是财政拨款模式。由于大部分地方财政资金有限，并且基础设施建设项目分散，受资金不足和项目规模小的双重制约，往往难以再融资。重庆对原有的基础设施投融资模式进行了创新，作为资本金分项目类别注入相应投资公司的资金是财政拨款，大大提高了融资的信用水平。比如，把来自于国债的分散到二三十个区县的项目资金聚集到一个合适的平台上，这样将分散的、基本没有融资信用的国债资金聚集起来，就像把五个手指捏成拳头，融资信用可以大大提高，银行就会提供贷款支持，资金将产生放大效应。正是基于这一理念，重庆市政府对原由 10 多个区县建设的国债资金进行了聚合。这些国债资金主要用于建设污水处理厂，约 30 亿元，然后统一划入水务集团，把有限的资金整合在一个投融资集团里，利用叠加信用获取银行贷款 20 亿元，这 20 亿元贷款再加上 30 亿元国债资金，共50 亿元的资金就可以使全部的污水处理厂按时投入生产。

重庆的基础设施投融资平台主要有五种注资方式。（1）国债注入。从各区县数百个国债项目中收集的分散资金的所有权，分别按项目性质归入相应的投资集团。（2）规费注入。规费是经法律法规授权的，由相关政府部门进行登记、注册、颁发证书时所收取的证书费、执照费、登记费等作为财政专项分别注入相应的投资集团。主要包括工程排污费、工伤保险费、养老保险费、失业保险费、医疗保险费、住房公积金等。（3）土地储备收益注入。投资集团的注资来源是土地储备的增值部分，并赋予投资集团土地储备职能。（4）存量资产注入。作为固定资产，直接向相关投资集团划拨。这些固定资产的来源是多年来形成的上百亿元的公路、桥梁、隧道等存量资产。（5）税收返还。将融资与未来基础设施运营挂钩，将基础设施施工营业税等方面的优惠或税收作为资本金注入的方式，返还投资集团；将融资与非现金资产联系起来，通过土地注入和存量资产注入方式，增加投资集团的资产。

通过上述五种注资方式，重庆八大投资公司的资产迅速扩大，并继续采用市场化的方法和"借得巧、用得好、还得起"的市场化原则进行融资，实现规模效应。并注重维持自身的信誉，根据"谁投资，谁拥有，谁经营，谁受益"的原则，与亚洲开发银行、国家开发银行、各大商业银行等金融机构建立长期合作关系，先获得很高的授信贷款额度，采用以新债还旧债的方式来降低融资成本，按照统贷统还和分期调拨的方法进行债务置换，这样一来就大大提高了资金的使用效率。此外，重庆还成功发行债券四次，融资共计62 亿元。在桥梁建设中，城投公司大胆探索和实施了新的融资模式，包括"BT""BOT"等模式。

（三）管理体制创新

传统的基础设施投融资体制是政府作为单一投资主体，集投资、建设和管理于一身，承担着建设和运营的双重责任，政府缺乏效率。重庆基础设施投融资模式打破了传统模式，形成八个投融资集团为主体，以及其他国有企业、集体企业、私营和个体企业、外国投资者为主体的联合投资体制，实现了投资、建设、管理等职能的分离，不仅提高了基础设施投资效率，而且提高了建设效率、运营效率和管理效率。

在重庆基础设施投资过程中，竞争机制被引入各个环节。地方八大政府建设性投融资集团决定投资决策。各分公司按照"建管分离"的管理模式，负责专业项目的建设或运营。新的"代建制"将通过竞标将具体建设项目承包给项目建设单位。新的"代建制"克服了各种弊端。基础设施项目的投资、建设和管理分离，打破了政府一方来承担的传统"自建制"模式，是一种较为成熟的项目法人运营模式。首先，它克服了低效的运营和监管机制，并在一定程度上消除了腐败的可能性。其次，克服了政府自身建设和不具约束力的弊端，克服了"过度投资，超额规模，超标准"的弊端。最后，克服了缺乏专业工作经验，项目团队临时组建，团队成员磨合期较长，施工管理效率低，工程质量低等缺点。新的"代建制"确保了工程质量，提高了施工效率，高质量地完成了工程。

在基础设施投资过程中，重庆也非常重视经营管理中的资金平衡。为防止高负债率、高杠杆率、产生泡沫、信贷损失等现象的发生，重庆八大投资公司的资产负债率被限制在50%～60%，以确保净资产和债务基本上是一比一的状态。同时，八大投资公司需要确保融资资金，投资支出和收入来源在现金流上保持平衡，以及投入与产出或投入与资金来源之间的平衡。因此，每个基础设施投资项目，无论是通过完全市场化实现平衡还是通过政府补贴实现平衡都有严格的规定。随着经济的发展，政府预算内的财政收入增加到一个比较富裕的程度，除了保障民生和确保项目运行外还有剩余，还可以调度一部分用于基础设施建设，这些基础设施投资项目的财务风险将大大降低。

第五节 我国城市基础设施投融资模式比较与评价

在我国，对城市基础设施建设从政府单一的财政拨款到放开限制，鼓励私人资本参与市场运作经历了很长时间。其中，我国的四个直辖市，根据当地情况提出了不同的改革方案，形成了各自的特点及模式。本部分在研究大量数据的基础上，对北京、上海、天津和重庆的基础设施建设及资金来源情况进行比较研究。本节所用数据来自《中国统计年鉴》，北京、天津、上海、重庆统计年鉴及国家统计局数据库和中经网统计数据库。

一、四直辖市基础设施投资概况

改革开放以来，我国经济快速发展。全国 GDP 及人均 GDP 大幅增长。与此同时，各省市国内生产总值均出现了不同幅度的增长，其中，北京市由1999 年的 2 678.82 亿元增长至 2018 年的 30 319.98 亿元；天津市由 1999 年的 1 500.95 亿元增长到 2018 年的 18 809.64 亿元；上海市由 1999 年的4 188.73亿元大幅增长至 2018 年的 32 679.87 亿元；重庆市由 1999 年的1 663.20亿元稳步增长至 2018 年的 20 363.19 亿元。伴随着各省市经济的向好发展，基础设施投资额也快速增长（见表 7 – 12）。

表 7 – 12　　　　　2008—2017 年四直辖市基础设施投资情况　　　　单位：亿元

年份	北京	天津	上海	重庆
2008	1 160.7	1 019.9	1 733.2	1 203.3
2009	1 462.0	1 606.9	2 113.5	1 542.5
2010	1 403.5	1 669.4	1 497.5	1 911.4
2011	1 400.2	1 567.7	1 157.3	1 926.3
2012	1 789.2	1 913.6	1 038.6	2 404.1
2013	1 786.7	2 115.1	1 043.3	2 962.0
2014	2 018.1	2 206.3	1 057.3	3 386.2
2015	2 174.5	2 634.2	1 425.1	4 356.1
2016	2 399.5	2 123.9	1 551.9	5 660.9
2017	2 984.2	2 153.7	1 705.2	5 659.1

资料来源：数据出自各城市统计年鉴。

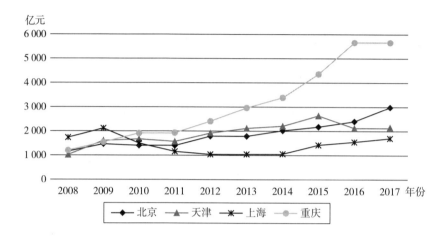

图 7 - 6 2008—2017 年四直辖市基础设施投资情况比较图

从图 7 - 6 可以看出，相对落后的天津和重庆市奋起直追，特别是重庆市增幅较为明显。综观近十年四个直辖城市基础设施投资额变化的趋势，一方面我们看到起点低相对落后的重庆市处于较快增长的趋势；另一方面我们也看到了基础较好的上海市的趋势则是在曲折中前进，北京处于平稳上升的发展趋势。

二、四直辖市基础设施建设投资资金来源比较

基础设施投资是固定资产投资的重要组成部分，包括能源、公共服务、交通运输、邮政电信等领域，对拉动经济增长，改善城市环境，方便企业和市民生产生活等具有重要作用。但由于城市基础设施建设投资资金来源数据获得的限制性，这里我们将用全社会固定资产投资资金来源来代替城市基础设施建设投资的资金来源，重点对北京、天津、上海和重庆的基础设施资金来源做简略分析，进而对比四个直辖市的不同之处。

图 7 - 7 是北京市 2008 年至 2017 年的社会固定资产投资资金来源的趋势图，我们可以看到，近 10 年来，北京市国内贷款、自筹资金和其他资金一直是社会固定资产投资资金的主要来源，而国家预算内资金和利用外资所占比重明显不足，其中国家预算内资金由 2008 年的 1.78% 上升至 2017 年的 10%，虽有上升，但仍显不足，利用外资则由 2008 年的 1.55% 减至 2017 年的

0.20%。表7-13所列明的数据再一次说明了北京市基础设施建设在引用外资和利用国家预算内资金方面上所暴露的问题。

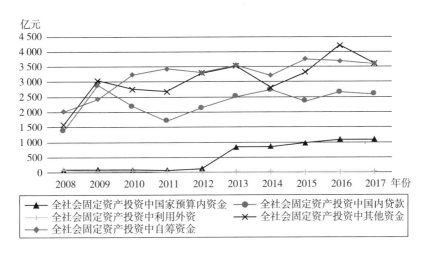

图7-7　北京市社会固定资产投资资金来源

表7-13　　　　　　　2008—2017年北京市投资资金来源占比情况表　　　　　单位：%

年份	全社会固定资产投资中国家预算内资金	全社会固定资产投资中国内贷款	全社会固定资产投资中利用外资	全社会固定资产投资中其他资金	全社会固定资产投资中自筹资金
2008	1.78	26.78	1.55	30.73	39.15
2009	1.17	33.90	0.46	35.80	28.67
2010	1.10	26.32	0.53	33.09	38.96
2011	0.89	21.59	0.37	33.85	43.30
2012	1.37	24.08	0.25	37.09	37.21
2013	8.05	24.04	0.22	33.75	33.94
2014	8.90	28.32	0.30	29.17	33.30
2015	9.26	22.66	0.13	31.87	36.09
2016	9.27	22.79	0.11	36.12	31.71
2017	10.00	23.77	0.20	33.05	32.98

资料来源：根据国家统计局公布数据计算得出。

　　同样，作为内陆城市的天津，其基础设施建设资金来源同北京极其相似，以自筹资金、国内贷款为其社会固定资产投资资金的主要来源，其中自筹资金发展较快，所占比重2010年以后一直在60%以上。其他资金比例较少，而外资和国家预算内资金则远远不足（见图7-8及表7-14）。

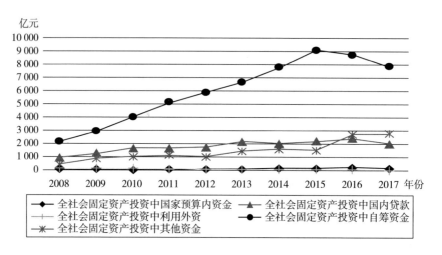

图7-8 天津市社会固定资产投资资金来源

表7-14　　　　　　　　天津市投资资金来源占比情况表　　　　　　　　单位：%

年份	全社会固定资产投资中国家预算内资金	全社会固定资产投资中国内贷款	全社会固定资产投资中利用外资	全社会固定资产投资中自筹资金	全社会固定资产投资中其他资金
2008	1.55	25.03	4.37	57.23	11.83
2009	1.20	24.17	2.63	55.25	16.75
2010	0.77	24.37	1.81	58.06	14.99
2011	0.75	20.70	1.17	63.34	14.04
2012	1.17	19.81	0.95	66.30	11.77
2013	1.14	20.69	0.81	63.59	13.78
2014	1.46	17.33	0.80	66.65	13.77
2015	1.25	16.90	0.78	69.42	11.65
2016	1.63	17.00	0.86	61.22	19.29
2017	1.46	15.72	0.25	60.84	21.73

资料来源：根据国家统计局公布数据计算得出。

再看上海和重庆的情况，观察图7-9和图7-10，我们可以清楚地看到它们与京、津两地固定资产投资资金来源的一致性。它们都以自筹资金、国内贷款和其他资金作为社会固定资产投资资金的主要来源。上海的情况是：自筹资金比重较高，其他资金发展较快，波动也较大（图7-9、表7-15）。重庆是自筹资金近10年发展很快，其他资金来源大于国内贷款比例（图7-10、表7-16）。这在一定程度上，也说明了随着改革开放的深化以及经济的进一步发展，我国基础设施建设融资渠道也日趋多元化。

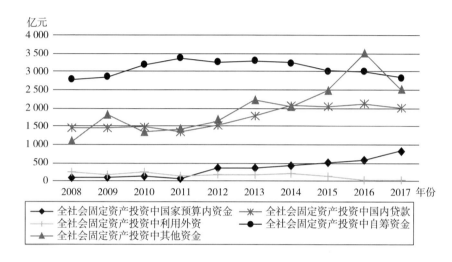

图7-9　上海市社会固定资产投资资金来源

表7-15　　　　　　　　　上海市投资资金来源占比情况表　　　　　　　单位：%

年份	全社会固定资产投资中国家预算内资金	全社会固定资产投资中国内贷款	全社会固定资产投资中利用外资	全社会固定资产投资中自筹资金	全社会固定资产投资中其他资金
2008	1.49	26.12	4.57	49.48	18.34
2009	1.37	22.89	2.65	44.51	28.59
2010	1.82	23.39	3.70	49.82	21.26
2011	1.20	21.23	2.33	52.97	22.27
2012	5.34	21.99	2.36	46.77	23.54
2013	4.70	22.77	2.20	41.96	28.37
2014	5.25	25.98	2.58	40.74	25.46
2015	6.13	25.07	1.59	36.81	30.40
2016	6.14	22.87	0.20	32.54	38.24
2017	9.92	24.60	0.23	34.65	30.60

资料来源：根据国家统计局公布数据计算得出。

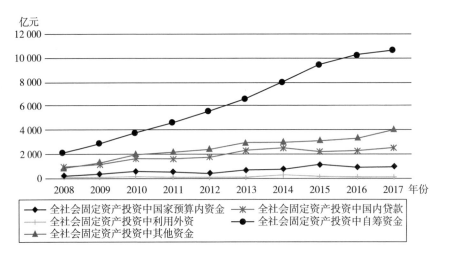

图 7 - 10　重庆市社会固定资产投资资金来源

表 7 - 16　　　　　　　　**重庆市投资资金来源占比情况表**　　　　　单位：%

年份	全社会固定资产投资中国家预算内资金	全社会固定资产投资中国内贷款	全社会固定资产投资中利用外资	全社会固定资产投资中自筹资金	全社会固定资产投资中其他资金
2008	4.48	21.58	1.69	50.94	21.31
2009	6.45	19.81	1.21	49.75	22.79
2010	7.31	20.27	1.80	46.16	24.47
2011	5.98	17.54	1.20	50.86	24.42
2012	3.99	17.36	0.58	54.39	23.68
2013	5.54	18.42	0.74	52.01	23.29
2014	5.31	17.60	1.94	54.81	20.34
2015	7.07	13.96	0.86	58.61	19.49
2016	5.54	13.58	0.34	60.60	19.94
2017	5.52	13.99	0.37	57.90	22.22

资料来源：根据国家统计局公布数据计算得出。

　　在对上面四个直辖市各自全社会固定资产投资资金来源进行纵向比较之后，再来按投资资金来源不同进行横向比较。

　　（一）国家预算内资金

　　从以上对四个直辖市的分析可以看出，国家预算内资金在社会固定资产投资来源中所占比例非常小，北京 2017 年这一比例是四个城市中最高的，但也仅为 10% 。可见我国政府预算内资金对社会固定资产投资的支持力度明显不足。具体比较见图 7 - 11。四个城市的发展趋势为：北京的情况是 2008—2011 年间水平较低，但 2012 年后进入快速发展阶段，说明北京市加大了国家预算资金对基础设施投资的支持力度；天津这 10 年的国家预算内资金在固定资产投资中的金额一直在较低水平徘徊；上海虽有增加，但增速不快；而西部城市重庆由于得到国家支持而明显好于其他三个直辖市，显示出大跨步发展。

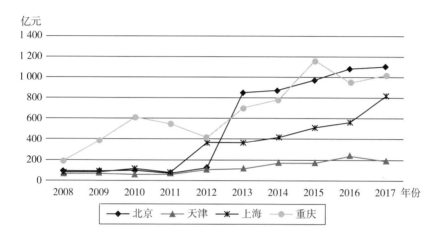

图 7 - 11　2008—2017 年国家预算内资金情况

（二）国内贷款

在国内贷款中，作为我国经济中心的北京显示出自己的优势，在四个直辖市中排名第一。特别是 2008 年至 2009 年，全社会固定资产投资额中国内贷款金额发展迅速，一度上升至 2 883 亿元，占全年固定资产投资总额的三分之一以上，然而，在接下来的两年中，北京经历了国内贷款投资的快速下降，之后又起伏发展。上海国内贷款额在 2011 年后开始缓慢稳定增长。天津和重庆的国内贷款额稳步增长。这也反映了我国金融市场化运行具有了一定的稳定性（见图 7 - 12）。

（三）利用外资

在利用外资方面，由于上海固有的地理和历史条件，外资在固定资产投资的城市基础设施建设融资渠道中的使用呈现出较高的起点，但在 2014 年以

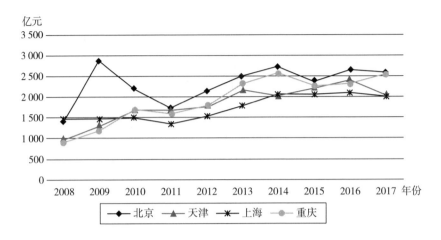

图 7 - 12 2008—2017 年国内贷款情况

后外资在城市基础设施建设资金来源中的数额快速下降。重庆在过去十年间在利用外资方面波动较大；而北京和天津的发展相对稳定。总的来说，自2008 年金融危机后，四个直辖市都调整了外资利用，金额不同程度地减少了（见图 7 - 13）。

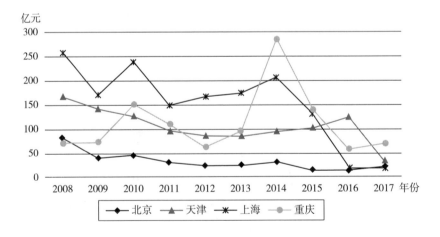

图 7 - 13 2008—2017 年利用外资情况

（四）自筹资金

固定资产投资中城市基础设施建设不仅需要政府的财政支持，还需要地方政府和有关部门从实际出发，根据当地情况探索适合自身城市建设的融资渠道。因此，随着经济的发展，自筹资金逐渐增长，成为固定资产投资的重要组成部分。从图7－14可以看出，四个直辖市中天津和重庆的固定资产投资中自筹资金比例呈稳步上升趋势。其中，重庆增幅最大，从2008年的2 137.9亿元增加到2017年的10 609.99亿元。说明天津和重庆在基础建设领域自筹资金渠道取得较大突破。北京和上海的自筹资金融资渠道的发展比较平稳。

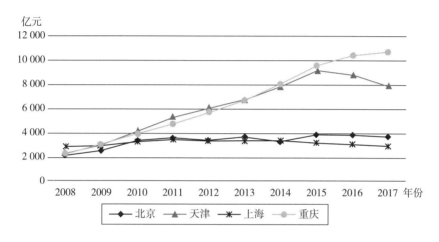

图7－14　2008—2017年自筹资金情况

（五）其他资金

在逐步推进经济市场化的中国，其他资本融资渠道日益成为固定资产投资的重要组成部分。但由于其受政策的影响明显，2008—2017年，北京在四个城市中其他资金的使用最高，上海其次，北京、上海、天津这三个城市其他资金均呈起伏上升趋势。重庆其他资金发展缓慢，十年间一直在较低水平徘徊，说明重庆较之其他三个城市基础设施建设资金市场化程度相对较低（见图7－15）。

从上述对四个直辖市全社会固定资产投资资金来源的分析可以看出，四个城市的融资方式在一定程度上过于单一。四市均将自筹资金、国内贷款和其他资金作为社会固定资产投资资金的主要来源，其中外资和国家预算内资金明显偏低。近几年北京和重庆国家预算内资金在固定资产投资中的比例虽有显著上升，但最高也没超过10%的比例，而四个城市利用外资的情况不仅

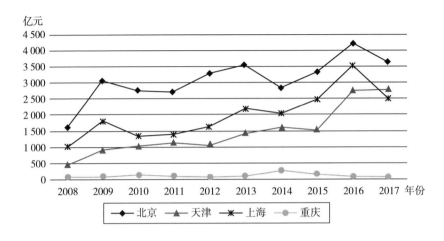

图 7 – 15　2008—2017 年其他资金情况

起伏波动较大，而且呈下降趋势，说明四个城市利用外资明显不足。资金来源中的国内贷款方面，四个城市的情况基本一致，即都把国内贷款作为主要的资金渠道。值得注意的是天津和重庆在资金来源占比中自筹资金的比例较大，主要是依赖这两个城市的城投公司庞大的资本金。

以上情况说明面对城市基础设施建设巨大的资金压力和众多的资金需求，目前的融资渠道还远远不够。一旦国家紧缩财政支出和严格金融贷款监管，城市基础设施建设将无法继续。此外，过分依赖政府和银行贷款，也很容易形成对城市基础设施管理的垄断。不仅难以扩大多元化融资渠道，还有发生经济危机的隐患。我国法律明确规定，地方政府不得向银行借款。然而，由于城市基础设施建设资金不足，地方政府多采取投资和信托公司从各银行借款，并承诺未来还款。但在实践中，地方政府通常面临沉重的贷款偿还压力，通过筹集新债来偿还旧债。因此，在保证政府和银行贷款支持的前提下，应鼓励民间资本和外资流入，丰富城市基础设施融资渠道，实现城市基础设施建设多元化的全面发展。

三、四直辖市基础设施投融资模式评价

北京、上海、重庆、天津四个直辖市建立了相对适应当地实际的政府投融资模式，成功加快基础设施建设，合理控制风险。在这四个城市中，重庆

的市场化程度相对较低，重庆"八大投"的壮大依赖于政府各种资本金的集中注入。而且与东部地区相比，西部地区基础设施建设项目成本高，回收期长，盈利能力低。由于这些客观因素，重庆市投融资市场化程度较低，外债较少，公司债券规模较小，民间资本参与较少。上海以小的政府投入引导大的社会资本参与，而重庆恰恰相反，由大的政府投资驱动，以带动小的社会资本参与。总的来说，这两种模式都是比较成功的，都适合各自的具体情况。

本书认为"北京模式"和"上海模式"更适合东部沿海经济发达、市场化程度较高的地区；而"重庆模式"更适合中西部经济相对落后、市场化程度较低的地区。特别是重庆，正处于西部大开发之中，基础设施总体水平较低，投融资需求更加迫切。政府在原有一批实力雄厚的国有企业的基础上，加强了综合管理，这一模式的优越性就体现出来了。而天津大体上介于二者之间，基本上与天津目前的社会经济状况和市场化程度相适应。一方面，政府投资和银行贷款仍占主导地位；另一方面，天津市利用区域资产交易中心的资源，不断拓宽多元化融资渠道。

第八章　城市基础设施
投融资体制改革的比较与借鉴

经过几十年的改革，中国城市基础设施建设规模日益扩大，投融资渠道和方式也不断创新，投融资主体呈现出多元化的发展格局。然而，与西方发达国家相比，中国的城市基础设施投融资体制仍存在诸多问题，不能满足现代城市建设的需要。因此，有必要对中外城市基础设施投融资体制的差异和特征进行分析和比较，为中国城市基础设施投融资体制改革提供参考。同时，借鉴国外经验并不意味着简单照搬，相反，有必要结合中国国情，从借鉴中学习，发展创新，加快形成具有中国特色的城市基础设施建设投融资模式和制度体系。

第一节　中外城市基础设施投融资体制改革的比较

中国和西方国家的投融资体制从属于两种不同的政治体制和经济体制，是在各自不同的政治、经济、社会与文化背景下逐步形成与发展起来的。就两种不同的投资体制本身的历史变迁及其不断演变而来的现实模式来看，其发展过程和现状呈现出各自的规律和特点。

一、国外城市基础设施投融资体制改革

前文提到从 20 世纪 70 年代末开始，大多数国家都进行了城市基础设施投融资体制改革，改革的成功之处在于既减轻了政府对城市基础设施建设的财政负担和运营管理的低效率情况，又提高了政府和民营企业的融资能力。

（一）投融资主体的多元化

在改革之前，政府是基础设施资金的主要提供者，大约90%的基础设施资金来自政府，几乎承担了项目的所有风险。即使在发达国家，政府也是基础设施的主要投资者和经营者。随着世界经济的快速发展，基础设施的资金缺口越来越大。依靠传统投资方式已不能满足需求，财政负担过重，阻碍了国家的发展。因此，在20世纪70年代，西方国家基础设施出现了"私有化运动"，这种运动始于英国，以出售国有城市基础设施公司的股票为开端，并迅速扩展到电信、能源、交通和其他基础设施领域。高效的商业模式已扩展到供水、供电和供气部门。这一系列改革大大缓解了政府的财政压力，城市化的快速发展为经济社会发展注入了新的活力。

此后，大多数国家也积极推进城市基础设施投融资改革，政府调控、市场化经营模式逐渐成为主流。由于市场机制的引入，垄断被取消，大量民营企业进入基础设施行业。企业生产效率大幅提高，产品和服务价格也因市场竞争而大幅下降。基础设施收费标准不断得到完善，出现了产业主体多元化的趋向。到目前为止，世界上60%以上的基础设施已经私有化，发展中国家的比例高达65%。因此，在1994年世界银行年度报告中，大力提倡基础设施投融资主体多元化。图8-1选取了国外城市最具代表性的基础设施行业融资结构，从图8-1不难看出国外城市基础设施建设已形成多元化投融资主体，

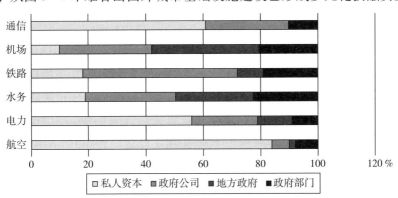

资料来源：根据 Antonio Estache：Decentralizing Infrastructure，World Bank Discussion Papers，NO. 290 整理所得。

图 8 - 1　国外城市基础设施各行业融资结构

政府不再占据主导地位。

（二）投融资渠道、方式的多元化

1. 银行信贷的多元化、专业化发展。银行贷款一直是国外城市基础设施建设中最重要、最常见的投融资方式之一。根据世界银行的统计数据，20世纪90年代以后商业银行贷款总额的35%以上用于基础设施建设。

随着各国城市基础设施需求的变化，各国商业银行也对城市建设项目的长期商业贷款形式进行了多元化调整。目前主要有三种形式：一是项目长期贷款，主要流向建设周期较长，投资资金较大的大型项目。二是项目流动资金贷款，其特点是银行提供的是项目流动资金的贷款，便于灵活使用建设资金。三是过桥贷款，所谓的过桥贷款是安排更复杂的中长期贷款时，由于资金短缺，融资机构与其他银行达成协议，帮助它们发放资金，待原融资机构的资金到位后，代发银行贷款终止。这笔贷款对于代发银行来说是一笔过桥贷款。

在过桥贷款和长期贷款项目中，为确保项目资金到位，国外城市建设贷款人或项目公司将寻求过桥贷款。例如，韩国仁川国际机场的建设项目是一个中长期城市基础设施项目，建设资金为50亿美元。除政府投资20亿美元外，另有30亿美元是银行贷款。最初的贷款银行是韩国国民银行。由友利银行、新韩银行、韩亚银行代发了半年贷款，后韩国国民银行收回了贷款。这不仅确保了机场建设的初期投资，还确保了机场的配套设施，包括轨道铺设，机场通信和安全系统。

2. 利用成熟的资本市场融资。发达国家的基础设施投融资模式中，使用最多的方式就是债券融资和基金融资。国外债券融资占到了基础设施投资的30%以上，非常普及、成熟。利用资本市场为基础设施融资是发达国家区别于发展中国家最显著的特征。以资本市场发展最完善的美国为例，2009年，美国政府仅通过"建设美国债券"就为基础设施建设筹集到270亿美元。据汤姆森路透的数据显示，2009年美国各州发行的长期市政债券总额已高达4 097亿美元，债券收益主要用于基础设施的建设和维护。若按照当年汇率计算，2009年我国城市公共事业债券发行量约78.9亿美元，仅为美国市政债券发行量的 2%。①

相对于股票回报的风险，国外城市建设项目公司也更倾向于投资基金。从发达国家基础设施融资的角度来看，随着资本市场的改善，越来越多的项目公司通过发行私募股权基金进行融资。例如，英美两国的基础设施项目公司经常以股权投资的形式为城市建设注入资金，这不仅降低了企业的债务，也降低了投融资成本。根据 Preqin Ltd. 的数据，截至 2010 年 12 月，国外主权财富基金总资产达 4 万亿元，其中城市基础设施投资占 61%。

3. 出现了大量的新兴市场化融资方式。在多元化的投融资主体和渠道的推动下，出现了大量新兴的市场化融资方式。例如，BOT、ABS、PPP、PFI、URM 等新方法在基础设施投融资领域得到迅速发展。

二、我国城市基础设施投融资体制改革

（一）投融资主体的改革

1. 政府加大了对基础设施建设的资金投入。1990 年以后，随着经济和城市化的快速发展，国家加大了对基础设施建设的支持力度，增加了对城市公用事业和民生事业的财政支出。1980 年，基础设施建设财政支出 346.36 亿元，2010年，基础设施建设财政支出 26 548.8 亿元，比 20 年前增长近 76 倍。②

2. 银行已成为国内城市建设最重要的资金来源，特别是专门从事基础设施融资的国家开发银行。曾先后为三峡水利工程、京津城际高速铁路、秦山核电站三期工程、南水北调等大型基础设施项目提供资金支持。国家开发银行已成为国内城市建设银行贷款最重要的渠道。

3. 在 20 世纪 90 年代中后期，国内基础设施项目积极鼓励私人资本进入，逐步打破了仅依靠财政的格局。1984 年，深圳东沙角 B 电厂是中国首个采用BOT 的城市建设项目，也是首次将民间资本引入城市基础设施的项目。20 世纪 90 年代以后，成熟的 ABS、PFI 等模式相继应用于基础设施建设中，国内城市基础设施投融资主体呈现多元化。

4. 作为一个发展中国家，基础设施投资主体改革与发达国家不同的一个

---

① 姚煜：《中外城市基础设施建设投融资模式比较研究》，海南大学硕士学位论文，2011，14 页。

② 同上。

重要特点是吸收了大量的外资，尤其是跨国公司的融资。根据《2008 年世界投资报告：跨国公司与基础设施的挑战》，从 1990 年到 2006 年，全球基础设施外国直接投资额增长了 30 倍，中国增长了 21 倍。外资的注入加快了我国城市基础设施建设速度，缓解了资金的供需矛盾。

（二）投融资渠道和融资方式的改革

目前，国内城市基础设施建设的投融资渠道主要是政府、银行信贷和资本市场。国内政府融资的主要方法是财政支出、政府采购、租赁合同和特许经营。而资本市场中利用股票市场来为城市基础设施建设提供资金是国内资本市场中最常见、最有效的方式。国内基础设施资本市场融资始于股票市场，并且正在快速增长。据统计，目前沪深两市 A 股经营城市基础设施的上市公司有 60 多家从事电力、道路建设、交通运输类业务。该类上市公司的共同特点是：第一，经营基础设施的企业享受政策优惠；第二，大股东拥有强大的资源整合能力。总之，我国城市基础设施企业具有很大的发展潜力和空间。以中国供电企业上市融资为例，由于此类产品在生产和生活中需求稳定，受外部影响小，并且有政府的支持和保护，具有较强的行业垄断和股权扩张能力，而且成长性很好，适合发行股票筹集资金。此外，还有其他类型的基础设施上市公司，如高速公路。特别是我国高速公路行业目前正处于产业扩张时期，交通运输部颁布了《国家高速公路路网规划》，预计 30 年完成 8.5 万公里横贯东西纵贯南北的公路网。2004 年以后，出现了一大批高速公路上市公司，地方公路建设全面展开。目前，股票市场融资已成为我国公路融资的重要方式。

三、中外城市基础设施投融资体制比较

（一）我国城市基础设施建设投融资与西方的差距

1. 资金投入总量相对不足。我国的城市基础设施投资强度远低于国际水平。首先，从总量上看，我国城市基础设施投入资金长期处于占全社会固定资产投资和 GDP 的较低的比重水平上，严重影响了我国城市化发展的进程。改革开放后，城市基础设施资金投入的比重虽然比改革开放以前有很大幅度的提高，但仍然没有达到世界银行在 1994 年发展报告中推荐的发展中国家城市基础设施资金投入应占其全部固定资产投资的 9% ~15%、占 GDP 的 3% ~

5%这一目标的要求。① 其次，从城市化进程中对城市基础设施的需求来看，预计到2020年，中国的城市化水平将达到60%。城市化每提高一个百分点，城市人口就会增加1 000多万。城市人口的快速扩张将不可避免地对城市基础设施的发展提出更高的要求。新需求与现实之间的差距将不可避免地给中国城市的基础设施建设带来巨大的需求压力。

2. 融资渠道比较狭窄。从纵向比较看，改革开放前，我国的城市基础设施建设是由政府包办的，不容许其他资金进入，当然，也就没有所谓的社会融资渠道。改革开放后，城市基础设施部门向非政府资金开放，融资渠道逐步拓宽。但总的来说，我国的城市基础设施融资渠道非常有限，其中，政府资金（包括城市基础设施两项资金、国家预算内投资、各级政府拨款和水资源费等）和国有银行信用资金占城市基础设施资金来源的大部分，其他基金，如外国资本、债券、股票、私人资本等，所占比重较低。因此，从资金性质来看，投融资渠道尚未有实质性的拓宽，投融资渠道狭窄的问题尚未得到根本解决。

从横向比较来看，世界上最常用的一些投融资渠道在我国并不顺畅，比如市政债渠道和企业融资渠道。在发达国家，地方政府借款的主要渠道是市政债券市场，而我国仍局限于传统的向外国政府、国际金融组织和国家开发银行借款的渠道。在资本市场发达国家，企业融资的主要渠道是债券、股票等资本市场。在我国，由于资本市场不发达，公司的债券发行或上市融资受到严格限制。这种基本通道不畅通是我国民营主体、民营资本难以进入城市基础设施的根本原因。

3. 融资方式相对匮乏。目前，我国的城市基础设施融资方式存在结构性矛盾。从数量上看，我国的融资方式绝对不少，国外主要的城市基础设施融资方式，我国目前基本上都有，如债券、股票、BOT、PPP、ABS、ADR等。大多数融资方式在城市基础设施领域都有应用的"足迹"。特别是ABS和ADR等相对较新的融资方式也都是先由城市基础设施项目试点，然后扩展到其他领域。然而，从适应性角度来看，我国的融资方式相对匮乏。原因不在

---

① 毛腾飞：《中国城市基础设施建设投融资问题研究》，中国社会科学出版社，2007，71页。

于融资方式本身，而在于融资制度。由于我国城市基础设施融资制度尚未形成体系，一些融资方式与我国现行法律法规的许多方面存在冲突。这就导致了基础设施项目在融资之前都得花大力气扫清融资障碍，需经政府主管部门特批，实在没办法的时候还要采取变通的办法。这在一定程度上增加了融资成本，削弱了许多融资方式的可操作性，使得许多"新型"城市基础设施融资方式，如 ABS、ADR、PPP 等在我国试点后并未得到推广。

（二）中外城市基础设施投融资体制改革比较

1. 政府主导与政府引导。我国是社会主义国家，实行以公有制为主体的所有制结构，长期以来政府对以这一所有制为基础建立起来的国有经济承担着管理决策和效益风险的终极责任。改革开放以来，虽然我国把"政企分离"作为改革的重点之一，但由于历史原因，至今仍无根本性的转变。由于这样的制度基础，政府在包括投资活动在内的各种经济活动中总是起着举足轻重、利害攸关的作用。因此，在我国的投融资体制中，改革总是由政府直接主导，主要围绕政府内部中央与地方之间、政府各部门之间进行的"体内循环"式的改革，每一次改革的方案及其实施步骤都是由政府依据自身的利益来统一设计，并通过直接下达指令的方式来推动改革的进程并最终承担风险。

在西方国家基础设施投融资体制改革中，政府的作用是超然的，因为除了某些公共工程以外，它既不承担对具体经济活动和投资活动的管理决策职能，也不对任何民间投资主体的效益和风险承担终极责任。它在投融资体制创新过程中，只需要采取积极引导的方式，而无须包办代替，更不会成为既得利益者而卷入制度创新的矛盾中。因此，在西方市场经济体制中，政府对投资的影响是间接的。它不必要也不大可能直接向其他投资主体下达统一的指令，而只需借助宏观经济政策工具，来改变市场价格进而影响各民间投资主体的投资决策。

2. 行政导向与市场导向。政府的主导地位在我国的基础设施投融资体制改革过程中是十分明显的，因而投融资体制的形成、改进、创新、完善，都具有很强的行政性特征。改革开放以前，我国计划经济条件下的投融资体制改革主要集中于投资管理权限在中央政府与地方政府之间以及各政府部门之间如何划分，制度建设具有很大的反复性，投资体制改革的主线是项目审批及其相关决策权的上收与下放，其行政性特征显而易见。改革开放之后，我国投融资体制改革仍然以不断扩大地方和行政主管部门的投资审批权限为主要特征，由于政府部门的绝对主导地位，其改革仍具有典型的行政分权与放权的特征。90年代以来，随着我国社会主义市场经济体制目标的确立，企业和各类投资中介机构等非政府力量在投融资体制创新中的作用日益增长，但如果考虑到权力意识和行政干预在我国体制中的根基之深，加之政府在体制创新中所具有的组织成本和实施成本优势，政府仍将在今后的投融资体制改革中发挥不可忽视的作用。

在西方国家基础设施投融资体制改革中，政府虽然也发挥着积极而重要的影响，但是其过程并不带有明显的行政性特征，也就是说，投融资体制的演变并不主要局限在政府职能的转变、行政性的分权与放权以及各级政府或政府部门之间的利益关系调整这些政府体制内的改革范围，政府而是以一种超然的姿态，引导和鼓励包括企业在内的各类投资主体积极参与市场竞争，从而产生以市场为导向的投融资创新体系。在这样的创新体系中，政府可能是创新的主体，但绝不是唯一的主体，而企业和居民及其他非政府投资者则是主要的创新主体。由于主体的多元性，所以创新活动必然呈现多样化的特征，并且有较强的灵活性、针对性和适应性。这与行政性特征极为明显的投融资体制变革易于产生主观盲目性和随意性所带来的弊端形成鲜明的对比。

3. 渐进型与民间主导型。我国的基础设施投融资体制改革无论是从长期的变动来讲还是就某一具体改革措施的实施而言，都呈现出目标渐进式特征。所谓目标渐进式，就是从我国国情的实际出发，分为长期目标与短期目标，总体目标和阶段性目标，然后逐步地组织实施。目标渐进式的投融资体制改革比较符合我国社会主义经济体制改革不断自我完善与发展的本质特征和基本属性。同时，它与我国的改革基础也是相适应的。只有采取目标渐进式的改革，才能使社会各阶层都具有一定的心理承受能力，从而减少改革的阻力，尽量降低改革的实施成本，扩大改革的社会效益与经济收益。

西方国家投融资体制是关于西方主要发达资本主义国家投融资体制的一个笼统概念。实际上，在民间主导型投资体制的总体框架内，各个国家或在不同时期实现这一基本制度的形式是有所不同的，因而形成了带有各国特色的各种模式。所谓民间主导型投资体制是指各国或各国在不同时期用不同的形式来实现具有市场经济典型特征的投融资体制。在西方国家基础设施投融资体制改革中，政府似乎很少给以企业为核心的多元投资创新主体规定若干条条框框，制订统一的实施方案，然后分阶段定目标组织实施。

事实上，在西方发达的市场经济体制条件下，政府既无必要也不可能取代企业的市场主体地位。政府只作为市场的引导者，让企业等多元投资主体在市场价格信号的影响下，在利润目标的诱导下，在风险机制的约束下，积极地参与体制创新。在西方国家的投融资体制改革中，似乎"大"的制度（基本制度）是不变的，而"小"的制度（具体实现形式）是多样的和多变的，但变革的趋势是殊途同归。相比之下，在我国的经济体制和投融资体制改革中，由于历史的原因，似乎"大"的制度变化较多，至少新中国成立以后，我们就经过了从计划经济到有计划的商品经济再到有计划的市场经济，然后到现在的社会主义市场经济的几次大的制度变革，然后，对于一些"小"的制度却几十年变化不大，在某些地区，某些行业，某些部门，某些企业，诸如人事制度、工资制度、企业融资制度、管理制度等所谓"小"制度却几乎没有实质性的变化。①

第二节　发达国家基础设施投融资体制改革的借鉴及启示

发达国家基础设施投融资体制改革的政策主张及其改革实践的推动力量，直接源于西方理论因应现实经济生活发展变化作出的自我修正和调整。通过对发达国家基础设施投融资体制改革的考察和梳理，有助于我们对发达市场经济国家迂回曲折的公用事业运行体制的历史沿革、纷繁复杂又看似周而复始的改革举措、变革背后的根本动因及其变化发展趋势的内在规律性，不断加深理性认知，为我国基础设施投融资体制改革提供有益的政策启示和经验借鉴。

---

① 王克冰：《中国地方政府投融资问题研究》，天津大学博士学位论文，2009，102～104 页。

一、发达国家基础设施投融资体制改革的经验借鉴

（一）深入研究基础设施投融资规律，实施基础设施项目分类投资和管理

通过对西方发达国家城市基础设施投融资体制改革的考察，我们发现国外政府对不同类型的基础设施采取不同的管理方式，即将城市基础设施分为经营性、准经营性和非经营性项目，实行分类投资管理。

1. 纯公共产品性质的基础设施，如绿化、监测和防洪等，仍然主要依靠财政预算拨款，并由政府在后期管理和运营。

2. 针对准经营性项目，如道路、桥梁、环卫、供电、供水和供气等设施，其建设成本无法用以后的运营收费进行补偿，不能完全以市场化手段进行运作，对此，创新投融资机制是政府的一贯做法。一方面，可以在项目初期引入社会资本或私人资本来补充。例如，2015 年，美国政府开始允许 PPP 模式投资者发行合格公共基础设施债券，该债券与美国市政债券一样，享受利息收入免税的优惠，同时享有较为充分的流动性，进一步激发了私人资本投资基础设施的热情。另一方面，也可以在项目完成后通过引入社会资本来实现存量资产的盘活。例如，2000 年，英国成立了专门从事公共部门 PPP 项目运营的合作组织，它为政府与私营部门之间的合作提供了一个平台，并为教育基础设施、监狱设施和可再生能源基础设施等存量资产进行盘活。[1]

3. 经营性项目，如城际铁路、高速公路、公共交通设施等，建设资金需求规模相对较小，排他成本相对较低，其建设成本可以通过收费机制进行弥补，这类基础设施建设项目的投资主体可由私人或外商提供。值得注意的是，即使依靠私人投资的基础设施项目，仍需要对其实施一定的政府监管。在这方面，美国早期铁路建设的经验值得借鉴。当时"土地＋移民＋铁路建设"模式利润丰厚，吸引了大量国内外私人投资者，但由于部分私人投资者之间的恶性竞争，土地价格波动引发铁路公司投机行为，导致铁路重复建设问题

---

① 庞超然：《完善基础设施投融资体制机制建设》，载《中国国情国力》，2018（8），48 ~ 51 页。

突出，引发社会混乱。因此，无限制的过度竞争和政府不规范的土地管理限制了美国早期铁路行业的发展。

与国外不同，我国城市基础设施投资长期以来采取了国家立项，财政拨款，银行融资，政府监管，建委建设、施工、管理和养护的运营机制。近年来，随着我国基础设施投融资体制改革的推进，提出了基础设施投融资市场化改革的目标，取得了积极进展。但到目前为止，我国还没有对基础设施项目进行明确的分类，这也成为我国基础设施建设投资和管理水平较低的重要原因之一。例如，在一些地方，具有较强公益性的景点和公园通过市场化改革，引入社会资本进行投资和管理。然而，私人资本以追求利润为目的，任意提高服务价格或任意建设与环境不相容的项目，严重损害了公共利益和生态环境。① 因此，我国城市基础设施投融资体制改革需要在借鉴国外经验的基础上，深入研究基础设施的投融资规律，合理划分基础设施项目，进行分类投资和管理。

根据国外的实践，投资主体是根据项目不同的经营属性来确定的。对于经营性项目，由于存在收费机制，有资金流入，应将其推向市场，国营、民营和外资企业均可作为投资主体；对于准经营性项目，由于附带部分公益性，经济效益不明显，市场操作必然会形成资金供给缺口，政府可以适当介入，通过项目贴息、税收返还等补偿形式吸引社会资金的投入，而不是全额财政资金的投入；而对于非经营性项目的建设则主要依靠财政，但也不排除其他方式，如个别项目捆绑筹资方式等。这不仅有利于加快我国城市基础设施的建设和发展，而且对我国城市基础设施投融资体制改革也具有重要的现实意义。

（二）转变政府职能，充分发挥政府在城市基础设施投融资改革中的作用

20 世纪 80 年代以来，西方国家进行的公用事业投融资体制改革，从某种意义上说，也是政府职能转变的过程。英国在实行公用事业民营化改革后，政府不再以所有者的身份干预企业的具体经营活动，而是以简洁的宏观调控

---

① 王秀云：《国外城市基础设施投融资体制改革对我国的启示》，载《中国城市经济》，2007（11），77～79 页。

手段加以指导、调控和引导。在改革过程中为了将竞争机制引入公用企业，英国政府放松了对基础设施领域的管制，但放松管制的同时也采取多种手段加强政府的监管职能。[①] 例如，政府为了加强对公用事业服务价格和质量的监管设计了一套价格控制模型。在质量控制方面，产业管制办公室与被监管企业通过签订经营许可证条款来实现对被监管企业的服务质量控制。而美国基础设施投融资体制改革的主要特点是政府监管的放松，但这并不意味着政府不发挥任何作用。政府的主要作用是从补缺、引导、保护等方面影响民间投资主体的决策，取得了良好的效果。可见，在改革过程中，政府职能的转变并不意味着放弃或削弱政府对基础设施领域的干预，而是将直接干预的行为转化为对企业的间接引导、规范、监督和制定相关政策，这是非常值得我们学习和借鉴的。

　　长期以来，我国政府在基础设施建设和管理中承担着直接投资者、建设者、经营者和管理者等多重角色。这种"大政府"的管理模式导致了我国基础设施投融资市场主体的缺失，资金效率低下，政府财务风险不断积累。借鉴国外经验，结合我国具体情况，本书认为在基础设施投融资领域应充分发挥政府的引导、服务、管理和监督职能。具体表现在：制定基础设施产业中长期发展规划，引导社会资金投向；制定和完善市场运作所需的各项配套政策和投融资法规，依法保护各类投资者的合法权益，建立公开、公平、公正、可信的市场秩序。改善投融资环境，为投资者营造良好的商业环境、服务环境、生态环境和生活环境，吸引更多的国内外资金参与基础设施建设。制定监管法律，依法监管基础设施产品或服务的价格水平和服务质量，确保企业在基础设施领域获得合理利润，同时维护消费者的合法权益。

　　（三）打破政府垄断，引入市场竞争机制

　　西方国家城市基础设施投融资体制改革的成功经验是打破政府垄断，引入竞争机制。这方面典型的例子是日本的"国铁"改革。"二战"后，日本政府对铁路实行国有政策，并且政府对铁路各项活动直接管理和控制。政企不分导致企业主体缺位，铁路部门无法灵活应对市场，生产经营效率降低，

---

① 王秀云：《国外城市基础设施投融资体制改革的考察与借鉴》，载《商场现代化》，2009（15），236～238 页。

成本上升。[1] 针对这种情况，日本对国有铁路进行了拆分，不仅改革原有国有企业的产权制度，同时也对企业的组织结构进行调整，将竞争机制全面引入，通过各公司之间的竞争而提高经营效率，其结果不仅降低了票价，而且使"国铁"扭亏为盈。

从我国的情况看，我国计划经济时代，基础设施采取了由国家投资、国家经营的模式，在企业内部形成了单一的由国有资本完全垄断的产权结构。改革开放以后，特别是90年代以来，虽然基础设施企业开始由传统的全民所有制向以公有制为主体、多种经济成分共同发展的体制转变。但是，从整体看，由国有资本垄断的产权结构仍未打破，在一些经营性竞争行业，国有资本还占据着绝对统治地位，而在一些领域，还存在不允许社会资本涉足的禁区，如管网经营。这种国有资本占垄断地位的局面，极大地束缚了基础设施领域投资效率的提高，也不利于调动社会资本参与基础设施投融资的积极性。[2]

对以行政垄断为特征的我国公用事业来说，要实现基础设施产业的有效竞争，非常有必要借鉴西方发达国家的成功做法和经验，打破政府垄断，引入市场竞争机制，实行竞争性经营，当然，在引入竞争的过程中，鉴于基础设施的特性，政府还应在市场准入和价格方面进行有效的监督和管理。

（四）拓宽融资渠道，创新融资方式

西方国家城市基础设施投融资体制改革在拓宽融资渠道，创新融资方式等方面积累了丰富的经验。例如，直接融资和间接融资相互配合用于筹集基础设施建设资金。其中，基础设施的直接融资包括政府发行市政债券，企业城投债券，基础设施支持证券和固定收益权益证券。发达国家通常使用政府发行的市政债券来为基础设施融资，例如美国债券融资。据统计，美国市政债券余额占GDP的15%~20%，而利用市政债券对基础设施投资的资金占比达到90%~95%。企业城投债券支持基础设施建设从本质上讲完全套用了企业的运行模式，包括债券立项、债券设计、债券审批、债券发行、债券流通

① 欧国立：《日本铁路改革的经验及对中国铁路改革的启示》，中华铁道网，2009 - 05 - 18。

② 王秀云：《国外城市基础设施投融资体制改革对我国的启示》，载《中国城市经济》，2007 (11)，77~79 页。

和债券偿还等。① 基础设施资产支持证券，即将资产组合打包成转付证券、抵押证券等，将基础设施资产证券化，再投入资本市场以盘活资产。REITs 是典型的基础设施资产支持证券。而美国是全球最大的 REITs 市场，产品存量规模超过 1 万亿美元，占全球市场的 2/3。该工具的核心是设计出税收中性金融产品，通过激活基础设施所有权的流动性来实现价值。固定资产收益权益证券是面向社会、银行业等金融机构对具备发展前景和良好收益预期的基础设施项目筹集股权资金。

基础设施的间接融资包括政策性银行贷款，商业银行贷款或政府财政支持。政策性银行作为弥补政府失灵的主要手段或渠道，可以向商业银行等其他金融机构发行金融债券，然后向基础设施建设部门开放长期贷款。政策性银行与商业银行相比具有独特的优势，它们可以将短期和零散的商业资金整合为长期巨额资金，对商业资金和社会具有很大的吸引力和指导作用。商业银行作为社会融资的主渠道，可以通过银团贷款和联合贷款配合基础设施建设，既可以弥补商业银行资金的不足，又可以分散资金风险，完善担保机制。同时，商业银行可以将低收益和高收益的基础设施项目结合起来，刺激社会资本对基础设施的投资。针对公益性和公共性强的基础设施，政府可以提供商业银行、私人投资机构或国际投资机构提供贴息贷款、政府补贴或转移支付，以少量财政支出引导社会和私人资本进入基础设施建设领域。

与西方国家相比，我国改革开放前，城市基础设施建设是由政府包办的，不允许其他资金进入。当然，也就不存在社会融资渠道的问题。改革开放后，城市基础设施建设向社会资金放开，融资渠道逐步拓宽。但总体来看，我国城市基础设施融资渠道仍然十分有限。以 1986 年为例，政府资金，包括城市基础设施两项资金、国家预算投资、各级政府资金和水资源费等，占城市基础设施资金来源的 82%。其他资金，包括国内银行贷款、外资、债券、股票、私人资本等合计达 18%。到 2000 年，政府资金和国内银行贷款合计占

---

① 张鹏举：《"一带一路"基础设施建设领域的国际金融合作研究》，对外经济贸易大学博士学位论文，2018。

72%。① 虽然政府资金的比例有所下降，但这些资金的性质没有改变。截至2004年（建设部，2004），财政拨款和银行贷款合计占52%，自筹资金占41%。在自筹资金中，相当一部分是由市政府以债务形式使用政府信贷取得的。这说明中国的投融资渠道仍然非常狭窄。

西方国家基础设施投融资方式的多样性和机制的灵活性，为我国拓宽基础设施投融资渠道提供了经验。因此，我国城市基础设施投融资体制改革仍需借鉴发达国家城市的成功经验，进一步拓宽融资渠道，创新融资方式。例如，借鉴日本模式，将大型国有企业转制为股份制企业，通过上市募集股权资金；效仿美国模式，通过发行市政债券来筹集资金；借鉴英国的做法，积极推进公私合作的 PPP 模式，政府逐步退出营利性投资。对投资期短、见效快的项目，可以采用委托机构发行的信托计划或可转换债券的方式，鼓励社会资金参与地方的投资建设。另外，随着我国养老金和失业保险制度的改革，可以充分利用保险、养老基金、投资基金等机构资金投资城市基础设施建设，并将分散的社会资金吸引到基础设施部门。

（五）加强法治建设，完善政策法规体系

考察西方国家在城市基础设施投融资体制改革过程中的做法和经验，发现它们一般遵循"制度先于改革"的原则，通过制定具体的法律法规来规范改革进程，以防止和解决改革过程中可能出现的各种问题。例如，英国政府对公用事业的私有化是以政府的立法为指导的，根据可能出现的问题，制定了若干法律法规，如《电信法》《煤气法》《自来水法》和《电力法》，为私有化提供法律依据和实施程序。针对民营化过程中的合同承包，美国在 20 世纪 90 年代制定了《政府绩效和成果法》《联邦采购精简法》等四部法律来规范和约束政府的合同承包行为。法国颁布了《阿拉尔德法》《天然气法》《价格放开和竞争条例》、德国颁布《能源法》《电信法》《邮政法》等法规。

---

① 纪玉哲：《公共基础设施投融资改革研究》，东北财经大学博士学位论文，2013。

表 8 - 1　　　　　　　　中、英五个公用事业产业最新法律比较

产业＼国别	中国	英国
电信	电信条例	电信法
煤气	地方性法规	煤气法
自来水	地方性法规	自来水法
电力	电力法	电力法
铁路	铁路法	铁路法

改革开放 40 年来，我国颁布了《关于固定资产投资项目实行资本金制度》《招标投标法》《证券法》等一系列投融资法律法规。为融资活动提供了一定的法律依据。然而，由于基础设施项目融资的复杂性和法治建设的落后，基础设施项目市场化融资的法治环境还不完善，导致现行相关规定与新的融资方式存在诸多矛盾。以市政债券的发行为例，现行《预算法》第二十八条原则上不允许地方政府发债，《担保法》又规定了地方政府不能提供担保，这些条款都与市政债券的发行存在矛盾。而在煤气和自来水供应产业，至今还没有相应的法律，只有一些地方制定的"条例""规定"（见表 8 - 1）。

针对上述问题和矛盾，我们有必要学习和借鉴国外的成功做法和经验。当务之急是加快清理和完善相关政策法规，对现有法规中限制或阻碍基础设施融资的相关条款加以修改和完善。同时，要加快投资法律法规的制定，依法保护投资者的合法权益，规范各投资主体的投资行为和政府的投资管理活动。只有加快法治建设、完善政策法规体系，才能实现基础设施投融资向社会资金开放，从而加快基础设施投融资体制市场化改革进程。

（六）转变政府监管模式，充分发挥社会监督组织的作用

考察西方国家的基础设施投融资体制可以发现一个共同的现象，即重视社会监督组织的作用。西方在实践中的主要做法有：一是建立非行政化的监管机构。例如，英国在政府和公用事业之间建立一个法定的产业管制办公室，监管办公室将依法对被监管企业进行有效的价格和质量控制，以防止和避免企业之间无序竞争和资源浪费。二是建立专业消费者组织，在各种公用事业行业设立消费者代表委员会，如燃气消费者委员会、自来水顾客委员会、电

力消费委员会等，这些委员会独立于监管机构和各行业的公用事业。仅代表消费者的利益。三是健全听证会制度，在公用事业领域制定和调整有关消费者、企业等各利益集团的政府管制法规和周期性地调整价格管制政策时，都在力求公开和反复修改的原则下实行听证会制度，进行社会监督。

与国外相比，在监管机构方面，我国公用事业企业的管理主要由政府承担。这将产生两个基本问题：首先是造成政府行政管理部门和所属国有企业政企不分；其次是政府监管机构有时难以公平地做出监管决策。在建立专业的消费者组织方面，虽然我国已经建立了全国性的消费者协会和地方性的消费者协会，但与国外的公用事业领域专业性的消费者组织相比，各级消费者协会在公用事业领域缺乏专业知识，难以有效保护消费者利益。在听证制度方面，我国各地实行的听证制度存在明显缺陷。主要表现为听证缺乏广泛性和代表性，代表意见的渠道不畅通，听证的内容程序不透明，听证代表对决策的影响不强，没有发挥出听证会应有的社会监督作用等。

国内外的实践表明，有效的监督管理是城市基础设施投融资改革成功的关键。因此，我国的基础设施投融资体制改革应充分借鉴国外经验，在公用事业领域依法建立相对独立、利益中性的监管机构，形成政企分离的管理体制；建立能充分代表消费者利益的专门组织，以维护消费者的合法权益；充分发挥社会监督组织的作用，接受司法、审计以及新闻媒体等社会监督机构对基础设施融资过程、融资资金的使用和监督；健全听证会制度，在制定和调整涉及消费者、企业各利益集团的政策法规、特别是周期性调整管制价格时，都必须实行听证会制度，接受社会监督。

二、发达国家基础设施投融资体制改革对我国的启示

当前，在世界经济一体化进程加快的现实背景下，改革开放不断向纵深发展，我国经济进入了市场经济的快车道。但对比已经充分市场化的竞争领域，目前自然垄断的基础设施领域作为国民经济的基础产业，却始终游离于市场经济之外，从系统论的视角看，显然有碍国民经济体系的完整、高效运行。由此可推见，我国基础设施投融资体制改革，是与建设社会主义市场经济的内在逻辑相契合的。鉴于市场经济运行的规律，在不同所有制社会形态

中都发生作用，反映市场经济发展特征和规律的西方理论及其政策主张自然可供我们借鉴和利用。西方对垄断、竞争、规制、产业组织等问题的政策思路及其理论解释力，以及西方国家据以施行的基础设施领域管治和改革措施的现实可行性，要在不同的制度环境下发挥作用，需要经历一个批判扬弃、融会贯通、推陈出新的理性识别过程。只有学习和吸收西方理论的科学成分，总结和运用其运行和改革实践的经验成果，并通过中国国情的实际修正，以补充、完善、丰富和发展社会主义市场经济理论，才能不断逼近处在发展变化中的客观事实，对我国市场经济体制改革总体方向形成正确的把握，从而对始终贯穿着效率与福利两大目标的基础设施市场导向改革作出言之有据的、有力的科学预见，在政策选择、运行机制设计上依循有效的路径推进市场化进程。

具体而言，我们可以从西方国家对基础设施实施政府监管的组织架构设置，运行管制的政策思路、改革的目标取向等制度安排中寻求有益的启示。比如，英、德两国在管制基础设施的政策导向上分属两类典型：前者在基础设施改革模式上始终突出和贯穿一条经济效率主线，而后者的政策基点与归宿则以社会福利为重心。由于具有某种发展轨迹（相对后发国家）与政策取向（注重公共利益）的相似性，德国基础设施市场化的许多经验特别值得我国的改革学习和借鉴。又如，在基础设施投融资体制改革中引入市场竞争机制的具体技术手段上，法国的特许权竞标、委托管理等模式，不但在实现公用事业供给与服务高度专业化、社会化方面成效卓著，而且实践中可操作性强，同时又能较少程度地触动原有的利益平衡，不失为一个可供我国基础设施领域改革引用、效法的有效市场化运作工具。

总之，回顾和总结发达市场经济国家基础设施投融资体制改革中走过的"纠错"历程，西方国家根据本国自身条件和发展特点，从实践中探索、积累、演化、成熟起来的体制模式，无疑是我国发展、改革从而推动基础设施投融资体制进步的最好借鉴。其中西方国家基础设施市场化改革的失败教训更是弥足珍贵，它提供了一种更难得的经验启示，可使我们避免在基础设施市场导向改革中重蹈覆辙，缩短"试错"行程。而改革实践探索中的许多成功做法，只要充分认识中西方政策环境、历史传统、文化习惯等制度差异可能造成的"适配性陷阱",去芜存菁,加以合理改造后移植到我国的土壤,设法克服"水土不服"症,就足以为我所用。[①]

第三节 对我国城市基础设施投融资体制改革的思考

随着我国城市基础设施领域市场化进程的不断推进,城市基础设施投融资逐渐表现出投资主体多元化、融资渠道多样化、收费机制市场化的基本特征。新一轮的基础设施投融资体制改革为中国城市的迅猛发展拓展并稳定了资金渠道,增加了公共产品和服务的供给,保障了供应,改善了服务和品质,提高了城市居民的生活水平和生活质量。但是我国城市基础设施投融资体制改革矛盾和问题依然存在,因此,需要不断解决问题,继续探索和深化改革。

一、当前我国城市基础设施投融资体制改革面临的困境

我国的基础设施投融资体制改革虽然取得了一些成绩,但也存在不少问题,改革中由于缺乏顶层设计,没有理顺政府规制与市场化之间的关系,改革时常偏离预期轨道,并引发一系列深层次的社会问题与矛盾,主要表现在:

(一) 改革导致国有资产流失和腐败问题

在城市基础设施投融资体制改革实践中,个别地方政府将"市场化"简单或片面地理解为"推向市场",将国有资产"一卖了之"的同时也将政府相应责任推卸出去。在缺乏国有资产科学评估和对经营项目严谨论证的情况下,急于对公用企业或项目实行民营化,通过"政企合谋",有意低估国有资产真实价值,追求国有资产出让、转让和资产变现给地方政府或个人带来的短期利益。在我国历年反腐败案件中,城市公用事业改革中国有资产流失与腐败案件并不少见。

(二) 固定投资的收益与价格过快上涨激化政府、企业与消费者的矛盾

在城市基础设施投融资体制改革中,投资回报率一直是政府和企业博弈的焦点,也是民营化改革不得不面对的难题。一方面,过高的投资回报率在

---

① 杨振宇:《中国公用事业市场导向研究》,武汉大学博士学位论文,2012,72页。

吸引民间投资的同时带来较大价格上涨压力；另一方面，过低的投资回报率不利于民营化的顺利推进，且给政府造成财政负担。因此，在改革实践中，政府一方面为吸引资金承诺较高的投资回报率，另一方面又无力给予足够的财政补贴，导致改革往往伴随价格的不断上涨，引发消费群体的强烈不满。如沈阳市水务民营化案例中，沈阳市政府在与中法水务签订特许经营协议时，允诺中法水务获得第八水厂 30 年的特许经营权，并保证 18% 的平均回报率。当制水成本和市场供需状况等发生改变导致水价持续高涨时，过高的投资回报率导致沈阳市政府背上 3 亿元的债务包袱，最终不得不以高达 9 亿元的代价完成退市，远高出最初上市募集的 6.8 亿元资金。①

（三）产品和服务的质量、安全及普遍服务属性难以保障

当以特许经营为代表的多种市场化模式如 BOT 模式、BOO 模式、股份剥离模式等在我国城市公用事业中如火如荼地开展时，对质量、安全等社会性规制、城市公用事业普遍服务属性以及对公众需求的忽略，使改革一度陷入停滞。近年来频发的"煤、电、油、运"等基础设施问题，尤其是交通堵塞问题、污水处理系统失灵以及"电荒""水荒"等现象，与人民日益增长的城市公用产品和服务需求相背离，城市基础设施投融资体制改革深化迫在眉睫。例如，长沙市公交民营化后，由于政府监管的缺失，公交运营企业在利润驱使下漠视公共事业的普遍服务属性，服务质量低下，企业内部管理混乱，多次造成严重交通违章现象，严重威胁公共安全和公众利益。南京、重庆、合肥等城市公交实行民营化改革后陆续出现交通事故频发、公交线路覆盖不全面与拒载老人等服务质量低劣问题，严重背离改革的初衷。

（四）政府承诺缺失，民营化改革难以为继

城市基础设施建设由于高投资和大量沉淀成本，有较高的市场进入壁垒和退出障碍。通过公私合作，即以 PPP 的方式在政府与私营机构之间建立长期伙伴关系，满足双方分别对"公共利益与投资资金"和"降低风险和提高利润"的需求，二者在长期博弈中形成利益均衡。但现实的情况是，我国城市公用事业监管制度尚未进入法治化、程序化和规范化轨道，市场机制尚不

---

① 周耀东、余晖：《政府承诺缺失下的城市水务特许经营——成都、沈阳、上海等城市水务市场化案例研究》，载《管理世界》，2005（8）。

成熟，地方政府为吸引投资者的进入，降低其对风险的顾虑，往往针对价格和产量达成某种协议，并单方面提供价格、生产数量、投资回报以及优先获得新项目特许经营权等超越法律授权的承诺。当技术水平、市场范围、需求状况发生变化或政府决策调整导致企业严重亏损、普遍服务无法保障或政府财政债台高筑时，政府承诺多沦为一纸空谈，无法兑现。可见，政府承诺缺失的根源在于"无法对政府进行长期有效的制度性的监管和约束"，即"制度性的有效承诺缺位"，主要体现在滥用承诺和承诺不连续性，规制机构的缺失和法律的缺失几方面。我国成都、沈阳、上海等城市水务市场化进程均不同程度地反映了政府规制中承诺缺失的问题。市场经济条件下，以私法为主导的合同式规制模式是现代政府规制体制的基本实现形式，也即将成为规范和指导我国城市公用事业特许经营改革的主要形式。如何实现从传统的政府管制体制向现代行政规制体制的转变，以灵活、自由且规范有效的合同式规制模式规范城市公用事业市场化各方参与主体行为，是城市公用事业改革深化亟待解决的问题，也是攻克我国规制改革过程中所有矛盾的关键。

（五）政府高价回购，"逆民营化"现象普遍

随着城镇化进程的加快，国家对节能减排、污水和垃圾处理等公用事业提出更高要求，迫切需要加大供水和污水处理等基础设施建设。地方政府迫于财政压力，将城市公用事业产权或经营权像"土地财政"一样一卖了之，在盲目招商引资、搞"政绩工程"的同时，也将政府的责任推卸得一干二净。在尚未建立完全的公法规制体制下，城市公用事业民营化犹如脱缰的野马，加剧了公共利益和私人利益之间的冲突矛盾。一方面由于生产资料价格上涨等因素，民营企业要求政府提供财政补贴或导致价格大幅上涨；另一方面产品和服务质量严重下滑、普遍服务难以保障，导致民众怨声载道。政府最终不得不高价回收城市公用事业项目，由民营再度变为国营，出现市场化的"回潮和反复"。近年来发生在我国浙江、安徽、南京等城市公共交通民营化改革中的逆民营化现象，即为很好的例证。[①]

---

① 谢地、刘佳丽：《深析政府与市场关系之困》，载《人民论坛·学术前沿》，2015（12），64～77页。

二、当前我国城市基础设施投融资体制改革需要处理好几个关系

一是解决资金短缺与推进制度创新的关系。推进改革的主要目的不是解决资金短缺问题，而是实现体制机制的改革，创新管理经营制度，提高基础设施的管理和服务水平。因此在引进社会投资者时，要设定资质要求，不仅要有资金实力，还要有一定的专业化经营管理能力。如果社会投资者只有资金实力，而没有专业化能力，则必须要求其与有资质的企业组成联合体才可以参与基础设施项目的投资建设和经营。

二是处理好垄断与市场化的关系。垄断分为自然垄断和政府垄断，推进基础设施投融资体制的市场化改革，首先指的是打破政府垄断，即取消禁止或限制民间资本进入的政策；其次是要打破比政府垄断更严重的政府包揽，理顺政府和基础设施企业之间的关系；最后是要在尊重某些基础设施行业自然垄断规律的前提下推进市场化。自然垄断具有正反两方面作用，既具有规模经济效益，又有可能对公共利益产生危害。市场化的目的不是竞争本身，而是要通过引入竞争来提高效益。在市场化改革过程中，为防止自然垄断对公共利益的危害，要加强对自然垄断行业的政府管制，禁止通过政府垄断来强化自然垄断，但不能以引入市场竞争的名义来随意肢解自然垄断行业内的企业，以免造成效益损失。此外，还要区分竞争环节和自然垄断环节，在竞争环节实行多元主体。

三是处理好政府与基础设施国有企业的关系。由于基础设施所具有的公共物品属性，负责运营管理基础设施的国有企业也具有不同于一般竞争性领域国有企业的特点，使基础设施国有企业的改革具有独特性。但国有企业改革政策中并没有为基础设施国有企业改革提供差别化设计，在基础设施国有企业建立现代企业制度的过程中存在较为复杂的情况，一方面政府对公共服务的责任要求政府必须加强对基础设施国有企业的管制，加强基础设施领域国有资本的控制力，尤其是负责运营某些非经营性基础设施的国有企业必须依靠政府的财政补贴，不可能完全做到政企分开；另一方面，某些负责运营经营性基础设施的国有企业完全具备市场化的条件，可以不必依赖政府而独立生存。因此在改革实践中，不能拘泥于一种改革模式，而要按照市场化的

改革方向，推行政府管制下的市场竞争，区分基础设施国有企业的类别，推进不同程度的市场化改革。对于运营经营性基础设施的国有企业，可以在政府的市场监管下完全推向市场；对于运营非经营性基础设施的国有企业，可以在政府管制下在某些环节上引入市场运作机制。

四是处理好监管与被监管的关系。实施基础设施投融资体制市场化改革，开放基础设施建设和运营市场，要构建完备的市场监管体系，必须处理好行政监管与法律监管和经济监管之间、程序性监管与实质性监管之间、准入管制与价格管制和普遍服务义务管制之间的关系。另外，不能忽视对政府监管部门的监管，既要为进入基础设施建设运营市场的社会投资者提供反馈利益诉求、监督政府部门行政行为的渠道，也要加强投资主管部门对行业主管部门、财政审计部门和人大、政协对改革推进、实施部门的监管，并建立社会监管机制。

三、对我国城市基础设施投融资体制改革的思考

按照国家导向性政策方针，认真研究借鉴国外发达国家从 20 世纪 70 年代开始推行的基础设施投融资体制改革的有益经验和做法，并总结以往改革实践中的经验和教训，深刻认识到深化我国城市基础设施投融资体制改革，不能再延续以往改革中采取的在政府绝对控制下在部分环节引入市场竞争机制的做法，而应从根本上培育并确立市场机制的基础性地位，推行和实施市场化改革。当前我国城市基础设施投融资体制的市场化改革，与以往城市基础设施投融资体制改革和一般商品领域中的市场经济体制改革相比，被赋予了新的更加丰富的内涵。

城市基础设施投融资体制市场化改革的实质是要在基础设施领域从根本上理顺政府与市场的关系。既不是以往改革中由政府支配市场、控制市场的关系，也不是由市场完全主导基础设施资源配置、政府居于从属地位的关系，而是政府与市场互为补充、相互制约、有机结合的关系。这种关系体现在：

一是政府对基础设施领域资源进行配置的职能要建立在市场能够充分发挥配置资源的基础性作用的基础之上。表现在具体政策上，就是政府对基础设施领域的投融资调控必须由直接干预转变为间接的宏观的调控，通过市场

准入、价格政策、产业政策、信息发布、合同约束来实现政策目标，就是政府对基础设施建设和运营市场的监管由主要依赖行政性监管转变为依靠经济手段、法律手段辅之以必要的行政手段来进行监管。表现在政府资金运用上，就是要采取资本金注入、股权融资、政府贴息等市场化的手段和方式来引导社会资金进入基础设施领域，而不再进行财政包揽和单纯的政府直接投资。

二是在基础设施投融资建设和运营的所有环节上引入市场经济的原则、理念和做法，而不仅仅是在少数环节上引入市场竞争的机制。市场经济最重要的原则和理念是公开、公平、透明和理性，在此基础之上进行的市场竞争才是充分的市场竞争，而在信息严重不对称、选择权不公平的情况下进行的市场竞争，是不充分的市场竞争，达不到优化资源配置、节约成本、提高效益的最佳效果。市场经济规则还要求权利义务对等、风险收益匹配，而原有的基础设施投融资体制恰恰在责任约束机制和风险约束机制方面有很大欠缺，亟须完善。这种全面深入的市场化，表现在改革政策上，就是要摒弃以往改革仅在少数环节上引进竞争机制的简单做法，而在基础设施投资、融资、建设等各个方面，在政府投资决策、政府投资管理、全社会投资的宏观调控、项目管理、资金筹措以及投资回收等各个环节上，建立公开、透明、规范的操作程序和规则，以及在基础设施投融资的所有可竞争的环节引入竞争机制，尤其是在投资决策上以市场的理性辅之以科学、民主的决策制度和权、责、利相匹配的责任约束机制，来杜绝或者最大限度地减少政绩冲动和拍脑门式的简单决策所造成的决策失误甚至决策错误的发生。

三是政府保留对基础设施建设和运营的最终直接干预权。由于基础设施具有不同于一般商品的经济属性、社会属性以及自然垄断属性等特征，因此在基础设施的建设和运营领域，政府作用和市场机制都有发挥作用的空间，既存在政府失效的方面，也存在市场失效的方面。有鉴于此，为达到基础设施建设和运营的最佳效果，必须将政府作用和市场机制有机结合起来，找到二者的最佳结合点，既不能由政府完全操控，也不能由市场自由发挥，既要引入竞争，又不能搞过度竞争，从而达到互为补充、互为制约的最优化效果。因此在政府作用机制中引入市场经济的理念和做法，在投融资环节上引入市场竞争机制的同时，必须完善政府对市场的制约机制，保留政府的最终干预权。这种干预权分为两个方面，一方面是在基础设施发展规划和投资决策上，政府具有最终决定权；另一方面是在市场监管上建立市场救援或市场清出机制，除日常监管外，如果基础设施建设和运营主体因为不可抗力或者因为自身经营管理上的原因，不能按照合同约定有效履行普遍服务义务或普遍服务义务被破坏，不能有效供给合乎标准的公共产品和基础设施服务，政府必须提供行政救济、进行行政直接干预、政府接管或将不合资质企业清出市场。

四是市场化改革的目的或要达到的实施效果不再仅仅局限于解决城市建设中的资金短缺，还包括提高基础设施建设和运营的效率和效益以及塑造公平竞争的市场环境。在以往的城市基础设施投融资体制改革中，改革的最初动力大都来自于城市建设资金短缺的压力，但都往往忽视通过改革来提高基础设施建设和运营的效益和效率。这种情况下的改革举措，主要是在项目公司层次而不是基础设施企业母体的层次引入社会资本，注重在打破垄断、开辟多元化投资和融资渠道方面进行改革，而忽视对政企关系、政资关系、政事关系的重塑，忽视对政府投资管理体制以及国有基础设施企业的改革。这是一种不完全、不彻底的改革模式，这种模式下，原有体制的种种弊端仍然难以消除，例如，国有企业仍然是基础设施领域主要的单一投资主体，在增量建设上，一有项目就争、争到了就不着急、一动工就收不住投资，投资超了也无人负责。在存量基础设施的运营上，国有企业垄断经营，管理不善，经营亏损与政策性亏损相互交织。

因此，为改变上述状况，城市基础设施投融资体制市场化改革，在政策的设计阶段，就把提高整个基础设施建设和运营的效率和效益摆在与建立多元化的投融资格局同等重要的地位。此外，城市基础设施投融资体制改革，还把建立公平的市场环境放在重要位置加以考虑。在完善社会主义市场经济体制的大背景下，政府必须通过改革，给予非国有资本以平等进入基础设施建设和运营市场的权利。因此，推进城市基础设施投融资体制的市场化改革，不仅仅是把打破垄断作为解决资金短缺的手段，还将开放市场、增强政府投资管理和调控的透明度上升到创造公平竞争的市场环境的高度。

参考文献

1. ［美］斯蒂格利茨. 政府为什么干预经济［M］. 北京：中国物资出版社，1998.

2. ［澳］欧文·E. 休斯. 公共管理导论［M］. 北京：中国人民大学出版社，2001.

3. ［美］E. S. 萨瓦斯. 民营化与 PPP 模式：推动政府和社会资本合作［M］. 北京：中国人民大学出版社，2015.

4. ［美］丹尼斯·C. 缪勒. 公共选择理论［M］. 北京：中国社会科学出版社，1999.

5. ［美］拉塞尔·M. 林登. 无缝隙政府［M］. 北京：中国人民大学出版社，2001.

6. ［南］斯韦托扎尔·平乔维齐. 产权经济学：一种关于比较体制的理论［M］. 北京：经济科学出版社，1999.

7. ［美］罗伯特·E. 史蒂文斯，菲利普. K. 舍伍德. 市场投资分析［M］. 北京：机械工业出版社，2000.

8. ［美］桑贾伊·普拉丹. 公共支出分析的基本方法［M］. 北京：中国财政经济出版社，2000.

9. ［瑞典］伦达尔，恩杜鲁. 发展经济学新方向［M］. 北京：经济科学出版社，2001.

10. ［英］安东尼·B. 阿特金森. 公共经济学［M］. 上海：上海人民出版社，1994.

11. ［英］达霖·格里姆赛，［澳］莫文·K. 刘易斯. PPP 革命：公共服务中的政府和社会资本合作［M］．北京：中国人民大学出版社，2016.

12．［美］阿瑟·刘易斯．经济增长理论［M］．北京：商务印书馆，1983.

13．［美］伯利，米恩斯．现代企业与私人财产［M］．北京：商务印书馆，2005.

14．［美］钱纳里，鲁宾逊，赛尔奎．工业化和经济增长的比较研究［M］．上海：上海三联书店，1989.

15．［美］斯蒂芬·P.罗宾斯．管理学［M］．北京：中国人民大学出版社，2002.

16．［瑞典］缪尔达尔．经济理论与不发达地区［M］．杰拉尔德·达克沃思公司，1957.

17．［匈］科尔奈．短缺经济学［M］．北京：经济科学出版社，1986.

18．［英］科斯，［美］诺斯等．制度、契约与组织——从新制度经济学角度的透视［M］．北京：经济科学出版社，2003.

19．［英］马歇尔．经济学原理（上）［M］．北京：商务印书馆，1983.

20．［英］亚当·斯密．国民财富的性质和原因的研究［M］．北京：商务印书馆，1979.

21．张允宽等．中国城市基础设施投资改革研究报告［M］．北京：中国建筑工业出版社，2002.

22．杨军．基础设施投资论［M］．北京：中国经济出版社，2003.

23．王俊豪．政府管制经济学导论［M］．北京：商务印书馆，2001.

24．王丽娅．民间资本投资基础设施领域研究［M］．北京：中国经济出版社，2006.

25．丁向阳．城市基础设施市场化理论与实践［M］．北京：经济科学出版社，2005.

26．邓淑莲．中国基础设施的公共政策［M］．上海：上海财经大学出版社，2003.

27．王辰．基础产业融资论［M］．北京：中国人民大学出版社，2000.

28．朱会冲，张燎．基础设施项目投融资理论与实务［M］．上海：复旦大学出版社，2002.

29. 张惊新．中国融资制度创新研究［M］．北京：中国金融出版社，2003.

30. 张极井．项目融资［M］．北京：中信出版社，1997.

31. 迟福林．中国基础领域改革［M］．北京：中国经济出版社，2000.

32. 施华航．城市基础设施建设投融资理论与实践创新［M］．天津：南开大学出版社，2016.

33. 张伟．城市基础设施投融资研究［M］．北京：高等教育出版社，2005.

34. 城市基础设施投融资体制改革课题组．国外城市基础设施投融资体制比较研究报告［M］．北京：中国建筑工业出版社，2002.

35. 王铁军．中国地方政府融资22种模式［M］．北京：中国金融出版社，2006.

36. 毛腾飞．中国城市基础设施建设投融资问题研究［M］．北京：中国社会科学出版社，2007.

37. 周耀东．中国公用事业管制改革研究［M］．上海：上海人民出版社，2005.

38. 余池明，张海荣．城市基础设施投融资［M］．北京：中国计划出版社，2004.

39. 余辉，秦虹．公私合作制的中国实验［M］．上海：上海人民出版社，2005.

40. 王力红，郭栋．城市项目融资案例研究［M］．北京：中国商务印书馆，2006.

41. 程工，张秋云等．转轨时期基础设施融资研究［M］．北京：社科文献出版社，2006.

42. 唐建新，杨军．基础设施与经济发展：理论与政策［M］．武汉：武汉大学出版社，2002.

43. 刘保华．基础设施产业：你的出路在哪里？［M］．北京：中国经济出版社，2006.

44. 邢恩深. 基础设施项目投融资操作实务 ［M］. 北京：同济大学出版社，2005.

45. 建设部课题组. 市政公用事业改革 ［M］. 北京：中国建筑工业出版社，2007.

46. 何佰洲，郑边江. 城市基础设施投融资制度演变与创新 ［M］. 北京：知识产权出版社，2006.

47. 财政部政府和社会资本合作中心. 国外 PPP 案例选编 ［M］. 北京：中国商务印书馆，2015.

48. 李荣融. 外国投融资体制研究 ［M］. 北京：中国计划出版社，2000.

49. 秦虹. 中国市政公用设施投融资现状与改革方向 ［J］. 城乡建设，2003（7）.

50. 陆伟芳，余大庆. 19 世纪英国城市政府改革与民主化进程 ［J］. 史学月刊，2003（6）.

51. 陈平. 中英城市公用事业管理体制比较 ［J］. 商业经济与管理，2003（1）.

52. 王丽娅. 政府资本与民间资本在基础设施领域投资范围的划分 ［J］. 社会科学辑刊，2004（3）.

53. 余池明. 项目区分理论与城市基础设施投资体制改革 ［J］. 城乡建设，2001（12）.

54. 和宏明. 我国城市基础设施投资运营体制改革的理论 ［J］. 城市发展研究，2004（1）.

55. 戎刚. 发达国家城市基础设施建设的特点及借鉴 ［J］. 中国城市经济，2002（3）.

56. 张文春，王辉民. 城市基础设施融资的国际经验与借鉴 ［J］. 国家行政学院学报，2001（3）.

57. 王秀云. 城市基础设施投融资体制改革的国际经验及对我国的启示 ［J］. 中国城市经济，2007（6）.

58. 王秀云. 城市建设管理中的公私合作 ［J］. 中国城市经济，2007（4）.

59. 荣朝和，李津京．公私合作关系的构建与实施——基于交通领域利用民间资本的研究［J］．产业经济评论（山东大学），2014（3）．

60. 舒理．英国 PFI 公私合作运行机制［J］．中国金融，2015（2）．

61. 宋波，傅元章，史占中．战略性新兴产业公私合作制培育模式分析：基于混合组织的视角［J］．中国科技论坛，2013（3）．

62. 宋波，徐飞．不同需求状态下公私合作制项目的定价机制［J］．管理科学学报，2011（8）．

63. 宋小宁，陈斌，吴明琴．基础设施供给模式选择研究——基于公私合作（PPP）和政府采购的比较［J］．厦门大学学报（哲学社会科学版），2014（3）．

64. 孙洁．我国基础设施建设需采用 PPP 模式［J］．中国财政，2013（18）．

65. 罗光强．基础设施投融资体系的比较［J］．经济论坛，2002（12）．

66. 王京元．论我国基础设施建设中的民间资本进入［J］．经济体制改革，2002（4）．

67. 赵全厚，杨元杰，赵璧，孙昊旸．地方政府投融资管理模式比较研究［J］．经济研究参考，2011（10）．

68. 彭化非．借鉴日美经验规范我国地方政府融资行为［J］．南方金融，2012（10）．

69. 韩守富．我国基础设施的财政投融资渠道研究［J］．生产力研究，2010（11）．

70. 苏海红．运用地方财政手段撬动民间资金问题研究［J］．经济研究参考，2012（42）．

71. 王卉彤，李为人．北京城市基础设施建设投资与经济发展水平研究［J］．北京社会科学，2007（1）．

72. 贾康，孙洁．我国基础设施建设急需采用 PPP 模式［J］．经济研究参考，2014（13）．

73. 唐清泉，甄丽明，李懿东．我国投资基础设施的公共资本与私人资本［J］．商业经济与管理，2008（12）．

74. 卢洪友. 公共品生产的市场化与制度创新［J］. 中央财经大学学报, 2004（4）.

75. 林晨辉. 发达国家促进民间投资的主要政策经验［J］. 宏观经济研究, 2002（3）.

76. 刘娟, 王莉, 王蕴华. 北京市公共服务满意度指数研究［J］. 学术前沿论丛, 2011.

77. 李忠福. 基于 DEA 方法的我国基础设施投资绩效评价: 2003—2007 年实证分析［J］. 系统管理学报, 2009（6）.

78. 谢升峰. 日本财政投融资的转型及启示［J］. 现代日本经济, 2005（4）.

79. 王蕴, 胡金瑛, 徐策. 我国地方政府债务性融资模式选择［J］. 经济研究参考, 2012（2）.

80. 张从丽. 基础设施与经济发展关系探析［J］. 经济与管理, 2008（6）.

81. 郑显理. 国外财政投融资的成功实践对我国投融资体制改革的启示［J］. 浙江理工大学学报, 2005（4）.

82. 汪雷. 对我国财政投融资资金运用的分析［J］. 经济问题探索, 2004（10）.

83. 叶裴荣. 我国地方政府融资体系研究［J］. 西南金融, 2012（1）.

84. 丁兆君. 地方政府公共基础设施投融资管理体制研究［J］. 财经问题研究, 2014（12）.

85. 周业安, 赵晓男. 地方政府竞争模式研究［J］. 管理世界, 2002（12）.

86. 封北麟. 我国城镇化进程中的基础设施融资［J］. 经济研究参考, 2013（13）.

87. 高强, 李鹏进. 我国城市基础设施建设投融资现状及对策研究［J］. 开发研究, 2012（1）.

88. 何文虎. 我国城市基础设施融资平台创新: 基础设施融资银行［J］. 金融理论与实践, 2014（2）.

89. 韩守富．我国基础设施的财政投融资渠道研究［J］．生产力研究，2010（11）．

90. 霍建国，庞超然．国际基础设施领域投融资新模式［J］．国际经济合作，2016（4）．

91. 李忠．中国基础设施建设利用外资综述［J］．经济研究参考，1997（69）．

92. 龙树发．我国基础设施融资渠道拓展分析［J］．时代金融旬刊，2011（8）．

93. 李娜．浅议基础设施 PPP 项目的风险管理［J］．经营管理者，2016（36）．

94. 陆崛峰，张盟．关于我国当前投融资体制改革策略的研究［J］．华北金融，2017（1）．

95. 孟祥林，李宏伟．市场化融资：小城镇基础设施建设的策略选择［J］．华北电力大学学报（社会科学版），2007（1）．

96. 宋斌文，何晨．PPP、政府购买服务、政府采购关系辨析［J］．行政事业资产与财务，2017（7）：19－21．

97. 宋善清，韩金红．我国基础设施项口国际融资方式研究［J］．中国西部科技，2005（　）．

98. 汪金敏．政府购买服务是 PPP 吗［J］．施工企业管理，2016（8）．

99. 王郁．东京城市轨道交通建设投融资体制浅析［J］．日本学刊，2007（5）．

100. 王路．城市基础设施建设合理比例关系探析［J］．城市规划，2000（5）．

101. 许洪智．城市基础设施建设境外融资方式［J］．经济研究参考，2016（25）．

102. 肖凤娟．中国投融资体制的历史变迁和当前改革的关键［J］．中央财经大学学报，2012（6）．

103. 杨瑞龙．制度变迁方式的转换与我国投融资体制的演变［J］．教学与研究，1998（11）．

104. 杨飞雪，黄丹林．城市轨道交通 PPP 项目风险分担机制研究［J］．综合运输，2014（7）．

105. 杨飞虎．发达国家地方政府投融资管理的经验与借鉴［J］．学习与探索，2013（10）．

106. 赵振宇，段林玲，江伟．BOT 与 ABS 项口融资模式比较及实施初探［J］．建筑经济，2006（12）．

107. 张朔．深化投融资体制改革［J］．特区实践与理论，1998（10）．

108. 张伟，周鲁柱，乔翠霞．依靠民间资本提高城市基础设施投资绩效的理论与实证研究［J］．管理现代化，2006（6）．

109. 祖刚．完善城市基础设施投融资管理体制的若干思考［J］．城市，2014（12）．

110. 张长海，朱俊峰．世界主要国家交通基础设施投资模式的启示［J］．技术经济与管理研究，2005（6）．

111. 乔恒利．基础设施项目多元投融资模式选择研究［D］．上海交通大学，2009.

112. 孙荣霞．基础设施集成融资模式的研究［D］．昆明理工大学，2010.

113. 王克冰．中国地方政府投融资问题研究［D］．天津大学，2009.

114. 姚煜．中外城市基础设施建设投融资模式比较研究［D］．海南大学，2011.

115. 刘沛云．重庆市基础设施建设投融资实践探索与机制优化［D］．重庆大学，2016.

116. 张静怡．天津市基础设施建设项目投融资机制的优化研究［D］．天津大学，2016.

117. 潘相麟．基础设施建设投融资运行模式研究［D］．重庆大学，2007.

118. 姜越．我国基础设施投融资体制改革问题研究［D］．吉林大学，2018.

119. 薛裴．公共物品供给的民营化研究［D］．首都经贸大学，2006.

120. 董文超．我国农村基础设施建设融资问题研究［D］．兰州交通大学，2015.

121. 甄富春．转型期我国城建投融资体制变革与城市规划的应对研究［D］．同济大学，2007.

122. 王晓腾．我国基础设施公私合作制研究［D］．财政部财政科学研究所，2015.

123. 杨振宇．中国公用事业市场导向改革研究［D］．武汉大学，2012.

124. 彭清辉．我国基础设施投融资研究［D］．湖南大学，2011.

125. 易宇．中国市政债券运行的制度研究［D］．财政部财政科学研究所，2015.

126. 崔国清．中国城市基础设施建设投融资模式研究［D］．天津财经大学，2009.

127. 李惠先．我国城市基础设施民营化管理体系研究［D］．吉林大学，2011.

128. 纪玉哲．公共基础设施投融资体制改革研究［D］．东北财经大学，2013.

129. 赵璧．可持续发展下的北京政府投融资研究［D］．财政部财政科学研究所，2012.

130. 屈哲．基础设施领域公私合作制问题研究［D］．东北财经大学，2012.

131. 沈叶迪．英国公私合作项目研究［D］．华中科技大学，2012.

132. 孙洁．城市基础设施的公私合作管理模式研究［D］．同济大学，2005.

133. 王慧莎．基于 PPP 模式的城市基础设施项目融资风险研究［D］．中南大学，2012.

134. 虞青松．公私合作下公用事业收费权的配置研究［D］．上海交通大学，2013.

135. Shuanglin Lin. Public infrastructure development In China. Comparative Economic Studies. Flushing：Summer 2001. Vol. 43, Iss. 2；pg. 83.

136. Michel Rerf , Warrick Smith. Privatizing Africa's Infrastructure, World Bank Technical Paper No. 337.

137. Sylvie Demurger. Infrastructure development and economic growth: An explanation for regional disparities in China? Journal of Comparative Economics. San Diego: Mar. 2001. Vol. 29, Iss. 1; pg. 95.

138. Ashoka Mody: Infrastructure Strategies in East Asia , the World Bank 1997.

139. Neil Brenner. Globalisation as Reterritorialisation: The Re – scalinn of Urban Governance in the European Union, Urban Studies Vol. 36, No. 3, 431 – 451, 1999.

140. Ravi Ramamurti. Privatizing Monopolies – Lessons from the Telecommunications and Transport Sectors in Latin America, 1996 the John Hopkins University Press.

141. Kridel, Donald J. 1996. The Effects of Incentive Regulation in the Telecomunications Industry. Journal of Regulatory Economics: 9 (3), May.

142. International Conference of Private Business Associations, Rethink the Velfare State : A Challenge for the Private Sector1997.

143. Stone C. Renime Politics. Governing Atlanta, 1946 – 1988. University Press of Kamas, 1989.

144. Taylor T. A Transaction Cost Approach to Offsets in Government Procurement, Working Paper, Alfred University, 2003.

145. Akintola A, Mathias B, Cliff H. Public – Private Partnerships Managing Risks and Opportunities, Blackwell Publishing, 2003.

146. Lynne Moulton, Helmut K Onheier. Public – Private Partnerships in the United States: Historical Patterns and Current Trends, Civil Society Working Paper 16, 2001.

147. Robert E Hcbcrt. A Comparison of Value Applied to Goal Setting within the Public and Private Sector Water Sewage Industries, A Dissertation California Coast University, 2003.

148. Jean – Etienne De Bettignies. The Economics of Public – Private Partnerships. Canadian Public Policy—Analyse De Politiques. VOL. XXX, NO. 2. 2004.

149. Clive Harris. Private Participation in Infrastructure in Developing Countries. World Bank Working Paper No. 5, 2003.

150. Efraim Sadka. Public – Private Partnerships: A Public Economics Perspective. IMF Working Paper, 2006. 3.

151. Antonio Estache. Emerging Infrastructure Policy Issues in Developing Countries: A Survey of the Recent Economic Literature. World Bank Working Paper 2004. 10.

152. Elinor Ostrom. Governing the Commons: The Evolution of Institutions for Collective Action. 2006.

153. Baird. Gregory M. How to Eat an Elephant: The Infrastructure Investment Gap. Journal American Water Works Association. 2010 (6): 26 – 33.

154. Goetz. Andrew R. The Global Economic Crisis, Investment in Transport Infrastructure and Economic Development. Transportation and Economic Development Challenges. 2011: 41 – 71.

155. Laffont. J. J and J. J. Tirole. A theory of incentive in Procurement and Regulation [M]. MIT press, 2010.

156. World Bank Reforming in frastructure: privatization, regulation, and competition [M]. New York: World Bank press, 2009.

157. Felipe Barrera – Osorio, Mauricio Olivera. Does Society Win or Lose as a Result of Privatization? Provision of Public Services and Welfare of the Poor: The Case of Water Sector Privatization in Colombia [J]. World Bank, 2007 (3).

158. Baird. Gregory M. How to Eat an Elephant: The Infrastructure Investment Gap. Journal American Water Works Association. 2010 (6): 26 – 33.

159. Goetz. Andrew R. The Global Economic Crisis, Investment in Transport Infrastructure and Economic Development. Transportation and Economic Development Challenges. 2011: 41 – 71.

160. World Bank. World Development Report 1994: Infrastructure for Develop-

ment. America. Oxford University Press. 1994.

161. Lombrano, Alessandro and Mario Ianniel. 2010. "The Failure of External Control on Public Utilities." Transition Studies Review, 17 (1): 229 –245.

162. Littschwager, John M. 1971. "Mathematical Models for Public Utility Rate Revisions." Management Science, 17 (6): B339 – B353.

163. Micheletto, Luca, and . 2011. "Optimal nonlinear redistributive taxation and public good provision in an economy with Veblen effects." Journal of Public Economic Theory, 13 (1): 71 –96.

164. Morton, Walter A. 1952. "Rate of Return and the Value of Money in Public Utilities." Land Economics, 28 (2): 91 –131.

165. Murillo, Maria Victoria. 2007. "Political Competition and Policy Adoption: Market Reforms in Latin American Public Utilities." American Journal of Political Science, 51 (1): 120 –139.